奩史

（一）

[清]王初桐 纂述

陳晓東 整理

文物出版社

圖書在版編目（CIP）數據

奩史／（清）王初桐纂述；陳曉東整理．—北京：文物出版社，2017.1

ISBN 978－7－5010－4686－7

Ⅰ.①奩… Ⅱ.①王…②陳… Ⅲ.①婦女－生活史－中國－古代 Ⅳ.①D442.9

中國版本圖書館 CIP 數據核字（2016）第 298890 號

奩 史 ［清］王初桐 纂述 陳曉東 整理

責任編輯：李縉雲 劉永海
封面設計：程星濤
責任印製：張 麗

出版發行：文物出版社
社 址：北京市東直門内北小街 2 號樓
郵 編：100007
網 址：http：//www.wenwu.com
郵 箱：web@wenwu.com
經 銷：新華書店
印 刷：北京京都六環印刷廠
開 本：880mm×1230mm 1/32
印 張：50.75
版 次：2017 年 1 月第 1 版
印 次：2017 年 1 月第 1 次印刷
書 號：ISBN 978－7－5010－4686－7
定 價：280.00 圓（全四册）

前言

王初桐，原名丕烈，生於雍正七年，卒於道光元年，嘉定方泰人。字號甚多，有于陽（《奩史》）、竹所（《北遊日記》）、賡仲（《湖海詩傳》）、巏嵍山人（《貓乘》）、耿仲、無言、思玄（《清詞紀事會評》、《清人室名别稱字型大小索引》）等。初桐工詩、古文及長短句，與王昶、王鳴盛、曹仁虎等交篤，皆以詩名於時。但他賦性散澹，無心科舉，爲諸生十九年，却未嘗一入棘闈。直到乾隆四十一年，皇帝在澱津召試，年届五旬的王初桐以詩詞之長而位列二等，授四庫館謄録。後經議叙，選爲山東齊河縣丞，歷署新城、淄川、平陰、壽光等地知縣，寧海州同知。

王初桐著述頗勤，據《叢書大辭典》及《中國叢書廣録》載，所著書有四十餘種六百餘卷。而《奩史》則是其最爲重要、最負盛名者。

《奩史》全書共一百卷，拾遺一卷。王初桐在薈萃諸子百家之書的基礎上，編選出與婦女有關之資料，初爲二百卷，後删爲一百卷。全書内容極其廣泛，舉凡婦女的肢體膚髮、音容笑貌、釵環服飾、針綫女紅、詩文藝術、内親外戚、婚嫁匹配、生養死葬等有關婦女本身和涉及婦女生活的事物，幾乎包羅無遺，可稱得上是一部古代婦女生活的百科全書。

縱觀《奩史》全書，有這樣幾個方面的特點。

一、援引之富。《奩史》所引之書三千種。上起遠古，下至清初，分爲夫婦、婚姻、統系、眷屬、娼妓、肢體、容貌、性情、蠶織、針綫、井臼、文墨、技藝、音樂、誕育、衣裳、梳妝、床第、飲食、仙佛等三十六門，凡一百四十八類，共一萬三千五百五十三條，約一百餘萬字。大到典章制度，小到一名一物，凡能反映古代婦女生活的資料盡録其中。

二、抉擇之嚴。《奩史》以盡可能廣泛而多方面反映古代婦女生活爲原則，但對於那些雖爲描寫婦女，却極其「鄙褻、庸陋、蕪雜、殺風景者」，皆擯而不録。對於當時社會均極力推崇的節義之事，也甚少收録，衹選擇那些「義生於情，以婉委行其激烈者」入有關各類。對於一些僞書或俗書，原本不足録，考慮到其中或有「一典半實，從未見於他書者」，也摘録下來供讀者參考。另外在一些稗官野記中，也存有道聽途説、事實不確者。如其事雖不確切，但「慧可解頤，奇可醒世，麗可爲詞章家之助者」亦斟酌選用。全書雖多達一百餘萬字，然所分類目、所引資料均排列有序，繁雜重複者極少，充分體現了「略而不晦，僻而不繁，辭約而該，旨微而顯」的編纂原則。

三、考訂之詳。王初桐身處乾嘉時期，考據學風盛行，他雖不擅於考據，但當時嚴謹的治學風氣亦影響《奩史》的編纂。王初桐在援引群書的基礎上，嚴加抉擇，隨事考訂。在選録資料時，如屬同一資料而諸書記載錯出百異者，採取「或兩著之，或並證之，或附注之」的辦法，爲讀者參閲衆家之説提供了便利。同時，作者在分門别類系統收集資料的同時，亦重視同一事件的不同記載以及不同書籍中相同事件記載的情况，亦爲後人研究、考證某一事件的源流、真僞創造了條件。

王初桐對此書至爲重視，發動了極爲强大的「朋友圈」閲定、校刊。全書一百零一卷，除拾遺外，皆署有某某閲定或校刊，計署閲定者兩卷（卷一、卷二），署校刊者九十八卷。考各卷所署閲定、校刊者共五十一人，其中不乏王昶、阮元、孫星衍、任大椿、曹仁虎等宏學碩儒，皆爲乾嘉之際一時之選。從中亦不難看出王初桐交遊之廣、時譽之高。

當然，以王初桐一己之力而爲此皇皇巨著，難免會顧此而失彼。縱觀全書，主要存在兩個方面的問題：

一、校刊之失。主要表現在：（一）錯字所在多有，異體字、俗字雜見。《奩史》一書卷帙浩繁，王初桐對此也用力頗深，然抄寫、刊刻出現的錯字仍復不少。同時，由於採自多書，未能統一校訂，造成同一字在不同條目寫法各異，異體字、俗字雜見。（二）前後失應，難求統一。此類問題於援引書目標注方面尤爲特殊。有署書籍全名者，有署簡稱者；有署全書名者，有署書内章節者。如王世貞《弇山堂别集》，有署全書名者，有署《賞賚考》、《賞功考》者；胡應麟《少室山房筆叢》，有署全書名者，有署《玉壺遐覽》、《莊嶽委談》、《雙樹幻鈔》、《藝林學山》者。再如卷首之閲定、校刊人，其籍貫稱法前後互異者多達十人。王昶卷一作松江，卷

七十六、九十作雲間；阮元卷二作揚州，卷七十五作儀徵；王燕緒卷三作登州，卷三十七作福山；許寶善卷七、八十二作雲間，卷三十八、七十四作青浦等等。（三）出處標注錯誤。《奩史》一書援引繁富，間有注明引自甲書，遍尋甲書不得而見於乙書者。據筆者所見，此多是轉引自他書，誤混上下條出處等所致。如卷五「婚姻門・婚姻」鄒鳳熾條，標注録自《獨異志》，但諸版本《獨異志》均未見此條。據《太平廣記》卷四九五「雜録三」，此條録自北魏崔鴻《西京記》，且此之下條恰録自《獨異志》。恐作者於《太平廣記》中抄録時誤混所致。再如卷七十九「飲食門二・飲」姜詩妻條，標注録自《華陽國志》，但該書記載與此頗异。據《太平御覽》卷六十二「地部二十五」，該條録自《列女傳》，文後注「《華陽國志》又載」。《奩史》轉録時誤將《華陽國志》當作該條出處。

二、編纂之失。主要表現在：（一）删改失當。明清諸家筆記、類書援引他書時，往往不拘泥於原文，或爲文意更加清晰，或爲求簡削冗，而對原文進行删改，稍不注意，便會造成文意改變甚至錯誤。如卷四「夫婦門四・喪妻」梁龕條，「梁龕明日當除婦服，今日請客奏妓。司直奏之，奪俸一月。」雖無不通，然核之原書，則知實爲梁龕削侯爵，奪俸一月者爲同會之丞相長史周顗等三十人。再如卷七十四「脂粉門・脂粉」寧德公主條，「光宗女寧德公主，有『玉人』之號。亂後，頓改丰姿，僦居草舍，不免饑寒。」核之原書，實爲「駙馬劉幼少有『玉人』之號，變後，丰姿頓改。公主僦居草舍，不免饑寒。」（二）衍文、闕文。因抄寫、校刊之誤衍文、闕文，造成原文難以理解。如卷六十八「釵釧門一・首飾」王涯條，「王涯居相位，竇氏女歸，請曰：玉工貨一釵，直七十萬錢。」讓人不明所以，王涯與竇氏女是何關係？核對原書，方知是「王涯居相位，有女適竇氏，女歸」，因闕字而致誤。再如卷六十七「襪履門・襪履」日本婦人條，「日本婦人赤足著缺後朱履，名曰淺拖長歧」。「淺拖長歧」究爲何物，實在讓人難解，乃因衍「長歧」二字所致。（三）掠他人成果之嫌。本書在編纂過程中，較多地利用了前人所編類書中關於女性的資料，主要是《太平廣記》、《太平御覽》、《堅瓠集》等類書，但衹標原書名，不注轉引類書，這在很大程度上淹没了前人的勞動成果，似有掠他人成果之嫌。如卷二十六「肢體門二・頭面屬」英宗殺于忠肅公條，標注録自《帝京景物略》，但此段文字與原書有异，却與《堅瓠集・廣集》卷六「借目光」條完全相同，顯然此條是從《堅瓠集》轉録而來。再如卷七十九「飲食門二・飲」吴清妻條，雖署録自《逸史》，然該書早已亡佚，實轉引自《太平廣記》卷六十七。

儘管如此，在男尊女卑思想占據主導，在以宣傳三從四德的倫理觀爲宗旨，在以宣揚節婦烈女爲主要手段的古代社會，能够將散見於各類正史、别史、雜抄、筆記、方志、詩話、文集等書中的資料廣爲搜羅，編纂一部囊括婦女衣食住行方方面面的類書，實爲難能可貴的，王初桐的識見之高、貢獻之大都值得我們欽賞。

《奩史》初刻於嘉慶二年，二百餘年來再無刻本。二〇〇〇年書目文獻出版社《北京圖書館藏古籍珍本叢刊》、二〇〇二年上海古籍出版社《續修四庫全書》、二〇一〇年全國圖書縮微複製中心曾影印出版。本書迄今尚無整理本，僅有一九九四年人民大學出版社出版的由李永祜主編的《〈奩史〉選注》，選編條目三千餘條，對其進行了注釋。

本次整理以全國圖書縮微複製中心影印本爲底本，校以所引之書。爲便於閲讀，對於一些抄録、編輯錯誤而據原書修改者，皆徑直改正，不在文内注釋。對於原書中之錯誤，或出處標注錯誤者，則以脚注注明。

本書從開始整理到最終付梓，經歷了兩年多的時光，這固然是由於本人水準有限，亦因本書整理難度之大。能夠最終完成，應該感謝時代的發展，感謝那些無私分享資源的人以及他們的網站，使我輩可以坐在桌前便利搜索，不必像前輩學人那樣在浩如烟海的紙質圖書中點點爬梳。囿於水準，這次整理中肯定有不少錯誤和缺點，請讀者諸公不吝賜教，以便再版時糾正。

整理者　二〇一六年十一月於京北小味餘齋

目録

序

奩史之作，昉於凌義渠，論者稱爲幽艷，然止兩卷而已。嶂塋山人薈萃諸子百家之書，而甄綜之，廣爲二百卷，删存一百卷。分三十六門，凡若干類。首夫婦，著造端也；終仙佛，志皈依也。大而典章制度，小而一名一物。徽言懿行必録，香麗瑰奇不遺。至纖至悉，浩如秩如。以鄭樵、王應麟之學，行張泌、宇文氏之文。而義渠不足言也，是可傳已。

山人工詩，工古文，工長短句，當代名人論之詳矣。予嘗見其《群書經眼録》，經史子集浩若煙海，爲種一萬二千，爲卷二十萬，山人之涉獵可謂廣矣，而擷二十萬卷之精華爲等身之事業。雜著十七部，識大識小，靡不卓然可觀，《奩史》其一也，山人之纂述可謂勤矣。

然而予之所以愛山人重山人者，不徒以其涉獵之廣纂述之勤也，愛之以其人，重之以其品也。山人賦性高閑，煙霞泉石之嗜，根於生初。讀書懷古人之風，不求聞知於世，爲諸生十九年，未嘗一入棘闈，親故醵贐促之，至金陵賃一廬一僕，遍遊靈谷、棲霞、牛首、獻花巖、祖堂諸名刹而還矮屋中，人咸笑之，由是家益貧，樵蘇不爨，歌聲出金石。始隱於鄉，既而隱於京師，既而隱於下位，雖所歷之境不同，而其泊乎寡營不爲利疚之意無不同，天懷之澹定然也。山人隱君子也，予欲訪隱君子於名山，乃不意於風塵宦海得之，是殆古之所稱仙吏，如梅福其人者耶。蓋江左固多奇士，自三茅君主籍玉晨，其流風遺韻至今猶未盡泯也。予是以亟亟焉羅而致之幕下，蒲團與共，香火與共。一時同人咸以《奩史》爲風雅之宗，請予爲序而校而刊之。或云山人有内記室博雅知書，是編抄撮之功半出其手，斯又粉印青編之餘事也。

嘉慶二年余月長白伊江阿書於珍珠泉上草堂

凡例

衛正叔作《禮記集説》，云：「他人著書，惟恐不出於己，予則惟恐不出於人。」是編竊取正叔之義。

撰述體例，莫不善於《六帖》，惟《太平御覽》、《玉海》庶爲可法。是編模範二書而通變之。

是編凡若干類，每類中又暗分細類。先以類從，次敘時代。其初細類悉標細目，今照《日下舊聞》之例删去，意在約束也。

是編於諸書有可引者少，無可引者多，故所引之書三千種，所檢之書不下萬種。

群書若正史、通史、别史、雜史、僞史、經義類書、説部書目、書畫物譜、詩話、題跋、詩詞文集選録、二氏九流雜著，廣爲蒐羅，用資博覽，偶遇牴牾，隨事考訂。

援引群書，但嚴决擇不分界限，經集少而子史多，勢所必然。即僞書如《天禄閣外史》、俗書如《堅瓠集》之類，原不足録，間有一典半實從未見於他書者，亦摘取之。

稗官野記，有其事不確，而慧可解頤、奇可醒世、麗可爲詞章家之助者，亦選用之。

諸書記載錯出互異，或兩著之，或並證之，或附注之。若書名雖别，事跡則同，則舉一而棄其餘，亦有云「參用某書」及「某書同」者。

書之已佚不傳，散見於他書所引者，仍其原目存書名也。

是編以雅馴爲主，凡鄙褻者、庸陋者、蕪雜者、殺風景者皆擯不録。

節義之事不能盡録，惟義生於情、以委婉行其激烈者，方入此《女世説》之例。

感幽之事多涉詭誕，故《搜神記》、《酉陽雜俎》、《夷堅志》之類，所擇尤嚴，稍近雅實者量摘之。

事之熟者略略而不晦，僻者詳詳而不繁，辭約而該旨微而顯，庶無失乎古人遺意。

有一事可入幾類者，入於此不復入於彼。

所採閨閣詩詞，必有事可録。如唐人本事詩之類則採，無事者不採；事可録而詩詞不足採者，録事不録詩詞。

名人著作及婦女之文，每摘句以備典，故偶有一二名篇或全録之，歷代史體如是。

奩史卷一

東吳王初桐于陽纂述
松江王　昶述庵閲定

夫婦門一

夫婦

人皇兄弟九人，别長九州，離艮地精之女出爲之后，夫婦之道始此。《洛書》摘《亡辟》

遂皇氏始有夫婦之道。杜佑《通典》

轉軸爲夫婦，夢得轉軸，夫婦之事也。《夢書》

北齊賦民之法，一夫一婦曰一床。《借山隨筆》

子時面熱，主夫婦和合。《開元古經》

俗稱夫婦之少年諧婚者曰「結髮」，謂於髮初結起勝冠笄之時即訂盟約也。《天禄識餘》

王安豐婦卿安豐，安豐曰：「婦人卿婿，禮爲不敬。」婦曰：「憐卿愛卿，是以卿卿。我不卿卿，誰復卿卿？」《粧樓記》

晉人夫婦相呼爲卿。王渾妻之卿卿，此婦稱夫爲卿也。山濤謂其妻曰：「我後當爲三公，但不知卿堪作夫人否？」此夫稱婦爲卿也。《甕牖閑評》

琅嶠俗，夫婦相稱以名。《陳小厓外紀》

以夫名妻，《左傳》昭元年：「當武王邑姜，方震太叔。」《漢書・杜欽傳》：「皇太后女弟司馬君力。」蘇林曰：「字君力，爲司馬氏婦。」《孔叢》：「衛將軍文子之内子死，復者曰：『皋媚女復。』子思聞之，曰：『此女氏之字，非夫氏之名也。婦人於夫氏，以姓氏稱，禮也。』」《日知録》

古人有以夫名妻。漢楊彪夫人袁氏《答曹公卞夫人書》曰：「彪袁氏頓首頓首。」《因樹屋書影》

朱博夜寢早起，妻罕見其面。《漢書》

樊英有疾，妻使婢拜問，英下床答拜。陳實怪問之，英曰：「妻者，齊也，供奉祭祀，禮無不答。」《樊英别傳》

仇覽燕居必以禮自整。妻子有過，免冠自責。妻子庭謝，覽冠，乃敢入堂。《後漢書》

顧愷待妻有禮。嘗疾篤，妻出省之，愷令左右扶起，冠幘加襲，趣令妻還。《吴書》《吾師録》同。

何曾閨門整肅，每見妻，必正衣冠，自坐面南，妻坐面北，上酒酬酢，既畢而退，一歲不過

再三。《晉書》

薛昌緒與妻相見，必先命女僕通傳，往來數四，然後秉燭造室，茶果而退。或欲詣房幃，其禮亦然。《玉堂閑話》

魏朗舉動有禮，室家相待如賓。《後漢書》

常林帶經而鋤，其妻餉之。雖在田野，相敬如賓。《魏略》

龐德公躬耕田裏，夫妻相待如賓。《襄陽耆舊傳》

五代葛從周聞許州富人有玉帶，遣二卒殺而取之。卒夜入其家，隱木間，見其夫婦相待如賓。二卒感嘆，因躍出告之，使其速以帶獻。《懸笥瑣探》

劉元素内子朱，賢而善事其夫，相敬如賓。《竹坡詩話》

鄭氏允端，字正淑，姿稟秀慧，尤善詩歌。歸施伯仁，相敬待如賓客。《肅雝集》

楊虔州妻李氏，有德無容，楊敬待特甚。《本事詩》

梁鴻妻孟光，爲鴻具食，不敢仰視，舉案齊眉。《東觀漢記》

沈義道學於蜀中，夫婦同心，出入共載。《紀纂淵海》

陶潛妻翟氏，能安苦節，與潛同志趣，夫耕於前，婦鋤於後。《昭明太子集》

宗炳妻羅氏亦有高情，與炳協趣。《晉書》

孫晷娶盧氏女，棄華尚素，與晷同志。《淵鑑類函》

沈逸人婦金睿貞，賢而才。蔬食菜羹，朝夕不贍，欣欣如也。逸人雖隱居陋巷，門外不絕貴人車馬。一日，有客懷百金託逸人居間。睿貞從屏內竊窺之，不悦。逸人苦謝。客退，逸人入告睿貞，睿貞撫掌曰：「是吾心也。」《戊辰雜抄》

賈娉娉，字雲華，魏鵬妻也。有《唱隨集》。《凝齋筆談》

龐蕙纕，字紉芳，一字小畹，工詩。歸吳聞瑋，偕隱泉石，賦詩自娱。龐有句云：「常同倣帖淩晨起，每伴敲詩午夜眠。」唱隨之樂，可想見矣。《唾香閣集》

吳聞瑋偕龐蕙纕夫人葺藤花書屋，晨夕倡和於內。《環碧齋小言》

吳榴閣，字允宜，賦性幽閑，能詩詞，工書畫。適姑表兄方雲駿，彼唱此隨，一時羨之。《居室記》

姜桐音婦祁氏，名敳英，賢有文章。每與姜倡和，或姜遠遊，則必以詩相問訊。有《靜好集》。《今世説》

楚莊王使使賫金百斤，聘北郭先生，先生入謂婦曰：「楚欲以我爲相，今日相，則結駟列騎，食方丈於前，如何？」婦曰：「結駟列騎，所安不過容膝；食方丈於前，所甘不過一肉。以容膝之安、一肉之味，而殉楚國之憂，其可乎？」於是遂不應聘，與婦去之。《韓詩外傳》

老萊耕蒙山之下，楚王請以爲輔。其妻負畚從田間來，曰：「何車跡之衆也？」老萊具言之，妻曰：「妾聞，可啖以酒肉者，可隨以鞭朴；可餌以官禄者，可繼以斧鉞。妾不能爲人所

制！」投其畚而去。老萊從之。《列女傳》

狂接輿，楚人也。楚王聘之，接輿笑而不應，妻曰：「不如去之。」夫妻變姓名，莫知所之。《高士傳》

楚狂妻與夫偕隱，有賢名。左芬著《楚狂妻贊》。《玉臺文苑》

陳仲子欲居齊，其妻止之曰：「熱於就利者，必先冷；羶於附名者，必先淡。雞鶩之爲天下賤者，恆見也；威鳳之爲天下貴者，不恆見也。今子無過人之才，而不創過人之事，子行躓矣。」遂與仲子灌園齊野。《女世説》

長白山，陳仲子夫妻偕隱處。《長白山録》

祝牧與其妻偕隱，作歌云：「天下有道，我黻子佩；天下無道，我負子戴。」《琴清英》

蘭巖有雙鶴，晨必接翮，夕輒偶影。傳云：「昔有夫婦隱此數百歲，化爲此鶴。」《神境記》

梁鴻將妻之霸陵山中，耕耘織作，以供衣食；彈琴誦詩，以娱其志。《東觀漢記》

卞彬自稱「卞田居」，婦爲「傅蠶室」。《南齊書》

承宫將妻之華陰山谷耕種。《太平御覽》

崔覲隱南山，夫婦林泉相對，以嘯詠自娱。《唐書》

《六賢圖贊》，唐李渤撰，夫婦偕隱者六人。《國史經籍志》

趙蕤夫婦俱有隱操。《長短經序》

楊處士朴夫婦偕隱。朴詩有云：「隨著四婆裙子後。」四婆，處士配。蘇嶠家有處士夫妻像，野逸如生。《渭南集》

《楊通老移居圖》有細君抱兒騎牛者，即四婆也。《後村集》

王迪棄官，與妻隱去。劉純臣贈詩有「藍田夫婦總登真」之句，後不知所終。《復齋漫録》

蔡州有文秀才，夫婦同處，不知其甲子。耆舊見之約八九十年矣，容貌常似五十許人。一日挈其妻潛去，莫知所適。《西齋話説》

陶處士隱西溪，夫耕婦織，有水竹田桑之樂。《西溪梵隱志》

于本大夫婦偕隱西山下，妻作詩云：「醉舞狂歌踏落花，緑羅裙帶有丹砂。往來城市買山藥，那個西山是我家。」《宮閨詩史》

許大夫婦隱於西山，不欲人識，改姓曰「于」。夫婦皆解詩，許詩云：「不是藏名混世俗，賣柴沽酒貴忘言。」妻續云：「兒家祇在西山裹，除却白雲誰到門。」《香案牘》

周逸之夫婦偕隱，鈔撮《夷門廣牘》刊行。《静志居詩話》

趙凡夫與其妻陸卿子偕隱寒山。卿子工於詞章，翰墨流布一時，名聲藉甚，以爲高人逸妻，如靈真伴侣，不可梯接。《經義考》

朱盛藻，字瓊蕤，黃州楚宗女，嘗作《灌春逸尚序》。《彤管新編》

番禺隱士王準，結滌廬於西山之麓。夫人潘氏，通《史》、《漢》諸書，樂貧偕隱，字之曰

「孟齊」。《五色綫》

湖陽郭氏貞順，與其夫周伯玉卜築偕隱，壽一百二十五歲。《觚賸》

元微之初娶韋氏，字蕙藂，繼娶裴氏，字柔之。二夫人俱有才思，多唱和，時彥以爲閨房之美。《玉臺清照》

郭汾陽有女曰清明君，有殊色，喜讀《離騷》，古陶、謝詩，手自批注。閨房中以小室祀舜二妃，配饗以魯共伯之母、黔婁之妻，春秋祭之以文，其高閑如此。汾陽王難其配，以李公子《兩京賦》示之，清明君慨然嘆息曰：「可矣。」既歸李，即以黄金千斤爲公子置妾數百，以任恣討。於是四方有奇女子以詩名顯者，搜訪殆盡。其中曰纖纖，曰白娟，曰鷺翿，曰春荑，曰紅草，曰暈兒，曰緑絲，曰碎桃，皆骨柔氣清，熟於古文奇字。而纖纖善箏；白娟善歌；春荑善鑒古器，善笙；紅草善彈鳥，善鼓琴；暈兒善嘯；緑絲、碎桃善種花，花經二人手無不活，又善騎馬；鷺翿善丹青，善舞。公子樂之以酒，酒必以詩。詩成，諸美人起而和歌，歌無雜聲。清明君每候山果新熟，則遣美人捧進公子。或書史有奇事可讀者，以綵綫識之，則遣美人捧進公子。或成新篇，或偶得一二佳句，不忍獨賞，則遣美人捧進公子。故美人人人得親公子也。而清明君當其酒半，嘗乘紫帷小車臨焉。公子率纖纖以下，短謳長歈，彈箏鼓瑟，次第上壽。酒已，則各以平日所賦詩獻，清明君焚香緩坐，細加品題。稍不安者，爲改點數字。每點一字，輒以一觴罰公子，曰：「君深於詩者也，不爲美人更之，乃含糊作影子過耶？是必容香火情。」美人皆笑曰：

「善。誠如夫人言。」遂連罰數觴，公子竟辭矣。或言公子乃於陵陳仲子後身，清明君即向時辟纑夫人也。其後夫婦入山修道，不知所終。《李公子傳》

常修略曉文墨，妻闞氏與修讀書，習二十餘年。修才學優博，名冠流輩。《女世説補》

王元家貧，嗜風月。妻黄氏亦喜親筆硯，與元共持雅操。每中夜得句，黄氏必先起然燭，供具紙筆，元甚重之。好事者畫爲圖。《郡閣雅談》

史炎玉好學嫻文，嫁爲張祺配。祺亦有才，與炎玉唱酬成集，題曰「和鳴」。《眉山志》

歐陽修謂梅聖俞妻謝氏爲閨中之益友。《稗史彙編》

祁幼文美風采，夫人商亦有令儀，閨門唱隨，鄉黨有「金童玉女」之目。《静志居詩話》

屈安人，韓汝慶之妻。生十餘歲，其父課諸兒讀經史，安人刺繡其旁，竊聽背誦，通曉意義。及歸汝慶，詩文倡和，稱雙璧焉。《學稼餘譚》

蔡琬，字季玉，高文良繼室，封一品夫人。無書不讀，諳於政治。文良奏疏，每與商酌定稿。《秋藥録》

李正芳，字珠僊，史蕉飲之配也。焚香浴硯，紅窗之韻事偏多；脱珥收書，畫閣之良朋獨好。《林蕙堂集》

高陽氏有同産而爲夫婦者，相抱而死。七年，男女皆活，同頸，二頭，四足，是爲蒙雙民。《博物志》

韓憑妻何氏美，宋康王奪之，妻密遺憑書曰：「其雨淫淫，河大水深，日出當心。」王得其書，以示左右。蘇賀對曰：「其雨淫淫，愁且思也；河大水深，不得往來也；日出當心，有死志也。」俄而憑自殺。妻陰腐其衣。王與之登臺，妻遂投臺，左右攬之，衣不中手而死。遺書於帶曰：「王利其生，妾利其死，願以屍骨賜憑合葬。」王怒，弗聽。使里人埋之，冢相望也。王曰：「爾夫婦相愛不已，若能使冢合，則吾弗阻也。」宿昔之間，便有大梓木生於二冢之端，旬而大盈抱，屈體相就，根交於下，枝錯於上。又有鴛鴦雌雄各一，恆棲樹上，晨夕不去，交頸悲鳴，音聲感人。宋人哀之，號其木曰「相思樹」，謂此禽即韓憑夫婦之魂。《彤管集》

海監陸東美妻朱氏有容止，夫妻相重，寸步不離，時人號爲「比肩人」。後妻卒，東美不食而死。家人哀之，乃合葬。未一歲，冢上生梓樹二，身相抱而爲一樹。孫權封其墓曰「比肩墓」。其子宏與妻張氏亦相愛慕，吳人又呼爲「小比肩」。《三吳記》

摩鄧女先世與阿難爲夫婦，甚愛敬。《摩鄧女經》

石尤風者，傳聞爲石氏女，嫁爲尤郎婦，情好甚篤。尤爲商遠行，妻阻之，不從。尤出不歸，妻憶之病亡。臨亡，長嘆曰：「吾恨不能阻其行，以至於此。今凡有商旅遠行，吾當作大風，爲天下婦人阻之。」自後商旅發船值打頭逆風，則曰：「此石尤風也。」遂止不行。婦人以夫姓爲名，故曰「石尤」。遇此風者，密書「我爲石娘喚尤郎歸也，須放我舟行」十四字投水中，風即止。《江湖紀聞》

張敞爲婦畫眉，帝知而問之，敞曰：「閨房之內，夫婦之私，更有過於此者。」《漢世說》

裴澤妻魏氏，與澤恩好甚隆，不能暫相離。澤每從駕，其妻不宿亦至。《北史》

何瑀尚武帝少女豫章公主，諱次男。公主美容色，聰敏有智，與瑀情愛隆密。《宋書》

封夫人諱絢，字景文，善草、隸，工文章，婣黨號爲淑女。歸殷秘校。咸通庚子，爲賊所俘。賊酋覩夫人之麗，將逼之。夫人奮袂大罵，遂遇害。酋去，秘校來歸，侍婢迎門曰：「夫人逝矣！」秘校拊膺失聲而前，枕屍於股大慟良久，揮淚於夫人面曰：「景文！景文！即相見。」遂長號而絕。三婢子亦相攜投井死。《三水小牘》

趙子昂嘗欲置妾，以小詞調管夫人云：「我爲學士，你做夫人。豈不聞陶學士有桃葉、桃根，蘇學士有朝雲、暮雲？我便多娶幾個吳姬、越女，無過分。你年紀已過四旬，只管占住玉堂春。」夫人答云：「你儂我儂，忒煞情多。情多處，熱似火。把一塊泥，捻一個你，塑一個我，將咱兩個，一齊打破，用水調和，再捻一個你，再塑一個我。我泥中有你，你泥中有我。我你生同一個衾，死同一個槨。」子昂得詞，大笑而止。《本事詩》

商景蘭，字媚生，祁彪佳之配。伉儷相重，未嘗有妾媵也。夫人教其二子理孫、班孫，三女德淵、德瓊、德茝，及子婦張德蕙、朱德蓉。葡萄之樹，芍藥之花，題詠幾遍。經梅市者，望若十二瑤臺焉。《靜志居詩話》

世謂滴血驗骨惟父子祖孫爲然。按《郡國志》：「孟姜適范植僅三日，植赴役長城，姜送寒

衣至城下，植已死。姜尋夫骨無辨，嚙指血驗得之。」是夫婦亦可滴血也。《天香樓偶得》

司馬相如將聘茂陵女爲妾，文君作《白頭吟》云：「凄凄重凄凄，嫁娶不須題。願得同心人，白頭不相離。」相如感之，乃不聘。《樂府解題》

張跂欲娶妾，其妻曰：「子誦《白頭吟》，妾當聽之。」跂慚而止。《叙小志》

宣州有軍士，家惟夫婦。一日，夫自外旋，求水沐浴，換新衣，坐繩床終。妻見之，不哭，但曰：「君死耶！」亦沐浴易衣，與夫對坐而終。《培壘居雜録》

俞汝尚致仕後，謂妻黄氏曰：「人生七十者希，吾與夫人皆過之，可行矣。」妻應曰：「然則我先去。」先汝尚十日卒。《廣快書》

尤時亨與妻耿夫人，同年月日生，同年月日死。《述祖德詩》

陳元一夫婦，華髮偕老，無旦夕之分攜。《遂初堂文集》

元微之自會稽拜尚書右丞到京，未踰月，出鎮武昌，裴夫人柔之難之曰：「歲杪到家鄉，先春又赴任。」微之贈詩云：「碧幢還照曜，紅粉莫咨嗟。嫁得浮雲婿，相隨即是家。」柔之答之曰：「侯門初擁節，御苑柳絲新。不是悲殊命，惟愁别近親。」《唐詩紀事》

周渭以南漢不道，脱身奔宋，不暇與妻莫荃訣。時荃年少，父母欲嫁之，荃泣誓曰：「渠非久困者，今飄然鴻舉，不咽分岐，必能梯霄而出也。」遂親蠶春，以給朝夕。及宋師平南漢，凡二十五年，復見渭。《女世説》

三山曾陟，館陳氏七載，思鄉苦切。有道人剪紙爲馬，令合眼上馬，祝曰：「汝歸毋久留。」須臾至家，門户如舊。妻令入浴易新衣，陟曰：「我便去。」妻曰：「纔歸便去，何不念父母妻子乎？」陟便上馬而行，忽身在書館中，隨身衣皆新製者，道人亦不見。《閑窗括異志》

楊億別家十餘年，鄉人傳已死，其妻自河北迎喪。會億送客馬上，見夫人粗縗類其妻也。睇睨不已，妻亦如之。詰之，則是也。相持而哭。《閑中新録》

晁采春日送夫之長安，將行，晁氏慘然動容曰：「天涯俄頃，得無悲乎？」《彤管遺編》

蕭鳳質之夫遊學在外，屬小疾，鳳質爲書寄之。有云：「聞不安，恨東西相隔，妾職有所不能盡，徒涕泣懷念而已。」《海鷗居日識》

司馬相如初與文君還成都，居貧愁懣，以所著鷫鸘裘就市，貰酒與文君歡。《史記》

有周犨嘖者，貧而好道，夫婦夜耕。《裴啓語林》

吳逵夫妻居貧，家徒四壁立，冬無被袴，晝則傭賃，夜則伐木燒磚，妻無懈倦。《南史》

山濤未仕時，妻韓氏相與共忍飢寒。《六朝博議》

丁時習妻危氏，與夫同甘苦，未嘗以貧故見色。《貧士傳》

申屠氏美而豔，十歲能屬文，慕孟光，名希光。年二十，父以適學官弟子董昌。臨行，作留別詩曰：「女伴門前望，風帆不可留。岸鳴蕉葉雨，江醉蓼花秋。百歲身爲累，孤雲世共浮。淚隨流水去，一夜到閩州。」入門，絶不復吟，食貧作苦宴如也。《女世説》

劉凝妻郭氏能安貧，夫婦隱於衡山，終身不返。《何氏語林》

舒梓溪夫婦食貧。歲暮，内子持筐，出屋傍澗中，漉蝦子歸。復持瓶向隣家借酒，與先生對酌。《湧幢小品》

王公淵娶諸葛誕女，入室，言語始交。王謂婦曰：「新婦神色卑下，殊不似公休。」婦曰：「大丈夫不能仿佛彦雲，而令婦女比蹤豪傑。」《世説新語》

張祜苦吟，妻唤不應，以責祜。祜曰：「吾方口齒生花，豈惜汝輩？」《白氏金鎖》

彭汝礪妻宿氏，熙寧中復納宋養明。宋氏有姿色，彭委順不暇。典九江，病革，索筆書曰：「宿世冤家，五年夫婦，從今而後，不打這鼓。」投筆而逝。《畫墁録》

丁少詹與妻有違言，棄家居茶寮，日買海物放生，久不歸。妻求徐舍人解之，徐許諾。見賣老婆牙者，買以餉丁。作詞曰：「茶寮山下一頭陀，新來學得麼。蝤蛑螃蟹與烏螺，知他放幾多？有一物，似蜂窠，姓牙名老婆。雖然無奈得他何。如何放得他？」丁大笑而歸。《廣諧史》

胡長粲性好内。有一侍婢，其妻王驕妒，手刺殺之，爲此忿恨，數年不相見。親表爲之語曰：「自我不見，於今三年。」後納妾李氏，仍與王氏别宅。《北史》

御史大夫也先帖木兒，與夫人不睦，已數年矣。翰林學士承旨死，大夫遣司馬往唁之。及歸，問其所以，司馬云：「承旨帶罟罟娘子十有五人，皆務爭奪家財，全無哀戚之情。惟正室坐守靈幃，哭泣不已。」大夫默然。是夜，遂與夫人同寢，歡愛如初。《輟耕録》

駙馬王士平與義陽公主反目，蔡南史播爲樂曲，號「義陽子」，有《團雪散雲》之歌。《唐國史補》

祖無擇晚娶徐氏，有姿色。議親之日，徐氏必欲訾相其人，而無擇貌寢，恐不得當也。同舍馮當世丰姿秀美，乃諭媒妁，俟馮經過徐居，曰：「此祖學士也。」徐竊窺，甚喜。成婚，始悟其非，竟反目。《高齋詩話》

姜適遇婦人，顔色絶代。語適曰：「吾來爲汝家婦。」適云：「吾納室矣。」婦曰：「願爲妾御。」適以空屋處之。逾年，有道人造舍，語適曰：「此劍仙也。與夫反目，易形外避。其夫訪於天下，今將跡至君家，殺此婦並及君。吾來救君耳。」是夜三鼓，見二劍自空飛入，盤旋於適頸之前後。天將曉，忽聞喝聲。啓視，有人首在地。道人曰：「可賀矣。」忽俱不見，婦人亦去。《玉照新志》

趙明誠妻李氏，能文詞，號易安居士。明誠卒，易安再適張汝舟。既而反目，有啓與綦處厚云：「猥以桑榆之晚景，配茲駔獪之下才。」見者笑之。《香臺集》

榮昌公主與駙馬楊春元反目，神廟甚怒，陳矩奏曰：「此閨壼小事，不宜上動聖怒。」《酌中志略》

孫真人有黄昏散，夫妻反目，服之必和。又名「合歡」。張叔良製以爲丸，贈姜窈窕。窈窕不服，佩之裙裾，香氣異常。《嫏嬛記》

樂府有《邯鄲才人嫁爲厮養卒婦》篇，考《楚漢春秋》，趙王武臣爲燕軍所獲，囚於燕獄。趙有厮養卒，以利害説燕，燕以爲然，乃歸趙王。厮養卒御王以歸，王以美人妻養卒以報之。是其事也。《掇古今》

國香，荆渚田氏侍兒也。山谷留守荆州時，所居與此女爲隣。山谷偶見之，以爲幽閑姝美，目所未覩。後其家以嫁下里貧民，夫甚庸俗，非其偶也。山谷因賦《水仙花》寓意，云：「淤泥解出白蓮藕，糞壤能開黄玉花。可惜國香天不管，隨緣流落野人家。」後數年，此女生二子矣。會歲荒，其夫鬻於田氏。憔悴頓挫，無復故態，然猶有餘妍。《能改齋漫録》參用《墨莊漫録》，又見《支頤集》。

朱淑真，錢塘下里人，才色清麗，嫁爲市井民妻。因所偶非倫，弗遂素志，賦《斷腸集》十卷以自解。《斷腸集》吴焯曰：「《斷腸集》，魏恭仲輯，鄭元佐加注，分爲十卷刊行，今失之。世所傳二卷，田藝衡序者，繆也。

怨婦，不知其姓。既笄，受幣於姨兄馬生。父没，繼母渝約，改適母之族兄，老而猥惡。馬作詩貽婦，婦答之曰：「金丸打折鶼禽翼，利刃偏傷連理枝。自古一床無兩好，如今方信昔人詩。」《翰府名談》

徐瑤從王建入蜀，獲士人李希妻俞氏，有色。瑤逼之，俞氏曰：「吾夫嘗爲鄉貢進士，風流儒雅，人比之相如，我尚以爲非匹。若健兒耳，乃思辱我耶！」《女世説》

朱靜庵以所配非偶，形諸吟詠。其《籬落見梅詩》云：「可憐不遇知音賞，零落殘香對野人。」《林下詩談》

徐氏嫁俞氏，紈綺兒也。合巹之夕，傅姆甚之曰：「郎君須屬對句而就寢。」徐指二硯屬句曰：「點點楊花入硯池，近朱者赤，近墨者黑。」俞縮瑟不能成句，徐笑曰：「何不云：雙雙燕子飛簾幙，同聲相應，同氣相求。」自後抱恨，時形筆墨。其嬸林氏詒書勸勉，徐與之往復，纏綿惻愴，爲人所傳。宋珏《莆陽二婦傳》

德清蔡氏召乩仙，題曰：「誰云富貴即爲良，想到癡肥欲斷腸。薄命紅顏今已矣，泉臺應愛讀書香。」後寫「苕溪十景塘明霞題」。好事者尋至某處，果有石碑，題「才女明霞之墓」。蓋明季某太守之女死，葬於此。詳味其詩，必所配非偶，抱恨而終者也。《述異記》

鄧氏女嫁鄒氏，夫不類，女鬱鬱不自得，發爲詩詞，語多凄怨。居二年，竟以怨死。有句云：「啼鳥落花春已暮，孤燈殘雨夜偏長。」《彤管新編》

周綺生爲松陵一元氏者負之而趨。綺生敝衣毀容，重自摧廢，晨夕炷香佛前祈死。時作小詞寓意，一元氏以五七言回環讀之，迄不能句，綺生乃開顔一笑也。無何，悒鬱而死。嘗有句云：「侍兒不解春愁，報道杏花零落。」知者咸傷之。《静志居詩話》

顔芳在之妹宛在，適吳興貴公子，蠢愚忿忌。每出，則鍵宛在於深閨。庭凉月皓，徑暖花芳，不許一至吟玩。宛在以「苕中人」呼之。結褵而後，意不聊生，憔悴經年，遂至奄逝。《婦睞娘，姓易氏，居松陵之舜水鎮。美姿容，善書畫吟詠，父母愛之。明甲申歲，兵入松陵，睞從父母走僻巷中。舜水盧室，悉爲灰燼。亂定，父歸葺故盧，睞從女奴曰問香，往依其姑於午溪。姑字倩娘，夫死無子，甚愛睞娘，視若子也。有潘生者與倩相悦，問香稍知之。以告睞，睞嘿不應。倩之家有一園，名隔夢，景頗幽勝。倩邀睞往遊，挈睞至薔薇架下，瞥然一聲，片花亂落，有細彩流蘇貫相思子，綴以同心鳳凰結，雜花而墜，中睞之右肩。睞驚愕，隔花望見潘生，凝睇於睞，睞赬顔不懌。一日，睞娘疊紅箋作細字，集唐句成一絶云：「蚤是傷春夢雨天，鶯啼燕語報新年。東風不道珠簾隔，引出幽香落外邊。」蓋隱刺倩事。書畢，倩娘至，睞急取置鏡臺鎖槅内，而尾紙半露。倩出讀之，納於衫袖而出。適遇生於梧桐軒下，倩出箋授生。生展視，乃絶句，後有「畫奴戲草」四楷書。倩曰：「畫奴是睞娘小字。紅箋是潘郎良媒也。」後累日，問香攜班竹鎖絲籃，籃置畫金小方奩，進曰：「倩娘以爲睞午茶。」開奩視之，乃石榴子二盒、金柑四蒂。果盡，文錦尺幅，密緘重重。發緘而觀，則潘生詩也。睞起立，碎紙擲地，遂往見倩，曰：「姪以稚年托命於姑，姑不訓之以德，而假道於不令之生傳以褻詞，實敗令名，請從此辭。」時舜水已成小築，睞之父母迎睞歸。閲歲餘，倩至睞父母家，爲睞議姻。極口潘生之才，而諱其貧。睞父母擇吉贅生於家，乃隔夢園所見人也。睞大號慟，絶而後甦，惟曰：「倩娘誤我。」父母再四救解，然伉儷之際，非其本情，眉嫵間鎖愁駐恨，如不勝致。居二年，生挈睞以歸。生之父母窮悍極虐，素知睞之不禮生，爲盛怒以待睞。睞拜方畢，含啼入室，意不聊生。生以不給家食，爲硯耕之謀，復隙窺館之隣女，見黜其主。睞愈不禮生，生大慍睞，叱詈之聲，達於庭户。睞支頤語生曰：「薄命之薄，銜冤可知。狂童之狂，負心若此。何鬚何眉，無恥無禮。我死爲鬼，爾生尚能爲人乎？」語未竟，鞭楚亂下，散髮蒙面，流血被肩。睞曰：「命盡此矣。」夜令問香於故篋中取《愁鹽》一卷、詩詞若干首，及緑窗小寫百葉，皆幼時所畫花鳥粉本，悉焚之火。乃裂帛和淚爲書，授問香曰：「遲明，汝爲吾送易氏爹娘。」及晨，睞父母得書，憤駭，長慟而至，則睞已縊於前軒矣。年纔二十四歲。《觚賸》

漢末廬江小吏焦仲卿妻劉氏，爲仲卿母所遣，自誓不嫁，其家逼之，乃投水而死。仲卿聞之，亦自縊於庭樹。時人傷之，爲賦仲卿妻詩以敘其事。《詩紀》

商陵牧子娶妻，五年無子，父母欲其改娶，其妻聞之，中夜悲嘯。牧子感之，而作《別鶴操》。崔豹《古今注》

王獻之娶郗曇女，名道茂，後離婚。《王氏家譜》

崔涯妻雍氏，乃雍祕校之女。夫婦相歡，而涯不禮其妻父。妻父不平之，奪其女爲尼。涯不得已，爲詩留別云：「隴上泉流隴下分，斷腸嗚咽不堪聞。嫦娥一入月中去，巫峽千秋空白雲。」《唐詩紀事》

王彦齡妻舒氏，工篇翰。彦齡失禮於婦翁，翁怒，邀其女歸，竟至離絶。女在父家，偶獨行池上，懷其夫，作《點絳唇》詞，云：「獨自臨池，悶來強把蘭干凭。舊愁新恨，耗却年時興。鷺散魚潛，煙斂風初定。波心静，照人如镜，少個年时影。」《夷堅支志》

陸務觀初娶唐氏，於其母夫人为姑姪，伉儷相得而弗獲於姑，遂出之。唐氏後改適趙士程。嘗以春日出遊，相遇於禹蹟寺南之沈氏園。唐以語趙，遣致酒餚。翁悵然久之，爲賦《釵頭鳳》一詞，題園壁間。云：「紅酥手，黄縢酒，滿城春色宫墻柳。東風惡，歡情薄。一懷愁緒，幾年離索。錯！錯！錯！春如舊，人空瘦，淚痕紅浥鮫綃透。桃花落，閑池閣。山盟雖在，錦書難托。莫！莫！莫！」實紹興乙亥歲也。翁居鑑湖之三山，晚歲每入城，必登寺眺望，不能勝情。嘗賦二絶句，云：「夢斷香銷四十年，沈園花老不飛綿。此身行作稽山土，猶吊遺蹤一惘然。」又云：「城上斜陽畫角哀，沈園無復舊池臺。傷心橋下春波緑，曾是驚鴻照影來。」《齊東野語》

蘇州某官娶一婦，始以金屋貯之，既而離異。松陵吴慎思爲賦《鳳求凰》變四絶。《中吴紀聞》〔一〕

曹待郎詠妻厲碩人，始嫁曹秀才，與夫離異，更適詠。詠以秦檜媚黨驟擢顯官。元夕張燈，曹秀才攜母來觀，見厲服用精麗，供侍尊嚴，嘆謂其母曰：「渠合此中居享，吾家豈能留！」後檜殂，詠貶新州而亡，二子蕩産，至不給朝脯，僦居親舊。厲過故夫曹秀才家，門庭整潔，顧老

〔一〕本條《中吴紀聞》未見，載於《堅瓠集補集》卷六「吴慎思詩」條。

婢曰：「吾當時能安此，豈有今日！」因泣數行下。二十年間，夫妻更相悔羨。《延休堂漫録》

黄昌妻遇賊被掠，轉入蜀，爲人妻。後昌爲蜀郡守，其妻因治事至於府中，昌以不類蜀人，問其由，妻曰：「妾本會稽黄昌妻，遭亂入蜀。昌左足下有黑子。」昌出足示之，相持悲泣，乃還爲夫妻。《後漢書》

龐林娶習顯妹，魏武破荆州，習氏與林分隔，守養弱女十有餘年。後林隨黄權降魏，始復集聚。文帝賢之，賜床帳、衣服，顯其節義。《女世説》

李繁姊先適陳詵，生四子，遭亂，賊掠去。詵更娶嚴，生子暉，繁後得姊，歸詵，詵籍注二妻。《晉書》

張讜妻皇甫氏被掠，賜中官爲婢。皇甫遂詐癡不能梳沐。後讜爲宋長史，因貨絹千餘疋購求皇甫。文成怪其納財之多。引見之時，皇甫年已六十矣。皇甫歸，讜令諸妾境上奉迎。《北史》

侯景寇亂，徐孝克養母，饘粥不給。妻臧氏有色，孝克欲令改適，以濟母乏，臧氏弗許。時景將孔景行多予孝克穀帛，逼迎之。臧氏涕泣去，然猶深念舊恩，數私餉孝克母。後景行戰死，臧氏伺孝克途中，累日乃見。謂曰：「往日之事，非爲相負。今既得脱，當歸供養。」遂更爲夫婦。《百泉子緒論》

李德武妻裴氏，以孝聞鄉黨。德武坐事徙嶺南，時嫁方踰歲，父矩表離婚。德武謂裴曰：「我方貶，無還理，君必儷他族，於此長決矣！」答曰：「夫，天也，可背乎？願死無他。」後十年，德武未還，矩決欲嫁之，裴斷髮不食，矩知不能奪，聽之。德武娶爾朱氏，赦還，聞裴全節，乃遣後妻，與裴爲夫婦如初。《六帖》

陳太子舍人徐德言，尚樂昌公主。陳政衰，德言謂主曰：「以君之才容，國亡必入豪家。倘情緣未斷，猶期再見。」乃破一鏡，人執其半，約他日以正月望日賣於都市。及陳亡，主果歸楊素。德言訪於都市，有蒼頭賣半鏡者，大高其價。德言引至旅邸，言其故，出半鏡以合之。乃題詩曰：「鏡與人俱去，鏡歸人未歸。無復姮娥影，空留明月輝。」主得詩，悲泣不食。素知之，召德言至，還其妻。《古今詩話》

元和中，某糾被剽，止逆旅。時裴晉公微服出遊，偶至店，詰之，告以故。且言：「某將娶，遭郡牧強以致之，獻於上相裴公矣。」裴曰：「子室何姓氏？」答曰：「姓某，字黃娥。」裴曰：「某即晉公親校也，試爲子偵。」至晚，忽有赭衣吏詣店，稱令公召。糾倉卒與吏俱往，延入小廳，拜伏流汗。中令曰：「昨見所話，誠心惻然。今聊以慰其憔悴。」即命箱中官誥授之，已再除湖糾矣。曰：「黃娥可于飛之任也。」特令送就其逆旅，行裝千貫。《轄園寓雜著》

京兆韋氏，名家女也，適武昌孟氏。大歷末，孟與妻弟韋生同選，韋生授揚子縣尉，孟授閬州録事參軍，分路之官。韋氏從夫入蜀，路不通車，乘馬行。馬驚，墜谷中。孟生慟哭，設祭，服喪捨去。韋氏下墜枯葉之上，體無所損，饑則食木葉。忽見巖穴中有光如燈，漸近，乃是龍目。龍长五六丈，從穴出。韋氏自度必死，遂抱龍跨之。龍直躍穴外，遂騰於空。韋氏任龍所之，如半日許，此龍漸低，遂放身自墜，落於深草之上。遇一漁翁，問此何所？漁翁曰：「揚子縣。」韋氏私喜，曰：「韋少府到任未？我即其姊也。」漁翁與載至縣門，韋氏遣報：「孟家十三姊欲入。」韋生曰：「十三姊隨孟郎入蜀，那忽來此？」韋氏具説此由，韋生驚，見之。後數日，蜀中凶問至，韋生乃遣人送姊入蜀。《原化記》

安南萬春妃，性情清淑。先許適文士蕭雅，王聞其美，納宮中。踰十載，猶念雅不置。一日臥疾，王問之，泣對曰：「妾旦晚塵土矣，然所不忘者，君憐與親愛俱深耳。今舉目見王，不見父母。生有十年之闊，死無數日之親，奈何！」王愍惻，許出宮療之。會雅所娶妻適殯，而王亦嗣薨，遂復爲夫婦。《鬱岡齋筆塵》

陳公緒倡義歸宋，挈其子庚與俱，妻劉氏留金國二十五年，誓不嫁，常緯蕭自給。及庚漸長，涕泣思母，傾貲迎歸。時公緒亦誓不娶，復爲夫婦。《女世説補》

京師孝感坊有邢知縣、單推官並門居。邢之妻即單之姊也。單有子名符郎，邢有女名春娘，年齒相上下，在繈褓中已議婚。宣和丙午，邢挈家赴鄧州，單亦舉家往揚州。是冬寇擾，邢夫妻遇害，春娘爲賊所擄，轉賣全州娼家，名楊玉。春娘十歲時已能讀《語》、《孟》、《詩》、《書》，作小詞，至是娼嫗教之樂色事藝，無不精絶。紹興初，符郎受父蔭爲全州司户。甚慕楊玉，遂謀一會。司户見玉似個名家苗裔，因推究之，玉曰：「妾本官族，姓邢。幼年與舅單推官之子符郎結婚，後父母遭寇殞命，妾被人掠賣至此。」司户心知其爲春娘也，因好言正問曰：

「汝肯嫁我乎？」玉曰：「妾所願也。」司户乃發書告其父，父致書與全州太守。太守曰：「此美事也。」召玉與司户成婚。任將滿，春娘謂司户曰：「妾失身風塵，亦荷翁媪愛育，亦有義姨妹情分相厚者，今將遠去，欲與話別，何如？」司户許諾，春娘遂就會勝寺，請翁媪及同列者會飲。有李英者，本與春娘連居，情極相得。酒酣，忽起持春娘手曰：「姨今超出青雲之上，我沉淪糞土之中，無有出期。」遂失聲慟哭，春娘亦哭。李英針綫妙絶，春娘曰：「我司户正少一針綫人，妹肯爲我下乎？」英曰：「望姨爲我方便，脱此門路。」春娘歸，以語司户，司户不許。既而屢請，司户不得已，言於太守，太守曰：「君欲一箭射雙鵰耶？敬奉命。」司户遂挈以俱歸。歸一年，李氏生男，邢氏養爲己子。《摭青雜記》

劉文龍夢銅鏡破而復圓。及歸里，妻果被富人謀娶。其妻貞烈，不從，文龍更繼團圓。《夢書大全》

元至正初，崔英投永嘉尉，攜妻黃氏赴任。舟人殺僕，沉英水中，席捲所有，黃氏乘夜登岸，投尼姑院，落髮，立名惠圓。每拜觀音，密訴心曲。忽一人到院，説操舟者捨畫芙蓉一幅。尼張屏上，黃認之，乃題《臨江仙》一詞。時退居御史高公愛畫，郭慶春求屏獻之。忽一人賣草書，問姓名，對曰：「崔英。赴官永嘉，舟人沉英，妻僕不顧，幸得登岸。」公曰：「且留吾家。」見畫芙蓉，因垂淚。公怪問，英曰：「此舟中失物，詞乃妻黃氏作也。」公遂問慶春，答曰：「買自尼院，稱尼姑惠圓題。」公即令人謂尼曰：「夫人喜誦經，請惠圓作伴。」惠圓至，與夫人同寢處，勸之養髮，但不與英言。公告御史捕之，即以贓給還。英辭赴任，公曰：「待作媒。」英曰：「糟糠之妻存亡未卜，别娶非願。」公曰：「足下高誼如此，但容奉餞。」及開宴，公呼惠圓出，則英妻也。夫婦相抱而哭。《芙蓉屏記》

洪武初，吳人姜子奇娶婦三載，值亂，子奇挾妻出避，倉皇間因失其妻，乃爲兵官擄歸京邸。子奇流落四方者累年，後至京行乞。有高門一婦人見之而泣，貽以酒饌，又以布囊裹熟米一斗與之。子奇不敢仰視而去。翼日，此婦在門又見子奇行乞，適主人不在，呼與相見共語，爲主母所偵，即令人追之。檢其乞囊中，有金釵一雙、書一封。候其夫還，以告。兵官啓封視之，乃題詩一律，云：「夫留吳越妾江東，三載恩情一旦空。葵藿有心終向日，楊花無力暫隨風。兩行珠淚孤燈下，千里家山一夢中。每恨當年罹此難，相逢難把姓名通。」兵官見詩大悼，即時遣還，仍賜錢米，以給其歸。子奇夫婦復合。《西樵野記》

揚州盧瀚妻李氏，名妙惠，有貞操。弘治初，盧會試不第，留京講學。有同姓名者死，訛傳至家。父母憐其寡，強以聘江西謝能之子啓。李自經者再，不得死，迫歸謝。謝繼母亦揚州人，李懇乞爲婢，以全節操。啓不得奪。母與李歸江西，舟過金山，李題詩於壁，署其後曰：「揚州盧瀚妻李氏題」。既而盧舉進士，差往江西。過揚州，知妻已嫁。登金山寺，見所題詩而泣。及至江西，訪而得之，爲夫婦如初。《堯山堂外記》

聶翁，山西人，歸虞氏，生一子。翁又商於川，主李氏。氏之婦新寡，翁即贅於其家，俗謂之「坐門招夫」。承其香火，改姓李，亦生一子。因張獻忠入川，李氏子母散失，翁流入滇黔，被官兵俘獲。刺史聶熊臣鞫之，詢及里居姓名，刺史異之，退問母。母令復訊，而己聽於後。不數語，呼其子曰：「真爾父也。」遂拜哭，大慟，屬員咸賀。客問翁何由入滇黔？翁言從川入滇始末，又與李吏目母子里居姓名合。李駭甚，歸述於母，母命設醴邀翁。翁至，母窺見，出曰：「尚識妾否？爲吏目者，君之子也。」刺史聞之，與吏目序兄弟焉。《見聞録》

奩史卷二

東吳王初桐于陽纂述
揚州阮　元芸臺閱定

夫婦門二

夫

古樂府：「藁砧今何在？」藁砧，砆也，謂夫也。《葛常之詩話》

竇滔妻蘇惠曰：「非我佳人，莫之能解。」則妻稱夫亦可曰「佳人」也。《天香樓偶得》

河南婦被虜，姑與夫行求數年，得之。婦已妻千户某，饒於財，視夫、姑若途人。會有旨：「凡婦人被虜，許銀贖。敢匿者死。」某懼罪，亟遣婦，婦堅不行。夫、姑留以俟，婦閉其室，弗與通，遂號慟頓絶而去。行未百步，青天無雲而雷，回視婦，已震死。《冬夜箋記》

遼東遊擊將軍王冀，一日視事回，太夫人尚寢，侍問：「何故此时未興？」。太夫人曰：「我欲不言，我心不安；言之，則傷汝心。吾幼與汝父在軍中，爲王父掠來，我娠汝八月矣。時王父爲帥遼陽，置吾後室，已而生汝。王父妾媵雖衆，然無子女，因以爲己子。王父亡，汝長，遂襲其官。汝實趙某子也。汝父離散幾四十年。吾昨出廳，見牧馬老卒仿佛汝父也，欲呼問其來歷，因不曾與汝説知此情，故未問及。汝可呼來問其端的，則是非可知也。」王呼老卒詰之，卒歷告正統初攜妻自濟南衙來戍於此，妻某氏方有娠，爲遼陽將官逼去，至今四十餘年，不知妻子消息，因淚下如雨。王起告其母，母出，相持慟哭仆地。王亦悲切不勝，乃請入廳更衣，子女參拜。次日，上疏備陳其故，乞辭位歸於王氏，自補趙氏軍伍。朝廷嘉其孝義，俾仍原職，復姓趙氏。《梨洲野乘》

晉元康中，梁國女子許嫁而夫戍經年不歸，女家更強以適人，尋病亡。夫還，問所在，夫徑至墓，開棺，女遂活，因與俱歸。後婿聞知，詣官爭之，王導曰：「此非常事，不可以常理斷之，宜還前夫。」《搜神記》

淮節婦者，年少美色。夫爲商，與里人共財出販。里人悦婦之美，因同江行排其夫水中，夫指水泡曰：「他日此爲證。」既溺，里人佯救其屍，録其行槖，歸付其母，奉其母如己母。母感里人之恩義，以婦嫁之，夫婦歡睦，生男女數人。一日大雨，里人視庭中積水竊笑。婦問其故，里人語之曰：「吾以愛汝之故，害汝前夫。死時，指水泡爲證。今見水泡，竟何能？此其所以笑也。」婦伺里人出，即訴於官，鞫罪行法。婦慟哭曰：「以吾之色而殺二夫，何以生爲？」遂赴淮而死。《蓼花洲閑録》

史某與一友爲伙計，史妻美，友心圖之。同商於外，溺史水中，求其妻爲配，生二子。一日驟雨，積潦滿庭。一蝦蟆避水上階，其子戲以杖抵之落水。後夫云：「史某死时亦如是。」妻问故，乃知後夫圖之也。翌日，後夫出，即殺二子，走訴於朝。高皇賞其烈，置後夫於法，而旌異之。傳奇爲作《蝦蟆傳》。《快雪堂漫録》

《羽林郎》云：「男兒愛後婦，女子重前夫。」《古樂府》

孫天閑家貧，妻欲離異，孫聽之。未幾聯捷，妻乃偕後夫至，願鬻身爲奴，孫不許，妻愧恨而死。《觚賸》

燕人李季遠出，其妻私通於士。季突至，士在內，妻患之。其室婦曰：「令公子裸而解髮，直出門，吾屬佯不見也。」於是公子從其計，疾走出門。季曰：「是何人？」皆曰：「無有。」季曰：「吾見鬼乎？」婦曰：「然。爲之奈何？」曰：「取五姓之矢浴之。」季曰：「諾。」乃浴以矢。《韓非子》

李迴秀爲母出許婦，而晚爲張阿藏私夫。《宛委餘編》

無恒有妾曰善佞，蓄私夫以生子。《績補侍兒小名録》

劉喜嘗出經年，妻與一富人子私通。夫歸，紿語妻曰：「汝之前事，吾盡知之，吾不能默默受辱於人，又不忍間兩情之好，汝能令富人子以百金餉我，我則使汝詐爲得病而死者，載以凶器而送諸野，子夜則潛往奔之。如是，庶可以滅口。」妻以爲然，因進百金，托以疾逝。夫乃納妻於棺，膠以大釘，縱火焚之。《遯齋閑覽》

南詔處子出入不禁，嫁娶之夕，私夫悉來相送。《蠻書》

丁外人非名，言是蓋主之外夫也。《日知録》

昔有愚人之婦私通旁夫，欲隨之去，密語隣母云：「我去後，汝可齎一死婦屍安著室中，謂我已死。」隣母如教，夫信之。婦後心厭旁夫，還家，謂夫曰：「我是汝妻。」夫言：「我婦死久矣。」言之再三，終不信。《百喻經》

兩浙婦人皆好事服飾、口腹，而恥營生。小民有不能供其費者，從其私通，謂之「貼夫」。《雞肋》

吐火國男多女少，婦人有五夫者，則首戴五角；有十夫者，則首戴十角。《夷俗考》

光武欲以湖陽公主嫁宋弘，試問曰：「貴易交，富易妻，人情乎？」弘曰：「貧賤之交不可忘，糟糠之妻不下堂。」帝顧主曰：「事不諧矣。」《後漢書》

太宗謂尉遲公曰：「朕將嫁女於卿，稱意否？」謝曰：「臣婦雖鄙陋，亦不失夫妻情。臣聞『富不易妻，仁也』。願停聖恩。」叩頭固讓，帝嘉之而止。《隋唐嘉話》

鄔孟震喪妻何氏，誓不更娶。夜攜兩兒並臥，儼若寡女。當事匾其門曰「義夫」。《四明志》

戴大賓及第，劉瑾欲招爲婿，戴執義不從，《登科録》竟刊妻姓氏。《玉堂叢語》

劉以平初聘關處士長女，未娶而女病瘵，及婚，乃以次女行。合巹之夕，以平疑其無病容，詰之，媒以實告。以平悵然曰：「吾聘者，病女也，棄之不義，且恐速其死。然次女已歸吾家，

無復還理，即室吾弟以寬可也。」更迎病女，女果泣涕求死。親迎後，病遂愈。兄弟同日畢姻。《隴蜀餘聞》

孟光擇對不嫁，父母問之，曰：「欲得賢如梁伯鸞者。」鴻聞而聘之。始裝飾入門，七日而鴻不答，光跽請曰：「竊聞夫子高義，簡斥數婦，妾亦偃蹇數夫。今而見擇，敢不請罪？」鴻曰：「吾欲裘褐之人與俱隱深山，綺縞粉墨，豈鴻所願哉。」妻曰：「以觀夫子之志耳。」乃更爲椎髻，著布衣，操作而前。鴻喜曰：「此真鴻妻也。」《後漢書》

暗歡喜新婦，見郎君美貌。蘇軾《雜纂三續》

毘陵成郎中，貌不揚而多髭。再娶之夕，岳母陋之曰：「我女如菩薩，乃嫁一麻胡。」命成作《催粧詩》。成乃操筆大書，云：「一床兩好世間無，好女如何得好夫。高捲珠簾明點燭，試教菩薩看麻胡。」《高齋漫録》

柳州曹泰年九十娶少妻，生子，日中無影。《耳目記》

盧校書象年暮娶妻崔氏，結褵後，微有嫌色。象請賦詩，崔口占曰：「不怨盧郎年紀大，不怨盧郎官職卑。自恨妾身生較晚，不及盧郎年少時。」《女史》

豐城有七十翁生子，翁之妻纔三十。東坡詩云：「聖善方當而立歲，乃翁已及古稀年。」《遯齋閑覽》

陳修登第，年七十三，尚未娶。高宗詔出内人施氏嫁之，年三十，賫奩甚厚。時人戲爲之語

曰：「新人若問郎年幾，五十年前二十三。」《鶴林玉露》

孫明復年五十，髮皓白。故相李文正公高其德，妻之以女，其女克盡婦道。《澠水燕談録》

郭氏少孤，事母張孝。及笄，富貴家爭求聘，張不許。時王德政教授里中，年老貌陋，張欲納爲婿，使教其二子。郭慨然願順母志。既婚，相敬如賓。《大名府志》

齊人攻魯，魯欲將吳起。起取齊女爲妻，而魯疑之，起遂殺其妻，以明不與齊也。見《史記》。又起使其妻織組而不中度，起大怒，出其妻。見《韓非子》。合而觀之，爲起妻者，不亦難哉！《宛委餘編》

袁隗欲爲從女求婿，見黃允而嘆曰：「得婿如是，足矣。」允聞而黜遣其妻夏侯氏。婦請姑曰：「今當見棄，方與黃氏長辭，乞一會宗屬，以展言去之情。」於是大集賓客二百餘人，婦坐中閨，數允穢惡事十五章。言畢，登車而去。允以此廢於時。《續漢書》

朱浮爲彭寵所攻，恐不脱，乃刺其妻，僅以身走。《後漢書》

竇元儀狀絶衆，天子詔以公主妻之。竇時已有妻，不敢以聞。方欲迎婦與訣，而詔已召竇成婚。《三輔决録》

鍾繇嬖庶子會之母，黜其嫡夫人。文帝命繇復之，繇恚忿，飡椒致噤，帝乃止。《魏氏春秋同異》

桓範爲冀州牧，屬鎮北將軍呂昭。範謂妻曰：「我不能爲呂子受屈。」妻曰：「君前在東

座，欲擅斬徐州刺史，衆人謂君難爲下；今羞爲呂屈，難爲上也！」範怒，以刀環擊妻，傷胎死。《魚豢典略》

劉毅虐御其妻，妻有過，立杖之。又嘗以履搏妻。《六帖》

王宋者，平虜將軍劉勳妻也，入門三十餘年。後勳悦山陽司馬氏女，以宋無子，出之。《詩女史》

王定保及第，吴子華侍郎臠爲婿。子華即世，定保南遊湖湘，無北歸意。吴假緇服，自長安來，訪其良人，白於馬武穆王，令引見定保。吴隔簾誚之曰：「先侍郎重先輩名行，俾妾侍箕箒。侍郎殁，慮先輩以妾改適，是以不遠千里來明侍郎之志。」定保不勝慚赧。《郡閣雅談》

陳烈以妻林氏疾病瘦醜，遣歸其家。《東都事略》

王稚川既得官，都下有所盼，不歸。山谷爲乃妻林夫人作《欸乃歌》與之。《合璧事類》

永興有富家子悦娼女柳，約爲夫婦。而父母強爲子娶，乃謀之市卜，教以厭蠱。期妻必死，可娶娼，則厚酬之。既而妻果病垂死，父母聞而告官。太守晏元獻鞫之，得實。發地藏木偶人，書其妻名氏、生時與咒咀之詞，乃奏抵法。《桐陰舊話》

豫章衣冠之人，多有數妻，暴面市廛，競分銖以給其夫。及舉孝廉，則更娶富戚。前妻雖有積年之勤，子女盈前，猶見放逐。《野航史話》

張仲偏愛少妾，酷虐其妻趙氏，遂爲妻所殺。《談薈》

苗軍擄得婦人艷而皙者，蓄爲婦，曰「夫娘」。人有三四婦，多至十數婦。一語不合，即剸以刃。與之處者，得至日暮無恙，心竊自賀。《輟耕録》

馬良爲上所愛，良妻亡，上每慰問之。適數日不出，上有問，左右以新娶對。上曰：「誰耶？」曰：「寧陽侯女。」上怫然曰：「夫婦尚薄，而能事我耶？」杖而疏之。《水東日記》

江東有朝士服内生子，反誣其妻與外人通。其妻自縊死。《東谷贅言》

紹興余尹與兄柄俱往遼陽，不得歸，寓兵子家。兵婦劉與尹私，兵死，劉遂歸尹。尹兄鄙之。後避兵承平，尹以咸陽幕另納王氏家焉。一日，尹與副使對坐，忽哭聲嗚嗚，曰：「我來甚遠。」副使怪問之，曰：「我劉氏，乳名二姐。尹與我別後，始則囑謹守，再則令改嫁，而伯又視爲路人，遂窮餓以死。訴之閻君，閻君曰：『伯當奪算，尹負汝當減壽六年。』又檢《姻緣簿》曰：『汝與尹前緣未斷也。』氏今往生咸寧馬家爲女矣。」言訖，尹豁然，省其所言不知也。《曠園雜志》

周澤爲太常，臥疾齋宮。其妻哀其老病，窺問所苦。澤大怒，以爲干犯齋禁，收送詔獄。諺曰：「生世不諧爲太常妻，一年三百六十日，三百五十九日齋，一日不齋醉如泥。」《何氏語林》

邢子才與婦甚疏，嘗晝入内閣，爲狗所吠。《北齊書》

李益防妻過甚，有散灰扃户之談，時謂之「妒癡」。《奚囊手鏡》

戴仁性迂緩，娶閻氏，年甚少，與之異室。忽一夕聞扣户聲，小豎報縣君欲見，戴仁遽取

《百忌曆》燈下看之，大驚曰：「今夜河魁在房，不宜行事。傳語縣君，謝到。」閻氏慚怒而去。《荆湖近事》

妻太聰明夫太怪，歸莊事。《觚賸》

俗有夫出未返而納婦者，謂之「空婦房」。《劍南詩稿》

羅公彦遊金陵，見一少婦哭墓，素笄艷妝，姿態絶美。公彦詢其從者，曰：「此婦新寡，辭其夫墓，歸將適人耳。」公彦浼其執柯，索值甚廉。事成，婦夜至。花燭既散，婦見其姿容韶秀，又富於橐裝，嗟嘆良久。公彦詢之再四，曰：「妾本非新寡，執柯者即妾之夫也，不事生業，每以妾紿遠方人，明晨必來逞其無賴。君若乘夜遷去，彼亦無如之何矣。」公彦即如言遷去。明晨夫至，見是空室，怏怏而去。《見聞録》

專諸將與人鬬，有萬夫不當之氣，其妻一呼即還。子胥怪問之，專諸曰：「屈一人之下，必伸萬人之上。」《吳越春秋》

賈充娶李氏，名婉，生二女，褒裕、筌裕。李氏父被誅，李坐流徙。充復娶郭女，名槐，妒甚。李氏會赦得還，帝詔充置左右夫人，充謙不敢當，其實畏槐也。《小名録》

石肇聘劉典兄女爲妻，肇甚懼之。每入門，稱「阿劉教可爾不可爾」，時人以爲嗤謡。《趙書》

謝朓爲王敬則婿，曾告敬則，其女常懷刀欲報朓，朓不敢相見。及拜吏部，謙挹尤甚。范縝

嘲之曰：「卿人才無慙小選，但恨不可刑於寡妻。」朓有愧色。《齊書》

劉綱與妻樊夫人將飛昇，妻令綱昇皂莢樹數丈，方能飛。今俗稱畏内者曰「上皂莢樹」。《丹鉛總録》

裴談崇奉釋氏，妻悍妒，談畏之如嚴君。嘗言：「人妻有可畏者三：少之時，視之如生菩薩，安有人不畏生菩薩耶？及男女滿前，視之如九子魔母，安有人不畏九子母耶？及五十六十，薄施妝粉，或青或黑，視之如鳩盤茶，安有人不畏鳩盤茶耶？」《本事詩》

任環酷怕妻，嘗曰：「婦當怕者三：初娶時，端嚴如菩薩，豈有人不怕菩薩耶？既生兒女，如養兒大蟲，豈有人不怕大蟲耶？年老，面皺如鳩盤茶鬼，豈有人不怕鬼耶？」《御史臺記》

趙爲山偏眷牙娘，謂之「郡君」。爲山内子甚明悟，爲山頗憚之。親姻中有聞爲山屬意牙娘者，或以告其内子。爲山歸，内子謂曰：「今日顔色悦甚，應是見郡君也。」爲山無言以答，亦不敢詰其言之所來。《北里志》

朱全忠夫人張氏多智略，全忠敬憚之，軍府事時與謀議。或將兵到中途，夫人以爲不可，遣一介召之，全忠立返。《資治通鑑》

李大壯畏服小君，萬一不遵號令，則叱令正坐，爲綰匾髻，中安燈火。大壯屏氣定體，如枯木土偶。人諢目之曰「補闕燈檠」。《清異録》

康凝畏妻。妻嘗病，求烏鴉爲藥，而積雪未消，難以網捕。妻大怒，欲加捶楚。凝畏懼，

涉泥出郊，用粒食引致，僅獲一枚。劉尚賢戲之曰：「聖人以鳳凰來儀爲瑞，君獲此免禍，可謂『黑鳳凰』矣。」《啓顔録》

扈戴畏內特甚，欲出，則謁假於細君，細君滴水於地曰：「不乾須歸。」若去遠，則燃香印掐至某所，以爲還家之驗。因筵聚，方三行酒，戴欲逃遁。朋友譁曰：「扈君恐砌水隱形、香印過界耳，是當罰也。吾徒人撰新句一聯，勸請酒一盞。」衆以爲善，乃俱起，一人捧甌吟曰：「解稟香三令，能遵水五申。」逼戴飲盡。別云：「細彈防事水，短爇戒時香。」別云：「戰兢思水約，匍匐赴香期。」別云：「出佩香三尺，歸防水九章。」別云：「命繫逡巡水，時牽決定香。」戴連沃六七巨觥，吐嘔淋灕。既上馬，群譟曰：「若夫人怪遲，但道被水香勸盞留住。」《記室新書》

陳季常妻柳氏絶兇妒，東坡詩云：「龍丘居士亦可憐，談空説有夜不眠。忽聞河東獅子吼，拄杖落手心茫然。」河東獅子指柳氏也。《調謔編》 尤艮齋曰：「今俗演《獅吼記》，名《三怕》。」

揚州太守仲端畏妻，不敢延客。謝廷皓謁之，坐久，甚饑。端入內，袖聚香團啖之。《揚州事迹》

李福妻妒忌，鎮滑臺日，有以女奴獻者，福意欲私之而未果，因囑妻之左右曰：「設夫人沐髪，必來報我。」既而果有以沐髪來告者，福即言腹痛，且召其女奴。既往，左右以裴方沐，不可遽已，即告以福所疾。裴以爲信然，遽出髪盆中，跣問福，福即若不可忍狀，裴以童溺進

之。明，將校來問，福具告之，因曰：「一事無成，固當有分。所苦者，虛咽一甌溺耳。」《避暑漫抄》

安鴻漸懼內。婦翁死，哭於路，其孺人呼入繐幕，詬之曰：「何因無淚？」漸曰：「以帕拭乾。」妻嚴戒曰：「來日須見淚。」漸來日以寬巾納濕置於額，大叩其顙而慟。其孺人又呼入，問曰：「淚出於眼，何故額流？」對曰：「豈不聞自古云：水出高原。」聞者大笑。《拊掌録》

秦檜畏內。妾嘗孕，妻逐之，生子爲林氏子。《齊東野語》

馮大夫懼內，其夫人宋氏，或誚之曰：「無若宋人然。」馮曰：「是爲馮婦也。」冒夢齡《尨語》

或論三綱之義，夫爲妻綱，宜無有夫畏妻者。祝珵美曰：「凡男命皆起於寅，寅，純木之精也；女命皆起於申，申，純金之精也。未有木而不畏金者也。又男道主火，女道主水，未有火而不畏水者也。況陽能發育，主生；陰能收斂，主殺。未有不樂生而畏死者也。」此懼內之理，鮮有知者。《東谷贅言》

夫爲夫者，耽少姿，入巧言，房簀之間，夜以繼日，纏愛紐情，牢不可拔。妻計日行，夫勢日削。如鉗礙口，噤不得聲；如絡冒頭，癡不得動；如杻械被身，束縛囚繫，不得自由。而至寒熱饑飽，在彼不在我；出入起居，在彼不在我。使爲不信惟命，使爲不義惟命，使爲不忠惟命，使爲不慈惟命，使躬行夷狄犬彘之所不爲惟命。極口駡辱焉，迎以笑嬉；盡力決撻焉，連稱罪過。數以犯，再拜謝之；役以事，健步辦之。曰舐吾痔，諾而趨；曰嘗吾便，跪而進。上不知有親，知有吾妻而已；下不省有幼，省有吾妻而已。由是有家則妻擅其家，有國則妻擅其國，有天下則妻指揮其天下。令一縣則小君映簾，守一州則夫人並坐。論道經邦，則于飛對理內殿，而粉黛判賞罰，裙襦執生殺矣。《黑心符》

蒼吾繞娶妻而美，讓與其兄。非禮之讓也。《家語》

烏滸國人娶妻美，則讓其兄。《後漢書》

昔有三男子共娶一女，生四子。後爭訟，廷尉云：「禽獸生子逐母，宜以四子還母，尸三男於市。」《傅子》

滑國兄弟共妻。杜氏《通典》

西藏俗，一家弟兄三四人，或娶一妻。其婦人能合三四弟兄同居者，人皆称美，以其能治家。《衛藏圖記》

晉祁勝與鄔臧通室。通室，易妻也。《左腴》

許邁好道，遣妻孫氏還家，爲書以謝絶之。孫氏爲書答邁曰：「昔梁生涉嶺，孟光是攜；蕭史登臺，秦女不舍；衛人修義，夫妻同行；老萊逃名，伉儷俱逝。豈非古人嘉遁之舉？」邁不納。《金蟬脱殼》

唐李度支蓄妓陶芳而棄妻，有敕停官。《藏一話腴》

令狐建妻，李寶臣女也。建將棄之，誣與門下郭士倫通，榜殺士倫，而棄其妻。《六帖》

崔顥娶妻惟擇美者，俄又棄之，凡四五娶。《唐書》

裴章娶妻李氏，年四十餘，章棄之於洛，别有所牽。李氏衣褐髽髻，讀佛書蔬食，而生魂訴於上。章後自以刃剸腹而死。《南部新書》

沈廷端棄妻入道。《郡閣雅談》

王純齋送其妻歸家，而自爲道士。《金華遊録》

史癡娶妻甚美，遣之别嫁，佯狂行乞於市。《觚賸》

自叔梁紇始出妻，及伯魚亦出妻，子思又出妻，故稱「孔氏三世出妻」。《家語後序》

曾參事後母至孝，其妻蒸藜不熟，出之。《家語》

《禮記·檀弓》：「曾子父子俱出妻。」然《顔氏家訓》有云：「曾參婦死，謂其子曰：『吾不及吉甫，汝不及伯奇。』遂終身不娶。」恐别有據。《宛委餘編》

孟子惡敗而出妻。惡敗，惡其敗德。《荀子》注

梁叔魚三十無子，欲出其妻。商瞿曰：「吾年四十，有子五人，恐子晚出耳，非妻之過也。」《六帖》

鮑永妻嘗母前叱狗，永即去其妻。《蟫史》

李充兄弟六人，充妻勸異居，充遂出其妻。《東觀漢記》

陶丘氏取墨台氏女，女色甚美，才甚令，復相愛。已生一男而歸，母丁氏引見女婿。女婿既歸而遣婦。婦臨去，請罪，夫曰：「曩見夫人年德已衰，非昔日比，亦恐新婦老後，亦必如是。是以遣。」《邯鄲氏笑林》

黄允出妻夏侯氏，曰：「婦人見棄，當分釵斷帶。」《後漢書》

李迥秀妻駡媵婢，母聞，不樂，迥秀即出其妻。《夷門廣牘》

嚴灌夫娶慎氏，十年無子，乃出之。慎氏爲詩以别，曰：「當時心事已相關，雨散雲飛一餉間。便是孤帆從此去，不堪重上望夫山。」灌夫留如初。《雲溪友議》

章元弼娶陳氏，甚端麗。元弼貌陋，嗜學，初得《眉山集》，夜觀忘寢。陳氏有言求去，元弼出之。《修潔齋閑筆》

王荆公子雱爲太常寺太祝，與妻龐氏日相鬩鬨。荆公念婦無罪，欲離異之，恐其被惡聲，遂與擇婿而嫁之。荆公門人、工部員外郎侯叔獻死，其妻魏氏幃箔不肅，荆公奏逐之。京師諺曰：「王太祝生前嫁婦，侯工部死後休妻。」《東軒筆録》

官本雜劇段數，有《王崇道休妻》。《武林舊事》

古人以去婦爲大歸。夫人姜氏歸於齊，大歸也。王景興與鍾元常書：「近聞室人孫氏大歸，曷爲離析，以至歸而不反乎？」今世俗歸寧曰「大歸」，不祥莫甚。《翰山日記》

《漢書・蒯通傳》：「婦與里母相善，其姑見疑盗肉，去之。里母即束緼取火於亡肉家，曰：『吾犬爭肉相殺，請火治之。』姑乃追去婦。」蓋用《韓非子》：「人有亡其豚肩者，意其婦而逐之。鄰嫗聞之，束葦而詣之，曰：『昨夜狗爭骨，須火以燭之。』主人悟，乃歸婦。」《野客叢書》

王吉東家有大棗樹，垂庭中，吉婦取棗以啖吉，吉知之，即去婦。東家欲伐樹，鄰里共請吉還婦。里中語曰：「東家有樹，王陽去婦。東家棗完，去婦復還。」《兩漢筆記》

劉介繼娶妻美豔，張綵欲奪之。乃問介：「我有求，肯從我，始言之。」介曰：「一身之外，皆可奉公。」綵曰：「我所求者，新嫂也。敢謝諾？」介默然不敢對。少頃，舁夫至，強輿歸矣。《史實録》 亦見《續筆乘》。

奩史卷三

東吳王初桐于陽纂述
登州王燕緒詒堂校刊

夫婦門三

妻

陳質娶妻而長拜之。《孟子注疏》

内子者，卿之嫡妻。《讀書雜鈔》

東方朔拔劍割肉，歸遺細君。師古曰：「細，小也。朔自比諸侯，故謂其妻曰『細君』。」《漢書注》

夢得新銚者，當娶好婦也。《夢書》

《漢書》：昌邑王賀妻曰嚴羅紨。紨，音敷。《海蠡編》

習鑿齒與謝安石書云：「匈奴名妾爲閼氏，言可愛如煙支也。」按《史記》、《漢書》謂單于正妻曰「閼氏」，猶中國言皇后耳，並非妾名。且謂「色象煙支，便以立稱」，則單于女謂之

「居次」，復比何物？《匡謬正俗》

沈休文《山陰柳家女詩》云：「還家問鄉里，詎堪持作夫。」鄉里，謂妻也。《南史·張彪傳》呼妻爲「鄉里」，云：「我不忍令鄉里落他處。」《西溪叢語》

古人稱妻曰「鄉里」，今會稽人曰「家里」。《敖器之詩話》

俗語云：「鄉里夫妻，步步相隨。」言鄉不離里，如夫不離妻也。《白氏金鎖》

王綽兄弟皆呼婦爲「妹妹」。《北齊書》

安國王每聽政，與妻相對。《太平御覽》

北堂，謂妻也。今皆作母事。《羅點聞見録》

流求國呼妻曰「多快茶」。《隋書》

西番呼贊普之妻曰「末蒙」。《唐國史補》

回鶻妻號「天公主」。《五代史》

雞林方言，妻曰「漢吟」，自稱其妻曰「細婢」。《雞林類事》

西原蠻洞主娶數妻，皆號「媚娘」。《夷俗考》

漢市語謂妻曰「渾家」，金人稱妻曰「薩那罕」。《諤崖脞説》

土人正妻曰「耐德」。《貴州通志》

王渾後妻，顏氏女。王時爲徐州刺史，交禮拜訖，王將答拜，觀者曰：「王侯州將，新婦州

民，恐無由答拜。」王乃止。武子以其父不答拜，不成禮，恐非夫婦，不爲之拜，謂之顏妾。顏氏耻之。《世説新語》

鄭休前妻所遺一女方幼，又休父布臨終生子沈，遺言必棄之。繼妻石氏曰：「奈何使舅胤不存乎？」遂養沈及前妻女。以力不兼舉，九年中，三不舉子。《晉書》

司空鄭袤卒，議者以袤前妻孫氏久喪難舉，其繼妻曹氏曰：「孫氏元配，理當從葬，可使孤魂無依乎？」於是備吉凶導從之儀以迎之，具衣衾、几筵，親執雁行之禮。聞者莫不嘆息。《晉陽秋》

百里奚爲秦相，堂上作樂，所賃浣婦自言知音，援琴而歌曰：「百里奚，五羊皮。憶别時，烹伏雌，炊扊扅。今日富貴忘我爲？」問之，乃故妻也，遂復合。《風俗通》

後漢竇玄形貌絶異，天子使出其妻，而以公主妻之。故妻悲怨，寄書及歌與玄，時人憐之。其歌曰：「煢煢白兔，東走西顧。衣不如新，人不如故。」《詩紀》

魏尚書令王肅，先仕齊，娶謝氏女。及至洛，復尚陳留公主。謝氏爲尼，來奔。作五言詩贈肅，曰：「本爲箔上蠶，今作機中絲。得路逐勝去，頗憶纏綿時。」公主代肅答謝云：「針是貫綫物，目中恒任絲。得帛縫新去，何能衲故時。」肅甚愧焉，遂造正覺寺以憩之。《洛陽伽藍記》

楊二郎泛海墜水，抱木漂至鬼國，見一婦人若最尊者，稱爲鬼國母。問楊曰：「願住此否？」楊曰：「願住。」即命小鬟爲治一室，結爲夫婦。居二載，飲食起居與世間無異。嘗有真仙邀迎國母，母必往。一日，楊請侍行，飄然履空，如躡煙雲。至一館宇，盤餚豐潔。鬼母導楊伏於卓幃下，戒以勿動。移時，聞人哭聲，蓋其妻也。楊出喚之，妻驚泣曰：「汝没於大海久矣，今夕除靈，故追薦。何得如此？」楊具道曲折，方知元不曾死。然鬼母在外招喚，不復敢相近。少頃寂然。《夷堅志》

李將軍言部曲嘗掠人妻，既數年，攜之南征。值其故夫，一見慟絶。問其夫已納新婦，則兵之故妻也。四人皆大哭，各反其妻而去。《愚山詩集》

乾隆丙子，永城歲荒。有顧四者，鬻妻嫁虹縣孫某，生一女。次年歲豐，顧又娶後妻，生子成。幼遠出傭工，流轉至虹縣，贅孫姓家。兩年妻父殁，成無所依，攜其妻並妻母回永城。顧四出，見兒之岳母，己之故妻也。時顧後妻先一月殁，遂爲夫婦如初。《新齊諧》

王毛仲有兩妻，皆國色。《六帖》

安重榮立二嫡妻，彭城郡夫人劉氏封魯國夫人，南陽郡夫人韓氏封陳國夫人。《五代史》

三婦同夫，志不相思。《焦氏易林》

衛靈公有妻三人。《莊子》

魏收娶其舅女，崔昂之妹。時劉芳孫女崔肇師女，夫家坐事，帝並賜收爲妻。人比之賈充置左右夫人。後病甚，恐身後嫡媵不平，乃放二姬。及瘳，追憶作《懷離賦》以申意。《北齊書》

倭國女人不淫不妒，大人皆有四五妻。《後漢書》

裸形蠻女多男少，或十妻或五妻共一丈夫。《南都志》

八百媳婦，傳其土酋有妻八百，故以爲名。《峒谿纖志》

南詔有妻妾數百人，總謂之「詔佐」。《蠻書》

《漢書》「外婦」，服虔曰：「外人，主之所幸也。」《日知録》

羊舌子好正，不容於晉。或攘羊遺之，妻叔姬勸令勉受，且求容。羊舌子曰：「爲二子烹之。」叔姬曰：「不可食以不義之肉，不若埋之。」《姓源珠璣》

公孫去病妻戴氏久無子，謂夫曰：「禮有七出，請受訣。」夫不許。又曰：「當更廣室。」夫亦不肯。及夫亡，遂操刀割鼻，誓不嫁。《古今烈女傳》

袁隗妻馬倫，是融之女，少有才辨。融家世豐豪，裝遣甚盛。初成禮，隗謂曰：「婦奉箕帚而已，何乃過珍麗乎？」對曰：「慈視垂愛，不敢逆命。君若欲慕鮑宣、梁鴻之高，妾亦請從少君、孟光之事。」謝承《後漢書》

袁隗以女妻張奉，送女奢麗。婦入門數年，奉住精舍，有如路人。其妻待奉入朝，乃徑前跪曰：「家公年老，不以妾顔陋，使侍君巾櫛，自知不副雅操。君如欲執梁鴻之高節，妾當懷孟光之微志。」乃悉撤嫁時衣物，著縵帛，執紡具。奉始納之。華嶠《後漢書》

皇甫規卒，妻年盛色美，董卓聘之，乃輕服詣卓門陳請，辭甚酸愴。卓使待者拔刀圍之，曰：「孤之威教，欲令四海風靡，何有不行於一婦人乎？」妻乃立罵曰：「君羌胡之種，妾之先

人，清德奕世，皇甫氏爲漢忠臣，君親非其走吏乎？敢欲行非禮於爾君夫人？」卓撲殺之。後人圖畫之，曰「禮宗」。《後漢書》

王霸友令狐子伯，有兒爲郡功曹，遣奉書於霸，容服甚光。霸顧視其子，有慚色，妻曰：「子伯之貴，孰與君之高，奈何忘夙志而慚兒女子耶？」《兩漢雋言》

周都妻，趙宗女，字阿少，嫻於婦道，而都多行無禮。都父謂阿少曰：「當以道匡夫。」阿少退曰：「我言不用，必謂我不奉教；若用，是謂子違父而從婦。」乃自殺。《漢世説》

黄帛，張貞妻也。貞覆船死，帛往没處，投水中，積十四日，持夫手浮出。《華陽國志》《異苑》同。《水經注》引《益部耆舊傳》誤以「貞」爲「員」。

高柔婚泰山胡母氏女，姿色清惠，近是上流婦人。柔營宅於伏川，馳動之情既薄，又愛翫賢妻，便有終焉之志。後起冠軍參军，眷戀綢繆，不能相舍，相贈詩書，清婉辛切。《世説》注

丹陽守李衡每欲治家，妻習氏輒不聽，曰：「人患無德，不患不富。若貴而能貧，方佳耳。」《女世説》

恭穆夫人馬氏，年逾三十無子，乃請文穆王納諸姬，皆生子。既長，夫人均養之。常置銀鹿於帳前，坐群兒於上而弄之，喜動颜色。《吴越備史》

刺史高叡爲默啜所执，默啜曰：「降我賜汝官，不降且死。」叡視妻秦，秦曰：「君受天子恩，當以死報，賊官安足榮？」賊乃殺之。《唐書》

趙昂子月質於馬超，會超叛，昂討之。語妻王氏曰：「奈月何？」王氏曰：「雪君父之大恥，喪元不足爲重，況一子哉？」《敝帚軒剩語》

韋雍被劫，雍妻蕭氏與雍皆出，左右格之不退。雍臨刃，蕭氏呼曰：「我苟生無益，願死君前。」遂自殺。《彙苑》

吳曦據蜀降金，興州將李好義謀討之，囑妻馬氏曰：「日出無耗，當自爲計。」馬氏叱之曰：「若爲朝廷誅賊，何以家爲？我決不辱李家門户。」馬氏母亦曰：「行矣。勉之。汝兄弟生爲壯夫，死爲英鬼。」好義喜曰：「婦女尚爾，我輩如何！」《丁卯實編》

畢氏中歲無子，然與妻極恩愛，不忍置妾。醉後與妻遇，妻陰以侍婢代己，即有娠。既産子，妻具以實告，乃納而試之，明年又産子。《鈎玄》

「春雨過春城，春庭春草生。春閨動春思，春樹叫春鶯。」此李丞婦顧三娘詩也。顧蔚有才華，尤嫻女則。母皇甫淑人絶愛憐之，所遣資裝奇服，不下數千金。而李多外嬖，不軌於物，數年揮斥殆盡。顧視之泊如也。葛帔綀裙，讀書不輟，絶未嘗有自憐之容。《梅花草堂筆談》《少室山房筆叢》曰：「崑山顧茂儉之妹，嫁孫僉憲家爲婦，甚有才情。《春日詩》云云，可置《玉臺新詠》中。」

少師費弘之女，嫁宜興吳尚書子賢，不見答。有詩寄少師云：「染淚裁詩寄老親，洞房辜負十年春。西江不是無門第，錯認荆溪薄倖人。」《吟堂博笑集》

天軍次洪州，有卒掠一婦人，頗有姿色，置於兵幕之下。每欲逼之，云：「自有伉儷，不能負也。」交臂疊膝，俯地而坐。軍人怒，許其斷頭剖心，終不能犯以非禮。主帥聞而憫之，使送還本家。《茅亭客話》

吳奎之妻張氏，初時賊兵至門，見氏姿容美麗，逼之，氏急伏水，故向淺處。賊去，氏復起，往尋其夫。道險人稠，無從相覓。歸廬獨自掩門，已有預入者，強淫之，無計爲拒也。賊寢熟，遙聞叩門聲，心知夫歸也。潛啓以入，遂與其夫共以力刺賊死，拾賊資物以逃。倏有深井，妻謂：「今得死所矣。」奎力阻之，泣曰：「妾已失節，奈何覥顔偷生乎？」投井死。《古處齋集》

郭六，淮鎮農家婦也。雍正間，歲大饑，其夫遠出乞食。瀕行，對婦稽顙曰：「父母皆老病，吾以累汝。」婦故有姿，里少年瞰其乏食，以金錢挑之，皆不應，惟以女工養翁姑。既而不能贍，則集隣里，叩首曰：「我夫以父母托我，今力竭矣，不別作計，當俱死耳。鄰里能助我則乞助，不能助則我且賣花，毋笑我。」鄰里徐散去，乃慟哭白翁姑。公然與蕩子遊，陰蓄夜合之資，又置一女子。然防閑甚嚴，不使外人覿其面。或謂是將邀重價也。越三載，其夫歸，即與見翁姑，曰：「父母併在，今還汝。」又引置女見其夫，曰：「我身已污，不能忍恥再對汝。已爲汝別娶一婦，今亦付汝。」夫駭愕未答，則曰：「且爲汝辦餐。」自往厨下，自刎矣。《灤陽銷夏録》

瞽叟使舜完廩，舜告堯二女，二女曰：「時其焚汝，鵲汝衣裳，鳥工往。」舜既登廩，得免去。後瞽叟使舜穿井，又告二女，二女曰：「魚汝衣裳，龍工往。」入井，瞽叟與象下土實井，舜從他井出。《玉杵臼》亦見《金樓子》。

陶答子相陶，其政不修而家益富。其妻抱子而泣，姑問：「泣何也？」曰：「妾聞南山有玄豹，霧雨十日，不下食，欲以澤毛衣而成文章也，故有威而遠害。今夫子反是，禍將至矣。」期年而答子見誅。《列女傳》

田延年以霍光廢昌邑王，議報楊敞。敞驚懼汗洽，敞夫人謂敞曰：「大將軍議已定，使九卿來報君侯。君侯不疾應，與大將軍同心，先事誅矣。」乃與延年諾，請奉大將軍教。《沈氏學弢》

劉楷爲交州，與垣曇深同行，曇深道卒。妻鄭獻英年二十，子文凝始生。仍隨楷到鎮，甚有容德，自厲冰霜。居一年，私裝了求歸，楷以去鄉萬里，不許。獻英曰：「垣氏羈魂不反，而其孤藐幼，妾若一同灰壞，何面目以見先姑？」因大悲泣。楷愴然許之。遂間關至鄉，葬訖，乃曰：「可以下見先姑矣。」《竹香齋類書》

李衡守丹陽，數以法繩瑯琊王孫休。休立，衡欲奔魏，妻習氏曰：「不可。君數作無禮，又猜嫌逃奔，以此北歸，何面目見中國人乎？且上素好善慕名，終不以私嫌殺君。可自囚詣獄，表列前失，顯求受罪，當逆見優容，非但活也。」衡從之，果無患，又加秩。《資治通鑑》

山濤與嵇康、阮籍一面，契若金蘭。山妻韓氏曰：「負覊之妻親觀狐、趙，意欲窺之，可乎？」他日二人來，妻勸公止之宿。夜穿墉視之，公入，曰：「二人何如？」妻曰：「君才致殊不如，止當以識度相友耳。」《世説新語》

許允爲吏部，帝疑之，召入，將加罪。允妻阮氏跣出謂曰：「明主可以理奪，難以情求。」允入而出，喜謂妻曰：「吾知免矣。」妻曰：「禍見於此，何免之有？」《魏氏春秋》

許允被收，舉家號哭，妻阮氏自若，云：「勿憂，尋還。作粟粥待。」頃之允至。《郭子》

許允爲司馬師所誅，門生走告，妻阮氏曰：「早知爾爾。」門生欲藏其二子，曰：「無預兒事。」《詢芻録》

柳世隆起兵應宋明帝，兵敗逃匿。孔道存購之甚亟，有軍人貌似，斬送之。時世隆母郭、妻閻並繫襄陽獄，道存以所送道示之。母見首悲情小歇，而妻閻號叫更甚。密謂郭曰：「今若減悲，便爲人覺，復當增號以滅之。」世隆竟免。《畫眉筆談》

李翼兄中書令豐，謀廢大將軍司馬師。翼妻荀氏謂曰：「中書事發，可早赴吳，何爲坐待死亡！左右可同赴水火者誰？」翼思未答，荀曰：「君居大州，不知可與同生死者，去亦不免。」遂及禍。《菰中隨筆》

梁衡陽王蕭暢卒，葬將引，柩有聲，議者欲開視。王妃柳氏曰：「晉文公已有前例，不聞開棺。無益亡者之生，徒增生者之痛。」乃止。《唾玉集》

朱有謙有功於唐，莊宗信伶人景進之誣，遣夏魯奇族其家。有謙妻張氏入室取鐵券示魯奇，

曰：「此皇帝所賜也，不知爲何語？」魯奇亦爲慙。《闇然堂類纂》

上林令侯敏，素事來俊臣，妻董氏以俊臣國賊，勢不久，勸敏敬而遠之。俊臣怒，出爲涪州武隆令。董氏曰：「但去莫求住。」遂行。至州，投刺參州將，錯題一張紙。州將怒，不放上。董氏曰：「但住莫求去。」停五十日，忠州賊破武隆，敏以不許上，免。《支談》

張商英夜執筆，妻向氏問：「何作？」曰：「欲作《無佛論》。」妻曰：「既無矣，又何論？」張大悟。《五九枝譚》

劉復新爲上都留守，令史亢子春戲據案判事。復新怒，責狀枷項。夫人田氏詢知，謂：「此小節耳！」即呼子春至，請復新脱其枷，且勞以酒。云：「此一杯與若壓驚，此一杯與若祝喜。大丈夫患無志耳，留守一官，寧有種乎？」亢泣謝而退。數年，復新卒，無嗣。時亢官湖廣參政，迎夫人歸，没齒敬養。《汲古叢語》

徐州刺史劉遐卒，其妹夫田防等欲爲亂，遐妻邵氏止之，不從。乃密起火燒甲杖都盡。《讀書偶然録》

金源氏之南遷也，西山有婦人翟氏，年廿餘，其夫從軍死。翟出入兵刃，往復數百里，晝伏夜行，以其尸歸，負土而葬之。既葬，自以早寡無子，乃自決於墓側。鄰里救而復蘇，終始一節。《静修丁亥集》

李伍戍福寧死，妻張氏臥積冰上，誓曰：「天若許妾取夫骨，當得不死。」踰月，竟不死。

鄉人義之，相率贈錢，大書其事於衣以行。至福寧，問夫葬地，則榛莽四塞，不可識。張哀慟欲絕，夫忽降於童，言動無異，指骨所在。張如言發得之，持骨祝曰：「信妾夫耶，入口當如冰雪，黏如膠。」已而果然。官義之，使護喪還。《元史》

吴許升妻吕氏勸升修學，升遂以成名。《毛詩集解》

劉殷妻張氏性婉順，奉殷如君父。《子史精華》

樂羊子遊學而歸，其妻引刀趨機，曰：「君子尋師，中道而歸，何異斷織乎？」羊子乃發憤卒業。《雞跖集》

趙昂以冀州參軍事爲馬超所攻，其妻異躬著布韝，佐昂守備。凡出九奇，異輒參之。《世語新語補》

薛仁貴妻柳氏曰：「高世之才，遇時乃發。今天子征遼，求猛將，此難得之時，君盍圖功名以自顯？」《唐書》

李侃爲項城令，李希烈攻之，妻楊氏勸其固守。侃中流矢還家，妻責曰：「君不在，人誰肯固？死於疆，猶愈死於床也。」《瀟湘聽雨録》

王忠嗣以女韞秀歸元載，歲久見輕。韞秀勸夫遊學，所有奩幌資粧盡爲紙筆之費，載乃遊秦。韞秀請偕行，爲詩曰：「路掃飢寒跡，天哀志氣人。休零別離淚，攜手入西秦。」《群書拾唾》

韋皋婿於張延賞家，漸不齒禮。妻垂泣言曰：「韋郎學兼文武，豈有沉滯兒家，爲尊卑共嗤？夫凌霄之志，起於風飆，郎獨倦飛乎？」皋遂東遊。《瞿塘日録》

劉寧妻能佐夫以義，詔褒之，賜白金二百兩。《賞賚考》

《相鼠》，妻諫夫之詩也。《玉海》引《白虎通》

楚昭王遊獵，與姬同乘。顧謂姬曰：「樂乎？」對曰：「樂則樂矣，不可久也。昔先君莊王淫樂三年，不聽政事，終而能改，卒霸天下。君王若能法先君，改之，以勤其政，可也。不然，亂無日矣。」王敬其言而禮之。《荆州志》

頃襄王好淫樂，出入不時，年四十不立太子。莊姬欲諫之，乃以緹竿爲幟，伏南郊道側。車至幟舉，王怪問之，女曰：「大魚失水，有龍無尾。牆欲内崩，而王不視。」王不悟，女爲解之。遂載歸，立爲夫人。《女世説》

王章爲諸生，獨與妻居。疾病，無被，臥牛衣中涕泣。妻怒曰：「疾病困阨，不自激昂，乃反涕泣，何鄙也！」及官京兆，欲上封事，妻又止之曰：「人當知足，獨不念牛衣涕泣時耶？」《漢書》

謝躬妻知世祖不平，常戒躬曰：「君與劉公積不相能，不爲之備，終受制矣。」躬不納，竟爲世祖所擒。《東觀漢記》

曹操待陳宫厚，後以兖州叛迎吕布。及操攻布，布欲使宫守城，自將騎斷曹糧道。布妻謂布曰：「曹氏待公臺如赤子，猶舍而歸我。今將軍厚公臺不過曹氏，而欲委全城，捐妻子，孤軍遠出。一旦有變，妾髮髮豈得爲將軍妻哉？」乃止。《女世説》

司馬徽婉約遜遁，人有問者，輒言其佳。婦諫曰：「人質所疑，君宜辨論。一皆言佳，豈人所以咨君之意乎！」徽曰：「如卿所言，亦復佳。」《司馬徽別傳》

苻堅欲伐晉，張夫人引禹、稷、湯、武事以諫。《容齋隨筆》

北齊并州有士族，好爲可笑詩賦，衆共嘲弄，虛相稱讚。其妻明鑑人也，泣而諫之。此人嘆曰：「才華不爲妻子所容，何況行路！」《顏氏家訓》

杜司空悰鎮澧陽，怒李宣古，欲辱之。其妻長林公主不待穿履，奔出救之，曰：「尚書不念諸子初學，時擬陪李秀才硯席乎？奈何飲人狂藥，舉人纖過。」遂傳令爲詩，李生援筆立成，悰賞之，貺物十箱。《哲匠金桴》

劉知遠還至晉陽，議率民財以賞將士。后李氏諫曰：「陛下創大業，未有惠澤及民，而先奪其生生之資，殆非新天子所以救民之意也！請悉出宮中所有以勞軍，雖復不厚，人無怨言。」知遠從之，中外大悅。《經濟類編》

僧泓師與韋安石善，嘗見鳳棲原一地甚佳，語安石，安石欲偕往，其夫人曰：「公爲大臣，奈何潛遊郊野，又買墓地，恐禍從此始。」泓師曰：「夫人先見，若須買地，不必躬親。」夫人曰：「欲得了義，兼地不須買。」《瑯琊曼衍》

程少良爲盗，致貲數萬。偶與党中諸少年食，老而齒脱，不能食大臠。其妻起請少年曰：「公子與此老父椎埋剽奪十餘年，今尚不能食，此去必殺之草間，無爲鐵門外老捕盗所咀快。」少良悟曰：「老嫗真解事。」遂謝少年。《静用堂偶編》

崔群知貢舉，既罷，夫人李氏勸其樹莊田，以爲子孫之計。笑答曰：「余有三十所美莊良田遍天下，夫人復何憂？」夫人曰：「不聞君有此業。」群曰：「吾前歲放春榜三十人，豈非良田耶？」夫人曰：「君非陸相門生乎？往年君掌文柄，約其子，不令就試。如君以爲良田，則陸氏一莊荒矣。」群慙而退，累日不食。《康餘録》

周行逢居武陵，果於殺戮。夫人嚴氏諫，不聽，乃紿曰：「家田佃户，以公貴，多恃勢侵民，請往視之。」至則營居以老，行逢就見，强邀之，以群妾擁升肩輿，嚴氏卒無留意，因曰：「公用法太嚴而失人心，所以不欲留者，一旦禍起，田野間易爲逃死耳。」行逢爲少損。《五代史》

吕蒙正夫人宋氏，能隨事諷諫。蒙正朝罷歸，偶片雪沾衣，欲斬執役人，夫人舉《撥灰詩》諷之，乃已。蓋蒙正困躓時，有「撥盡寒爐一夜灰」之句也。《堯山堂外紀》

嚴嵩妻歐陽氏，見嵩勢盛，曰：「不記鈐山堂二十年清寂耶？」嵩甚愧之。《筠廊偶筆》

弓工妻者，蔡人之女也。齊景公使弓人爲弓，引弓而射，不穿一札。公怒，將殺弓人。其妻見公曰：「妾之夫造此弓，其爲之亦勞矣。其幹生泰山之阿，傅以燕牛之角，纏以荆麋之觔，糊以阿魚之膠。此四者，天下之妙選也。而君不能穿一札，是君不能射也。而反殺妾之夫，不亦謬乎？妾聞射之道，左手如拒，右手如附枝，右手發之，左手不知。此射之道也。」景公以其言而射，穿七札，乃賜其夫金三鎰。《韓詩外傳》《列女傳》作晉平公事。

盛道妻趙氏，字媛姜。道兵敗，夫妻執繫當死。媛姜夜中解道桎梏，令攜幼子潛逃，媛姜代道持夜，應對不失。度道已遠，乃以實告吏，應時見殺。父子會赦，得歸。感其義，終身不娶。《後漢書》

漢獻帝逃竄至河，無舟楫，后乃負帝以濟河，脚下如有乘踐。《拾遺記》

庾友將坐誅，婦爲桓溫弟豁女，徒跣求進，閽禁不納。女厲聲曰：「是何小人？我伯父門，不聽我前。」因突入，號泣請曰：「庾玉臺嘗因人脚短三寸，當復能作賊不？」溫聞之，遂原友。《世説新語》

方勉犯夜禁，妻許氏代呈郡守詩，遂釋其夫。《詩話總龜》

明太祖嘗爲僞漢兵所逐，馬后負之而逃，太子私繪作圖。《剪勝野聞》

江浦知縣周益、蒲州驛丞馮佇，俱有罪當刑。益妻梅氏、佇妻李氏，俱具疏代夫刑，詔特宥之。《明逸編》

楊繼盛妻張氏，上書請代夫死，詞極哀痛。爲嚴嵩所屏，不得上。《資治通鑑綱目三編》

思夫山，秦有人採藥不回，妻念之而死，因名。《洞庭記》

伯常子避仇爲漁父，其妻思之，作《釣竿之歌》。《中華古今注》

《飛蓬引》，取「首如飛蓬」意，思夫之曲也。《女紅餘志》

蘇伯玉使蜀，久不歸。其妻居長安，思念之，因作詩，寫之盤中，屈曲成文。《古今藝苑談録》

一少婦婚未匝月，其夫出從戎，與一石卵，謂之曰：「汝若思我，第視石，見石如見我也。」夫行後，婦每思，輒視石久之。見其中冉冉如動，遂每夕夢夫，結氣死。其家碎石，視之，石中已成玉，如人形，作夫婦攜手狀。《玉笑零音》

鄱陽有望夫岡，昔陳明與梅氏爲婚，未娶，妖魅詐迎婦去。明請卜者，訣云：「西北行五十里求之。」明如言，見大穴。以繩懸入，遂得其婦。乃令婦先出，而明翻斃於穴。其妻登此岡而望其夫，因以名焉。《鄱陽記》

女觀山，昔有思婦登山，絶望懷思而死。《荆州圖副》

德安望夫山，昔人行役未回，其妻每登山而望，輒以紅箱盛土，積久漸高，故名。《方輿紀要》

武昌望夫石，狀如人，相傳女子望夫而化爲石。郭頒《世語》《苕溪漁隱叢話》曰：「望夫山在處，有之鐵崖。《古樂府》曰：『望夫石謂之石婦。』」

劉君良四世同居，遇荒饉，妻勸其異居，因易置庭樹鳥雛，令鬬且鳴。家人怪之，妻曰：「天下亂，禽鳥不相容。况人乎！」君良後知其計，因斥去妻。《女世説》

杜羔不第，將至家，其妻劉氏先寄詩云：「良人的的有奇才，何事年年被放回。如今妾面羞君面，君到來時近夜來。」羔即回，尋登第，又寄詩云：「長安此去無多地，鬱鬱葱葱佳氣浮。良人得意正年少，今夜醉眠何處樓？」《南部新書》《敬君詩話》曰：「此詩渾是一團炎涼氣習，不失村婦口語。」

敖東谷在寧州年久，妻背夫他適，迎婦者已在門東，谷突歸，始散。念家貧難娶，隱忍與居。正德辛巳登進士第，官留京師，不挈以隨，納妾，甚嬖焉。《緑雪亭雜言》

鄭子陽爲相，載粟與列御寇。御寇辭之，其妻拊心曰：「妾聞爲有道之妻，皆得佚樂，今有飢色。君遺先生粟，先生不受，豈非命也哉！」《高士傳》

鄧艾冬月入陰平，守將馮邈不爲備，乃歸私室，與妻李氏擁爐。妻曰：「邊關告急，君豫然何也？」邈曰：「魏兵至，我其降乎！」妻唾面曰：「負國如此，我何面目與君共立也。」已聞邈出降，李即自縊。《三國典略》

謝道韞初適王凝之，大薄其夫，還家謂父曰：「一門叔父則有阿大、中郎，群從兄弟則有封胡、遏末，不意天壤之中乃有王郎！」《世説新語》

孫秀降晉，晉武帝厚存寵之，妻以姨妹蒯氏，室家甚篤。妻常妒，乃罵秀爲貉子。秀大不平，遂不復入。蒯氏大自悔責，請救於帝。時大赦，群臣咸見。既出，帝獨留秀，從容謂曰：「天下曠蕩，蒯夫人可得從其例不？」秀免冠謝，遂爲夫婦如初。《世説新語》

周彬不治財産，其妻嘗讓之。及先主鎮金陵，彬囊文以往，錫賚頗厚。以所賜金帛陳於庭，謂婦曰：「比諸伯叔，何勝？」妻曰：「男子之事，非女子所能知。」《江南野史》

陳塊齋性寬坦，在翰林時，夫人嘗試之。會客至，公呼茶，夫人曰：「未煮。」公曰：「也罷。」又呼：「乾茶。」夫人曰：「未買。」公曰：「也罷。」時因號「陳也罷」。《鈎陰冗記》

晏叔原聚書甚多，每有遷徙，其妻厭之，謂「叔原有類乞兒搬漆椀」。《墨莊漫録》

有人鬻書爲業。一日，盡以其書換銅器數件而歸。其妻罵其夫曰：「你換得他這個，幾時近得飯吃？」其人曰：「他換得我那個，也幾時近得飯吃？」《道山清話》

樂君博學家貧，一日，遇午未飯，妻使婢告米竭，樂君曰：「少忍會，當有餉者。」妻不勝忿，忽自屏間躍出，取案上簡繫其手，樂君袒而走。《避暑録話》

《説苑》云：「太公望，故老婦之出夫也。」《戰國策》云：「太公望，齊之逐夫。」蓋太公贅婿於馬氏，被妻逐遣。既封齊侯，道遇前妻，再拜求合。公取盆水覆地，令其收之，謂曰：「若言離更合，覆水定難收。」婦遂抱恨而死。見《鶡冠子》注。今以覆水爲朱買臣事，非也。《天香樓偶得》

朱買臣賣薪行歌，妻羞之，求去。買臣曰：「待我富貴，報汝。」妻曰：「終餓死溝中耳，何能富貴？」遂去。《漢書》《東谷贅言》曰：「姜太公爲妻所棄，耄故也。朱買臣爲妻所棄，貧故也。」

楊志堅嗜學而貧，其妻厭之，索書求去，志堅以詩送之。其妻持詣州刺史顔魯公，求別。公判妻笞二十，任自改嫁。楊秀才餉粟帛，仍署隨車。《雲溪友議》

李昇簒吳，吳世子璉，昇婿也。宋齊丘請絶其婚，云：「非獨婦人有七出，夫有罪，亦可出之。」《冬夜箋記》

鄭紳少日貧甚，妻棄去。後紳拜廉察，妻再適張縕，亦任承宣使。《玉照新志》

張秀卿能詩，幼適賣菜傭，後厭棄其夫，孑然獨居。偶與孫翰林倡和，遂歸之。《分甘餘話》

奩史卷四

東吳王初桐于陽纂述
蘭陵孫星衍淵如校刊

夫婦門四

喪妻

夢見鵁鶄，居不雙也，婦獨居，婿失妻也。《夢書》

彭祖喪四十九妻。《粧樓記》

莊子妻死，箕踞鼓盆而歌。《南華經》

苻融貧，妻亡無以殯殮，曰：「古之葬者，棄之中野，惟妻子可以行其志，但即土埋藏而已。」《後漢書》

薛勤喪妻，不哭。臨殯，曰：「幸不爲夭折，復何恨！」張璠《漢記》

扈累喪婦獨居，以塼爲障，施一厨床，食宿其中。《魏略》

潘岳誄楊仲武曰：「德宫之喪。」謂喪妻也。《六帖》

王聘之妻謝氏病終，既窆，忽空中有嗔聲，曰：「何不作挽歌，令我寂寂上道耶？」《異苑》

晉桓道愍喪婦，纏痛無已。一夕始寢，視屏風上，見有人手。驚起，炳炬照屏風外，乃其婦也。愍了不畏懼，遂引共臥。問曰：「卿亡來初無音影，今夕那得忽還？」答曰：「新婦今當受生爲人，故來與君别也。」至曉，涕泣辭去。愍送至步廊下不見。《法苑珠林》

有道人能令人與死人相見。一人願見婦，道人曰：「可。然聞鼓聲當出。」俄而得見之，恩情如生。良久，聞鼓音，婦出，婿閉其衣裾户間，裂絶而去。後此人死葬，開塚，見婦棺蓋下有斷裾。《搜神記》

後魏宋穎妻劉氏亡十五年，穎夢見之，拜曰：「新婦今被處分爲高崇妻，故來辭君。」潸然流涕。穎旦見崇，言之。後數日，崇卒。《北史》《魏書》及《五代新説》「劉」作「鄧」。

隋張崇妻王氏墓銘曰：「深深送玉，鬱鬱埋香。」《玉溪編事》

賈客張瞻將歸，夢炊臼中。卜者曰：「君歸不見妻矣。臼中炊，無釜也。」賈客歸，妻已卒。《酉陽雜俎》

邵南夢崔暇女在一廳中，女立床西，暇立床東，執紅箋題詩一首授暇，曰：「莫以貞留妾，從他理管絃。容華難久駐，知得幾多年。」夢後一歲，暇妻卒。《續酉陽雜俎》

故諫議李行修娶王氏，後暴亡，李悲慟。有秘書衛隨語曰：「君欲見夫人，奚不問稠桑王老？」至稠桑驛問王老，引至坡側曰：「汝但呼『妙子傳語九娘子，令見亡妻』。」果至，涕泣

相見。《定命録》

桑乞妻臨終，執乞手云：「我死，爲當婚否？」乞言：「不忍也。」服竟，更娶。白日見其死婦，語之云：「君先結誓，云何負言？」以刀割其陽道。《異苑》

樊若水女才質雙盛，愛鍾輻之才而妻之。輻入洛中，甲科得意，不還。攜一女僕曰青箱，過蒲城，痛飲而臥，青箱侍之。是夕，夢其妻出一詩爲示，怨頗深。詩曰：「楚水平如練，雙雙白鳥飛。金陵幾多地，一去不言歸。」夢中懷愧，亦答一詩，曰：「還吳東下過蒲城，樓上清風酒半醒。想得到家春欲暮，海棠千樹欲凋零。」既寢，頗厭之，因理歸裝。將至采石，青箱暴卒，匆匆稾葬於一新墳之側，急圖到家，則門巷空闃，妻已亡數月矣。親友攜至葬所，即青箱稾葬之側新墳也。惟海棠數枝方謝，正合詩中之句，乃拊膺長慟。《江南野録》

常山神祠中題云：「荼蘼香夢怯春寒，翠掩重門燕子閑。敲斷玉釵紅燭冷，計程應説到常山。」此鄭亦山詩也。聞其題詩之夕，妻在家亡，蓋斷釵讖也。《環溪詩話》

有軍卒妻生子未周死，既殯葬，輒夜歸乳其子。卒與語，則不應。如是比夜而至，卒懼且疑曰：「是未必果亡妻，或鬼物所爲，不去必害兒。」乃密置刃席下。是夜復至，舉刃逆之，應手而滅。明旦，視血蹤尋至妻墓，有屍伏於冢上。屍之狀貌衣服，宛然亡妻也。發冢驗之，棺空無物。《睽車志》

姚氏兄弟同居，弟婦卒，弟獨與小兒同室處焉。家人聞其室中夜與婦人笑語，兄意其召外婦人也。責之，弟曰：「夜所與言者，亡婦耳。」兄詢其故，則曰：「婦喪踰月，即夜叩門，曰：『我念兒無乳，至此。』因開門納之，果亡婦。遂徑登榻，接取兒乳之。自是數來。」兄乃持大刀夜伏於門左，果有挑門而入者。兄盡力刺之，大呼而去。旦視之，流血塗地。兄弟共尋血蹤至墓所，則弟婦屍横墓外而死矣。開其墓，惟空棺耳。《鐵圍山叢談》

劉元素内子朱賢，善事其夫。元素作《柳眼》詩云：「青眼初垂已可知，精神渾在豔陽時。只因嫁得東君後，兩淚相看是别離。」後數日妻亡，蓋詩讖也。《竹坡詩話》

李山甫妻亡踰月，所居樓梯忽軋軋有聲。少焉，妻至。李初疑怖，至則忘之矣。語笑就枕，若平生歡，曉去夕來。久之，李謀復娶妻，遂泣别。《夷堅志》

某官妻死，既再娶矣。一日，亡妻見形，如平生。某執其手，則堅冷如冰鐵。久之，後妻忽夢其先祖，云：「汝夫前妻爲怪，乃陰府失收耳，今已捕獲。」《清尊録》

江西宋氏女美而文，嫁鄧公輔，有子矣，而女卒。臨絶，訣鄧詩曰：「崑山片玉本無瑕，女子生來願有家。誰料中途妾薄命，莫教兒子衣蘆化。」《焦氏説楛》

嘉定一民家婦，平日未嘗作詩，臨終書一絶與其夫，悽惋可誦。「當時二八到君家，尺素無成愧枲麻。今日對君無别語，莫教兒子衣蘆花。」《六語》

楊筠湄締婚劉氏，未娶而劉夭，筠湄書齋夜讀，有垂髫女子碧襦紅裳，含笑款户曰：「妾郎君之婦劉氏也。良耦未諧，早歸泉壤。誼托絲蘿，理無幽顯。不憚遠叩書幃，以成委身之願。」

筠湄遽近擁之，貞體宛然。自此及夕即來，踰歲乃絶。《觚賸》

穀城葛生聚妻江氏，琴瑟甚篤。妻遘疾卒，葛朝暮悲思。一夕，聞窗外彈指聲，問之，曰：「妾江氏也。感君悼念，願與作幽會耳。」遂續舊好。嗣是每夕必至，約載餘，忽悲啼不止，曰：「君新婚伊邇，妾從此永訣矣。」次日，果有媒者來，而江之蹤跡絶。《長水日抄》

施閏章夢一女子辭别，閏章母手抽其髻上簪授閏章，曰：「此女簪有斷痕。」閏章覺而嘆曰：「吾妻殆不永矣。」月餘而妻卒。《學餘堂文集》

荀粲常謂：「婦人才智不足論，宜以色爲主。」聞曹洪女有色，聘焉。容服帷帳甚麗，專房歡宴。後婦病亡，傅嘏往唁，粲不哭而神傷。嘏曰：「子之娶也，遺才而好色。此亦易遇，何哀之甚？」粲曰：「佳人難再得！逝者有傾城之色，未可謂之易遇。」痛悼不已，歲餘亦卒。《荀粲别傳》

劉實喪妻，爲廬杖之制。《晉書》

王龔妻亡，與諸子並持杖行服。《群書鈎玄》

孫楚妻亡，除服，作詩示王武子。武子曰：「未知文生於情，情生於文。覽之悽然，增伉儷之重。」《經外雜抄》

侍御武君喪配，斂其遺服、櫛珥、鞶帨於篋，月十五日則一出陳之，抱嬰兒以泣。《韓昌黎集》

沈亞之夢入秦，秦公幼女弄玉婿蕭史先死，公使亞之尚公主。館居亞之於翠微宮，宮人呼爲

「沈郎院」。後一年，公主無疾忽卒，公追傷不已，命亞之作挽歌，應教立成。亞之將去，秦公復命至翠微宮，與公主侍人別。時見珠翠遺碎青階下，窗紗檀點依然。侍人泣對亞之，亞之感咽良久。《夢遊録》

劉庭式娶瞽女，後瞽女死。逾年，庭式哀不衰。蘇軾問曰：「哀生於愛，愛生於色。今君愛何從生，哀何從出乎？」庭式曰：「吾知喪吾妻而已。」《東都事略》

沈存中晚娶張氏，嘗被箠楚，拔其鬚髮，血肉狼籍。及張氏死，存中神氣索莫，月餘亦卒。《蓉槎蠡説》

潘岳《悼亡》詩云：「望廬思其人，入室想所歷。」又云：「翰墨有餘跡。」又云：「遺掛猶在壁。」又云：「長簟竟空床。」《潘黃門集》

元稹喪妻韋蕙叢，作《遺恨》詩三首。有云：「衣裳已施行看盡，針綫猶存未忍開。」《元氏長慶集》

蘇軾詩：「哀哉魏城君，宿草荒新墓。」魏城君，公配王夫人也。《東坡詩注》

李元膺喪妻，作《茶瓶兒》詞悼之。元膺尋亦卒。《冷齋夜話》

傅若金妻孫蕙蘭工詩，傅集中「湘皋煙草緑紛紛，淚灑東風憶細君」，蓋悼亡作也。《清江集》

于謙悼夫人董氏詩十一首，有云：「燈昏羅幙通宵雨，花謝雕闌驀地風。」《節庵存稿》

梁龕明日當除婦服，今日請客奏妓。司直奏之，奪俸一月。《晉書》〔一〕

衛寬夫妻死再娶，前妻現形爲祟。《玉芝堂談薈》

不再娶曰「不開媵路」。《公羊傳》注

曾參喪妻不更娶，人問之，曰：「以華元善也。」漢王駿妻死不更娶，或問之，駿曰：「德非曾參，子非華元，何敢再娶？」管寧妻卒，知故勸再娶，寧曰：「每省曾子、王駿之言，意常嘉之，豈違本心？」《韓詩外傳》

蜀川張尉之妻死而再生，復爲夫婦。《仙傳拾遺》

李強名妻崔氏暴疾卒，忽見夢曰：「吾命未合絶，但形已敗，帝命天鼠爲吾生肌膚，待七七日盡則生矣。」果有白鼠出入殯所，發其柩，有肉焉。積四十九日，妻則蘇矣。妻素美麗，及再生，美倍於前。《江湖紀聞》

康熙戊寅，松江村人之妻病死，越日復生。聽其語，則嘉興土音也。曰：「吾何爲至此？吾乃嘉興某姓之女，年十七，尚未適人，此非吾家也。」慟哭求歸。舉家驚異。其夫試往嘉興察之，果有某家女新死，遂語其故。其兄隨至松視之，女相見悲喜，述父母年歲並居室篋笥衣飾之

〔一〕《晉書》卷六十九載：廬江太守梁龕明日當除婦服，今日請客奏伎，丞相長史周顗等三十餘人同會，丞相司直劉隗請免龕官，削侯爵，顗等各奪俸一月，从之。

類，無不吻合。貇與其兄歸家，衆以爲不可，遂公議留之，仍爲夫婦焉。《述異記》

濟寧王姓者，與衆進香武當山。妻亦欲往，夫以道遠艱費難之，妻恚而自縊。夫驚懊，言於衆，衆置櫬殮之，仍行。比至河南，忽見其妻在路旁大樹下坐憩，以爲鬼也。妻曰：「昨以衆行期稍遲，故先行至此相候，今當同行。胡爲鬼耶？」遂偕行。途中起居、飲食無異。及歸家，指櫬示之曰：「爾不死，所殮者何人？」妻曰：「吾實不死，曷開視之。」開視，乃空棺耳。《池北偶談》

唐子昇妻鄭氏無疾而終，臨卒時，告子昇曰：「不離君之身，後十八年，更與君爲親。」已而子昇年近七十，再娶於崔氏，多省前生之事，後産一男。《獨異志》

劉立爲長葛尉，其妻楊氏忽一日泣謂立曰：「我當死，以小女美美爲托。」其夕楊氏卒，立罷官，寓居長葛十餘年。有縣令邀立往郭外看花，令立先去，舍趙長官莊。見杏園中婦女數輩，内一女年十五六，近敗垣間窺立。立入門，主人移時方出，曰：「適女子與親族看花，忽中暴疾，所以失迎。」坐未定，有一青衣與趙耳語。趙起入内，立聞趙嗟嘆聲，乃問立曰：「君前婚楊氏乎？」曰：「然。」「有女名美美乎？」曰：「然。」趙曰：「女適暴卒而蘇，自言前身乃公之妻。適窺見公，不覺悶倒。」立歔欷久之。須臾縣令亦至，衆客俱集。趙白其事，衆咸異之。立曰：「某今年尚未高，願與小娘子尋隔生之好。」衆共成之。於是成婚，而美美長於母三歲矣。《會昌解頤録》

耿愚買一侍婢，麗而黠。踰年矣，立於門外。小兒過焉，認以爲母。歸告父曰：「吾母乃在某家。」時其母死既祥矣。父往殯所視之，見棺已開，無屍。還家攜兒訪之，真厥妻也。妻與敘別，繼以泣。語人曰：「此吾夫，小者吾子也。」耿怒曰：「去年買汝時，汝本無夫，有契約、牙儈可驗。」乃訴諸官。跡其從來，昏不省憶，但云：「因行至一橋迷路，爲牙媪引去，迫於飢餒，故自鬻。」牙儈所言同。遂命其夫以餘直償耿氏，而娶其妻。《異聞總録》

元兵破臨川，王氏婦與夫約曰：「吾遇兵必死，義不受汚。若後娶，當告我。」果被掠，死焉。越數年，夫以無嗣謀更娶，議輒不諧，因告其故妻。夜夢妻曰：「我死後生某家，今十歲矣。後七年，當復爲君婦。」明日遣人聘之，一言而合。詢其生，與婦死年月同。《静齋筆記》

京東民家生一女，三歲能言，曰：「我工部郎中鄭濂婦也。」甫能行，即出户覓鄭居。鄭聞而迎之，蓋八歲矣。重堂邃室，皆若素遊；籠篋之庋，香履之存，靡不一一指點其處。鄭以事怪，遣之。然聞者驚相傳告，旋徹内廷。上命濂續再世之婚，濂辭以年齒甚懸。上曰：「天命也。待十三歲而婚。」濂奉旨，屆期成禮，伉儷如初。《觚賸》

靳瑤妻死，既斂火化。一日，於空曠處見婦人獨行。漸近，乃其妻也。相持悲慟，妻曰：「我既被焚，今有朱氏女某日當死，我當投其體再生。君往求婚，可再合也。」至日，果聞朱氏死復蘇，云：「我靳瑤妻也。」瑤因托媒通意，父母以告其女，女曰：「此我夫也。」其家竟以歸之。《睽車志》

寡婦

夏姬九爲寡婦，當之者輒死。《左傳》所載已八人矣，一爲后，七爲夫人。蓋能内使技術，老而復少者三。宇文士及《粧臺記序》云：「春秋之初，有晉楚之諺曰：『夏姬得道，雞皮三少。』」《續篗山房集略》

黔婁死，曾子往吊，問何以爲謚？黔婁妻曰：「以康爲謚。」《魯史》

巴寡婦清得丹穴而擅其利，用財自衛，不見侵犯。始皇以爲貞婦，爲築「懷清臺」。《史記》

孔姥墩：昔有孔氏婦寡居，有子八人，自訓以義。方漢哀帝時，俱爲郡守。《湖州府志》

王江州被害，謝夫人嫠居。會稽太守劉柳聞其名，請與談義。夫人素聞劉名，亦不自阻，乃簪髻素服坐在帳中，劉束襟整帶造於别榻。夫人風韻高邁，敘致清雅，先及家事，慷慨流連，徐酬問旨，詞理無滯。劉退而嘆曰：「瞻察言氣，使人心形俱服。」夫人亦云：「親從凋亡，始遇此士。聽其所問，殊開人心胸。」《何氏語林》

杜有道妻嚴氏，字憲，十八而嫠居，女韡有淑德。傅玄求爲繼室，憲便許之。或曰：「何鄧執權，必爲玄害，亦猶排山壓卵，以湯沃雪耳。奈何與之爲親？」憲曰：「晏等驕侈，必當自敗。卵破雪消，行自有在。」《晉書》

陳遵爲河南太守，過寡婦左阿君，置酒謳歌，醉宿。司直陳崇劾奏，免歸。《甘露園長書》

衡方厚爲董昌齡枉殺，方厚妻程氏徒行詣闕，截耳於右銀臺門，告夫被殺之冤。敕對武昌縣君。《唐書》

遼太祖卒，其后述律氏悉召大將難制者之妻，謂曰：「我今爲寡婦矣，汝等豈宜有夫！」乃殺其大將百餘人，曰：「可往從先帝。」《契丹國志》

白氏婦於蘇，二十而寡。嘗於宅東北爲祭室，畫東坡、潁濱兩先生像，圖黄州、龍川故事壁間。香火嚴潔，躬自灑掃。士大夫求瞻拜者，往往過其家奠之。《女世説》

林邑國寡婦，散髮至老。《南史》

粤西，夫死謂之「鬼妻」，人無娶者。《睽車志》

薄少君，婁東沈承妻也。承夭，薄爲詩一百首，哭之踰年。值夫忌辰，酹酒，一慟而卒。《名媛詩歸》

里婦新寡，狂且賂鄰媪挑之，夜入其闥。闔扉將寢，忽燈光緑黯，縮小如豆，俄爆然一聲，紅焰四射，圓如二尺許大鏡，中現人面，乃其故夫也。男女並噭然仆榻，家人驚視，其事遂敗。《灤陽銷夏録》

阮元瑜早亡，妻寡，魏文帝爲作《寡婦詩》。《詩紀》

丁廙被誅，其妻作《寡婦賦》，文甚凄怨。《讀書叢殘》

任子咸妻，潘岳姨也。子咸卒，岳爲作《寡婦賦》。《西晉文》

陸卿子有《寡婦賦》。《考槃集》

陰瑜妻，荀爽女，名采。早寡，父母強嫁與郭奕。爽以詐疾召采，采歸而懷白刃，爽執奪，不得已，到郭氏，僞爲歡。建四燈，請共談，奕敬憚之。及曙，奕出。采叱左右，辦湯沐浴。入室，私以粉書扉曰：「屍還陰氏」。乃以衣帶自縊而死。《後漢書》

凉王吕紹被殺，其美人張氏年十四，有殊色，爲尼。吕隆逼之，美人升門樓墜地卒。《凉州記》

魏劉氏適封卓，僅成婚一夕，卓官於平城，坐事死。劉氏在家，忽夢夫亡，噫嗚經旬。及凶問至，遂悲傷憤嘆以死。《群書歸正集》

嚴肅溺水死，妻袁氏急趨夫溺處，尋尸不見，遂投水死。兩月餘，水退，漁人於沙際見二尸同處焉。《彙苑》

聶舜英適張伯豪，伯豪卒，歸父家。父遇元兵死，舜英素讀書，仰天嘆曰：「吾年方華盛，夫亡、父殯，二天俱傾。若不幸爲兵所污，萬襥莫浣矣。何如以皎然之軀從吾父地下，父見而夫亦見乎？」遂絶脰死。《女世説補》

章瑜死，妻傅氏抱屍號泣三日夜，不忍入櫬。屍有腐氣，猶依屍呵之，冀甦。既入棺，至嚙其棺成穴。及葬，投其身壙中，母強挽以出。制未百日，母欲奪志，遂失所在。明日，婢汲井，見傅氏倒植井中。《輟耕録》

魯氏夫誅，氏應遺配，自誓必死。姑曰：「夫亡改適，悠悠皆是，何至此？」魯氏曰：「悠悠之爲，非妾志也。」《女世説》

許氏適沈同訓，三月而寡，閉室自縊死。家人啓户視之，面色如生。三日内，屋宇汗滴如雨。《漳浦志》

盧佳娘者，李廣妻也。婚十月廣卒，盧慟絶，復甦，見廣口鼻出惡血，悉餂食之。既殮，遂自經死。《福清縣志》

謝公明坐誅，婦有殊色，給配象奴。婦紿奴曰：「待我祭亡夫，乃從爾。」奴信之。婦攜祭物至武定橋哭奠，賦詩云：「不忍將身配象奴，自攜麥飯祭亡夫。今朝武定橋頭死，一劍清風滿帝都。」遂伏劍死。《説聽》

趙哇兒夫病劇，哇兒命匠製巨棺。夫歿，即自經死，同棺歛葬。《元史》

焦三歿，妻易氏紿匠人曰：「吾夫遺衣甚多，欲悉置棺中，可大其制。」比殮，易乃自經，遂同棺葬焉。《鄞乘》

倪士義與婦楊氏有同穴之誓。士義卒，楊相地葬之，復營一穴於旁，命工鑿「鴛鴦」兩字壙上。歸即自刎，遂合葬焉。人稱「鴛鴦壙」。《觚賸》

陶嬰夫死，守義。魯人欲求之，作《黄鵠歌》曰：「悲夫！黄鵠之早寡兮，七年不雙。宛頸獨宿兮，不與衆同。夜半悲鳴兮，想其故雄。」魯人遂不復求。《列女傳》

徐淑夫死，毀形不嫁，哀痛傷生。《史通》

郗嘉賓喪，婦兄弟欲迎妹還，終不肯歸。曰：「生縱不得與郗郎同室，死寧不同穴？」《世說新語》

張彪妻楊氏，有容貌。彪遇害，章昭達便拜，稱陳蒨教迎爲家主。楊改啼爲笑，欣然意悦，請昭達殯彪。既畢，還經彪宅，謂昭達曰：「婦人本在容貌，辛苦日久，請暫過宅粧飾。」昭達許之。楊入室，便割髮毀面，哀哭慟絶，誓不更行。《玉唾壺》

李德武妻裴氏，嘗讀《列女傳》紀不更嫁者，謂人曰：「不踐二庭，婦人之常，安貴而載之書？」《女世説》

鄧廉卒，妻李氏守志不二。忽夜夢一男子欲求爲偶，李氏睡中不許，自後每夜夢見。李氏曰：「吾誓不移節，而爲夢所繞，蓋吾容貌未衰故也。」乃拔刀截髮，垢面灰身，遂不復夢。《朝野僉載》

劉長卿妻，桓鸞女，生一男五歲，長卿卒，遠嫌不歸寧。男十五而夭，乃刑其耳自誓。宗婦愍之曰：「若家無他意，何貴義輕身？」曰：「先君五更，尊爲帝師。男以忠孝，女以貞順。是以豫刑，以明我情。」沛相王吉上奏，題其門曰「景行義桓」。《六帖》《後漢書》作「行義桓嫠」。

千夫長李某戍天台，私調部卒妻郭氏。卒挾刀刺李，坐死。郭誓死不二，持兩幼泣曰：「汝父行死，母亦當死，兒安依終死耳？今賣兒於人，情豈得已。若天祐兒，成歲時，以盂酒勺飯灑一抔前，則二親不餒矣。」言訖，其子女亦抱母而號，行人皆为墮淚。《山堂瑣語》

寡婦淑喪夫守節，其兄弟欲逼嫁之，淑與書云：「昔梁寡不以毀形之病忘執節之義。高山景行，豈不思齊？計兄弟備托學門，不能匡我以道，雖曰既學，吾謂之未也。」《居家必用事類全書》

董京起早亡，妻張氏獨守貞操，終身不沐浴。《女世說補》

孫義妻姑婦孀居，或見其孤苦，問：「何不嫁？」對曰：「餓死事極小，失節事極大。」《慈谿志》

蔡文姬適衛仲道，夫亡無子，歸寧於家。值喪亂，文姬没於南匈奴。在胡中十二年，生二子。曹操痛邕無嗣，乃以金璧贖之，重嫁董祀。《後漢書》

扶風馬元正妻尹氏，天水人也。元正早死，其父勸之嫁，尹氏哭指鐵井闌曰：「此上生花，我則再醮。」三年而黄芝生於闌上，遂嫁爲李暠繼室。尹氏幼好學清辨，有志節，以再醮之故，三年不言。《誠齋雜記》

諸葛恢女適庾氏，寡，誓不重出。恢既許江虨，乃移家近之。初，誑女云：「宜徙。」於是家人一時去，獨留女在後，不得出。江郎暮至，女且哭且詈，積數宿。虨暝入，恒在對床。後觀其意稍帖，乃詐魘，良久不悟，聲氣轉急。女呼婢云：「喚江郎覺。」虨於是躍來就之，曰：「我魘，何預卿事？」女嘿然慙，情義遂篤。《世説新語》

京兆韋英卒，其妻梁氏不治喪而改嫁，仍居英宅。英乃白日來歸，乘馬將數人，至於庭前呼曰：「阿梁，卿忘我也！」梁氏惶懼，舍宅爲開善寺。《洛陽伽藍記》

余媚娘，才婦也。適周氏，夫亡，以介潔自守。陸希聲時爲正郎，聞其容美而善書，巧智無比，使行人中善言者媒，遊説之。媚娘曰：「陸郎中必得兒侍巾櫛，須立誓不置側室及女奴則可。」希聲諾之。既娶二年，劈牋沫墨，更唱迭和，甚相愛也。無何，希聲又獲名姬柳蘼英。媚娘怨之，諭令入家同處，希聲以爲誠然。既共居，略無他説。希聲他適，即召蘼英閉室中，手刃殺之，碎其肌體，盛以二大合，封題云「送物歸別墅」。閽吏異之，送京兆獄，媚娘遂就極典。《續補侍兒小名録》

宋世名家不以再嫁爲恥。如范文正幼隨其母改適長山朱氏，名朱説。其長子純佑與王陶爲僚婿，純佑卒，陶妻亦亡，陶遂再婚范氏長姨。《香祖筆記》

華亭有民，其母再醮，生一子。及母死，二子爭葬。質之官，判云：「生前再醮，終無戀子之情；死後歸墳，難見先夫之面。」令後子收葬。《東皋雜記》

吳有婦人，已嫁二夫，夫復死，又將再醮。士人嘲詩云：「辭靈羹飯哭金錢，哭出先天與後天。明日洞房花燭夜，三天門下會神仙。」《七修類稿》

以異姓配寡婦，曰「接脚夫」。《事物紺珠》

紫薑苗夫死，則妻嫁而後葬，曰「喪有主矣」。《峒谿纖志》

再嫁曰「媾」。《書敘指南》

附録

廣中僧有室家者，謂之「火宅僧」。《番禺雜記》

相國寺比丘澄暉，以艷倡爲妻。一少年踵門，願參梵嫂，暉難之。凌晨，見院牌書「敕賜雙飛之寺」。《清異録》

河西僧人有有妻者。《元史》

元時僧妻呼曰「房老」。《在園雜志》

僧妻有不作女妝者，衣冠悉與僧同。《西事珥》

陝安邊郡山中僧人，俱有室家。云「深山中恐藏姦宄，有妻子則有家累，盜賊亦無可容」故也。《言鯖》

南方蠻以女配僧，曰「師娘」。有師娘者，方許住庵。《投荒雜録》

僧娶妻者，不得居寺。《雞林記》

虚度，閹官娶美婦。《義山雜纂》

高公妻吕氏，故刺史元悟之女，躬行婦道。《高力士傳》

宦官有權位者，則得娶婦。《劉瑜傳》：「常侍黄門亦廣妻妾。」《周舉傳》：「豎宦亦復

取良家女爲妻。」《單超傳》：「四侯專横，多取良人美女以爲姬妾。」《言鯖》

宣廟賜太監王瑾夫人二人。正統中，太監王義死，命寧喜視其家，因掩有其財，義妻馬氏奏之。成化中，太監龍閏娶方瑛妾許氏爲妻。《弇山堂别集》

宣德中，賜太監陳蕪兩夫人。天順初，賜太監吳誠妻。見《水東日記》。予按：《李輔國傳》：「帝爲娶元擢女爲其妻。」《朱子語類》：「梁師成妻死，蘇叔黨、范溫皆衰絰臨哭。」由是觀之，椓人有妻，古今所同也。《雙槐歲抄》

奩史卷五

東吳王初桐于陽纂述
南豐譚光祥退齋校刊

婚姻門一

婚姻

婚者，昏時行禮。姻者，婦人因夫。《白虎通》《後漢書》注：「妻父曰『婚』，婿父曰『姻』。」

冰泮逆女，蓋發生之時，合婚姻也。《荀子》注

蛾爲婦女，夢見蛾者，憂婚也。《夢書》

午時面熱，主有婚姻喜事。《夢書大全》

夢蟹，主婚姻難成。《夢林元解》

耳熱占酉時，主女子婚事。《百怪斷經》

韓詩「女丁夫壬傳世婚」，注：「玄冥之子曰壬夫，娶祝融之女曰丁芊，俱學水仙，是爲湢泉之神。」今星命家以丁壬爲淫合，其説亦古矣。《丹鉛總録》

俗以子午卯酉爲當梁年，嫁娶最忌。張華少孤貧，鄉人劉毅奇其才，以女妻焉。張著《感婚賦》：「彼婚姻之俗忌，惡當梁之在年。」《言鯖》

朱陳村一村惟兩姓，互爲婚姻。《潛確類書》

吳郡有「婚姻墩」。昔有女子送葬，道逢書生於此，各以目相挑，後成婚姻。故以爲名。《真率齋筆記》

郁穆舊婚，婧婉新媾，皆和美之稱。《海録碎事》

凡男女締姻者，兩家相謂曰「親家」。「親」字去聲。盧綸作《王駙馬花燭詩》云：「人主人臣是親家。」《輟耕録》

番俗，男女成婚曰「牽手」。《番社采風圖》

顔氏有三女，叔梁紇求婚，父問曰：「誰能事之？」小女徵在曰：「從父所制。」遂以歸紇。《列女傳》

楊雍伯，盧龍人。有人與石子，種之生白璧數雙。北平徐氏有女，雍伯欲求婚，徐謂媒者曰：「得白璧一雙可矣。」雍伯送白璧五雙，遂婿徐氏。數年，雲龍下迎，夫婦俱昇天。今謂所居爲「玉田坊」。《仙傳拾遺》

孫破虜吳夫人，早失父母。孫堅聞其才貌，欲娶之，吳氏將拒焉。夫人曰：「何愛一女以取禍乎？」《書隱叢説》

李郢聞鄰女有容，求娶之。遇有爭娶者，女家曰：「備錢百萬，先至者許之。」兩家之錢同日至，女家無以爲辭，復曰：「請各賦一詩，以爲優劣。」郢乃得之。《唐詩英華》注

盧徹女有幽閑之德，馬暢求之，卜曰：「祥女入門，媪御皆喜，公姑皆賀。」《唐類函》

欲求婦者，取雄雞兩毛燒著酒中，飲之，所求必得。用戊子日，此是天地合日，故必得。《雜五行書》

高季迪年十八未娶，婦翁周建仲出《蘆雁圖》命題，季迪賦曰：「西風吹折荻花枝，好鳥飛來羽翮垂。沙闊水寒魚不見，滿身風露立多時。」翁曰：「是將求室也。」擇吉日，以女妻焉。《蓬軒雜記》

丘文莊少時，其父爲求配於黎氏，黎不許，公作《情麗集》，言黎女失身辜輅。「辜輅」，廣人呼狗音也。《聽雨增記》

賈復死，光武聞其婦有孕，曰：「生女，我子娶之；生男，我女嫁之。」《東觀漢記》

魏相選裴寬爲婿，而魏徙嶺表。女已踰笄，須下髮，爲尼。有一尼自外至，曰：「女福豐厚，必有令匹，宜北歸。」及荆，裴賫裝以迎矣。《柳玭家訓》

盧遐、王慧龍妻，皆崔浩女也。皆孕，浩曰：「可指腹爲昏。」《北史》

韋放與張率皆有側室懷孕，因指腹爲昏。《南史》

解縉、胡廣兩家皆有孕，成祖命指腹爲婚。縉生子，廣生女，上與之定聘。後縉死於獄，子

成邊。廣欲離婚，其女斷髮自誓曰：「薄命之婚，上所定也，誰敢易之？」及縉子遇赦還，遂爲夫婦。《明語林》

張起潛夫人劉氏在室時，有議姻非其族者，父以貧故，將許之。夫人對月而泣，月英射入，忽見桂樹浮空森發，丹葩翠葉。諦視愈真，久之乃滅。《梅花草堂筆談》

那馬婚娶最早，有子甫離繈褓即爲畢姻者。《廣西通志》

顧協少時聘舅女，未婚而協母亡，免喪後不復娶。年六十餘，此女猶未他適，協義而迎之。《榴園管測》

顔延年行年三十猶未婚。《南史》

展允年將知命，妃匹未定，各助錢以成婚。李固《助婚教》

唐鄭致雍未第，求婚於白州崔相遠，初許，而崔門有禍，女入宫。至梁開平中，女托疾出本家，致雍復續舊好，親迎之，禮無闕。《女世説補》

金之始祖函普，年六十餘，居完顔部。部有賢女，年六十而未嫁。部人以賢女配始祖。《金史》

倪氏女許聘陳敏。陳從軍不返，誤以死聞。倪矢志不嫁，越五十載而夫歸，始成姻禮。女年六十一，夫年六十八。兩人霜雪盈頭，人號「白頭花燭」。《曠園雜志》

女子四十九陰絶，男子六十四陽絶。過此爲婚，爲野合。叔梁紇過六十四娶顔氏少女，故曰

「野合」。《天禄識餘》

魏夏侯、曹氏，世爲婚姻。《魏書評》

潘岳作楊仲玉誄曰：「潘楊之睦，有自來矣。」蓋潘、楊世爲婚姻也。《北堂書抄》

鄭崇本高密大族，世與王家相嫁娶。《檢蠹隨筆》

羊、鄧世婚。《海録碎事》

劉、范世爲婚姻。《桐陰舊話》

亳州出輕紗，一州惟兩家能織，相與世世爲婚，懼他人家得其法也。《老學庵筆記》

瑤卿嘗代人撰《婚書》，中有云：「既爲管、鮑之交，復結陳、雷之好。」客曰：「管、鮑、陳、雷，俱朋友故事，不傷於合掌乎？」答曰：「陳、雷世世爲婚姻，若朱、陳也。」《戊辰雜抄》

白敏中始娶，已朱紫矣，戲其妻曰「接脚夫人」。《真如子醒言》

李象登第，劉昫以猶女妻之。《觀生手鏡》

裴筠婚蕭安女，問名未幾，便擢第。羅隱詩曰：「細看月輪還有意，定知青桂近嫦娥。」《摭言》

蔡君謨娶葛常之祖姑清源君。已而赴漳南幕，常之曾祖贈詩曰：「藻思舊傳青管夢，哲科新試碧雞才。乍依仲寶蓮花幕，更下溫郎玉鏡臺。」《藝圃琳琅》

盧儲投卷謁李翺尚書，翺置於几案間。長女及笄，見文，尋繹數四，謂小青衣曰：「此人必爲狀頭。」李聞之，乃納爲婿。來年，果狀頭及第。過殿試，徑赴佳期。作《催粧》詩曰：「昔年將去玉京遊，第一仙人許狀頭。今日已成秦晉會，早教鸞鳳下粧樓。」《南部新書》

阮逸娶富家女，房緡三千。《甲申雜記》

趙元淑家徒壁立，時長安富人宗連有季女，慧而有色，連爲求賢夫，乃與元淑。連送奴婢二十口，良馬十餘匹，加以縑帛錦綺，及金寶珍玩。元淑遂爲富人。《册府元龜》

鄒鳳熾家巨富，嘗因嫁女邀請朝士往臨禮，席備極華麗。及女郎將出，侍婢圍繞，綺羅珠翠，垂釵曳履，尤艷麗者至數百人，衆皆不知誰是新婦。《獨異志》〔一〕

漢戴良有五女，家貧，每有求婚，輒便許嫁。練裳布被、竹笥木屐而遣之。《蘇氏家語》

晉阮循年三十未有室，王敦等斂錢與婚，皆名士也。時慕之者，求入錢而不得。《何氏語林》

吳隱之將嫁女，謝石知其貧，令移厨帳就其家經營。使者至，方見婢牽犬賣之，此外蕭然無辦。《佳言玉屑》

史癡翁女既笄，婿貧不能娶，與婿期元夜，「略具隻雞斗酒，我當過飲」。至元夜，誑其妻

〔一〕此條今本《獨異志》未見。據《太平廣記》卷四九五「雜録三」，出自北魏崔鴻《西京記》。《太平廣記》中，此之下條出自《獨異志》。

女觀燈，攜送至婿家，留其女，一笑而別。《静志居詩話》

侯景請娶於王、謝，上曰：「王、謝門高非偶，可於朱、張以下訪之。」《資治通鑑》

關東人與崔、盧婚者，輒自矜大。《時習新知》

李敬之三娶，皆山東舊族。《合璧事類》

張説好求山東婚姻，與張氏親者，皆甲門四姓。《國史補》

宋若昭以學名家，不屑與寒鄉凡裔爲對。《六帖》

高宗朝，以王、盧、鄭、二崔、二李七姓恃其族望，恥與他姓爲婚，乃禁其自姻娶。於是不敢復行婚禮，飾其女以送夫家。《桂苑叢談》

鄭德楙嘗獨乘馬，逢一婢馬前拜云：「崔夫人奉迎鄭郎。」鄭愕然，婢曰：「夫人小女頗有容質，且以清門令族宜相配敵。」俄有黄衣蒼頭至，曰：「夫人趣郎。」進輒控馬疾行。奄至一處，婢引鄭郎入，館宇甚盛。夫人著青羅裙，年將四十，姿容可愛，侍婢八九皆鮮整。鄭趨詣再拜，夫人曰：「以鄭郎甲族美才，願托姻婭。」鄭唯唯。夫人命引鄭郎升堂。堂上悉以花罽薦地，左右施豹脚床，七寶屏風，黄金屈膝，門垂碧箔，銀鈎珠絡。長筵列饌，皆極豐潔。其酒以銀樽貯之，可三斗餘，琥珀色，酌以金杯，侍婢行酒，味極甘馥。向暮，一婢前白「女郎妝訖」，乃命引鄭就帳。女年十四五，姿色甚麗，目所未覩。被服粲麗，冠絶當時。鄭遂欣然成禮。女善彈箜篌，曲詞新異。越百餘日，鄭謂女曰：「可得同歸乎？」女慘然曰：「幸托契會，得事巾櫛，然幽冥理隔，不遂如何？」因涕泣交下。鄭審其怪異，乃謂夫人曰：「家中相思，乞賜還。」夫人乃大燕會，與別曰：「後三年，當相迎也。」鄭因拜辭，婦揮淚悲惋，以襯體紅衫及金釵一支贈別。曰：「若未相忘，以此爲念。」鄭出門，倏忽到家。家奴云：「家中失君已一年矣。」視其所贈，皆真物也。鄭尋其故處，惟有大墳，旁有小冢，乃崔夫人及女郎墓也。後三年，見前婢乘車來迎，鄭暴卒。《宣室志》

山東士人多尚閥閱，後雖衰，其子孫猶負世望，凡嫁娶必多邀錢幣，謂之「賣婚」。《唐書》

張敖尚帝姊魯元公主，有女。呂太后欲爲重親，以公主女配帝爲皇后。《漢書》

劉璋妻乃費觀之族姑，璋又以女妻觀。《合璧事類》

劉無雙者，劉震之女。震甥王仙客，父亡，與母同歸外氏。無雙與仙客皆幼稚，戲弄相狎。震姊疾且重，召震約無雙與其子爲婚。及姊卒，仙客奉喪歸葬。服闋，飾裝抵京師。時震爲尚書租庸使，門館赫奕。仙客又於窗隙間窺見無雙，姿質明艷，若神仙中人。仙客惟恐姻事不諧，遂鬻囊橐，得錢數百萬，遇舅母生日，市新奇以獻，雕鏤犀玉，以爲首飾。舅母大喜。仙客乃令老嫗以求親之事聞於舅母。舅母曰：「是我所願也，即當議其事。」忽值涇源兵亂，天子出苑，震令仙客先奔，而己以妻女續至。無何，震爲門司所識，不肯放出。至京闕剋復後，仙客訪舅氏消息。忽見舊使蒼頭塞鴻，乃知尚書授僞命官，與夫人皆處極刑，無雙已入掖庭矣。惟無雙所使婢採蘋，在金吾將軍宅。仙客哀號欲絕，即納厚價以贖採蘋。後仙客爲富平縣尹。累月，忽有使押領内家三十人往園陵備灑掃。宿長樂驛，無雙在焉，氈車子十乘下訖。仙客令塞鴻假爲驛吏，烹茗於簾外。至夜深，聞簾下有呼塞鴻聲者，則無雙也。嗚咽問：「郎君健否？」因囑塞鴻：「明日，於東北舍閣子中紫褥下，取書送郎君。」明日，塞鴻果得書，送仙客。花牋五幅，皆無雙真跡，詞理哀切，敘述周盡。書後有云：「常見敕使説富平縣古押衙，人間有心人，今能求之否？」仙客遂訪古押衙，奉之一年，繒綵寶玉之贈不可勝絶。古生叩之，仙客以實告。越數日，古生往問仙客曰：「宅中有女家人識無雙否？」仙客取採蘋與之。一夕更深，聞扣門甚急，乃古生也。領一篼子入，謂仙客曰：「此無雙也。今死矣，後日當活。」仙客抱入閣子中，獨守之。至明，遍體有暖氣，微灌湯藥，遂活。古生謂仙客曰：「比聞茅山道士有藥，服之立死，三日却活。某使人求得一丸，昨令採蘋假作中使，以無雙逆黨，賜此藥令自盡。至陵下，托以親故，百縑贖其屍。事恐漏泄，老夫當爲郎自刎，郎君亦不得更居此。」言訖舉刃，仙客救之，頭已落矣。仙客乃歸襄、鄧，與無雙偕老。《劉無雙傳》

蘇洵女好學能文，適其母之兄子程之才。《嘉祐集》

姑舅兄弟爲婚，在禮法不禁。惟西魏文帝時，禁中外及從母兄弟姊妹爲婚。周武帝又詔不得娶母同姓以爲妻妾。宣帝詔母族絶服外者，聽婚。皆偏閏之制也。《容齋續筆》　魏袁准《正論》曰：「中外之親不可相婚。」

溫嶠之「玉鏡臺」，此以舅之子娶姑之女也。呂榮公夫人張氏，即榮公母申國夫人之姊之

女，此以小姨之子娶大姨之女也。朱善《婚姻議》

崔浩弟娶李順女，又以弟子娶順女，二門婚媾。《魏書》

馬融從摯恂遊學，博通經籍，恂以女妻之。《後漢書》

鮑宣妻桓少君。宣嘗就少君父學，父以女妻之。《東觀漢記》

李漢少事韓愈，辱知最厚，愈以女妻之。《藻軒閑録》

葛洪好神仙，師事鮑玄，玄以女妻洪。《霞外麈談》

劉聰取劉殷女，本非同姓也。若劉孝武納叔父義宣之女而改姓，可恥矣。《宛委餘編》

李德裕卒於崖州，子孫遂爲獠族，自相婚配。《漱石閑談》

陳友諒亡，二子挈眷逃入深洞，自相婚配。《明紀遺聞》

夫餘國妻以宗女。《魏志》

林邑國謂大姓爲婆羅門，同姓還相婚姻。《南史》

多摩國婚姻無同姓之别。《唐書》

秦州囉哩户自相婚姻。《秦襄毅公年譜》

高麗王生女，以妻兄弟，言「王姬不當下嫁也」。《雞林類事》

蠻中有舉洞純一姓者，婚姻不以爲嫌。《桂海虞衡志》

王基爲子納王沉女，以姓同源異故也。《魏氏春秋》

朱韞斯誤娶同姓，後覺，得欲去其婦，吳志伊曰：「王莽與王所聯姻，劉疇與劉嘏爲婚，非同原也。」《今世説》

任、薛、王、劉、崔、盧之婚，非古也，何以視譜？注：「任、薛出黄帝，王、劉出舜，崔、盧出帝嚳。」《文中子》

劉頌嫁女於陳矯。矯本劉氏子，與頌近親，出養於姑，改姓陳氏。人或譏之。《孔氏雜説》

崔巨倫姊明慧有才行，因患眇一目，内外親族莫有求者，巨倫姑乃爲子翼納之。《北史》

孫泰姨老，以二女爲託，曰：「長女損一目，汝可妻其女弟。」姨卒，取其姊。或詰之，曰：「癈疾女，非泰何適？」《摭言》

吕君聘里中女，未行，既中第，婦家言曰：「吾女盲，敢辭。」吕君曰：「既聘而後盲，又何辭！」《後山叢談》

劉廷式與鄰翁之女約爲婚。契闊數年，廷式登第歸，鄰翁已死，女病雙瞽。廷式使人申前好，女家辭以疾，廷式曰：「與翁有約。」卒與成婚。《夢溪筆談》

周恭叔早年登科，幼議母黨之女，登科後，其女雙瞽，遂娶焉，愛過常人。《尹氏言行録》

鄭叔通幼聘夏氏女，及長，登第，而女病啞。或勸别娶，叔通曰：「未啞定婚，啞而棄之，不太忍乎？」《樂善録》

齊何點隱居絶婚，何尚之強爲娶王氏，點涕泣求執本心。既老，又娶孔嗣女。雖昏，亦不與

妻相見，別宇以處之，人莫諭其意。張融爲詩嘲之曰：「惜哉何處士，薄暮遘荒淫。」《南史》

晉摯虞貽《新婚箴》於潘岳，潘岳答之。《山堂肆考》

吕祖謙新婚，一月不出閨房，人笑而戲焉。及出，則《東萊博議》一編成矣。《東萊博議跋》

鄭軌、詠兄弟同婚，云：「棠棣開雙萼，夭桃照兩花。今宵二神女，併在一仙家。」《棗林藝簣》

崔浩娶郭逸女。逸妻王氏每奇浩才，自矜得婿。俄女亡，王氏深爲傷恨，復以少女續婚。《女世說》

馮左藏娶張顯女，早世，女臨終曰：「吾妹慈惠，可撫諸孤。」遂娶之。《唐類函》

後主小周后，昭惠后妹也。昭惠后卒，立小周后爲繼室，被寵過於昭惠。陸游《南唐書》

昭惠后殂，小周后已在禁中。後主詞有「剗襪步香階，手提金縷鞋」。至納后，乃成禮而已。馬令《南唐書》

齊王張全義鎮河陽，見李講肅，愛其俊異，以女妻之，即賢懿夫人所生王之適女也。數歲而亡，又以宅姬所生之女妻之。雖非賢懿所出，以其聰敏多伎藝，王與賢懿惜憐之，過於其姊。音樂女工，無不臻妙。知書容止，殆神仙中人也。性賢明，有禮節，自幼至老無惰容。夫貴，封清河郡夫人。《洛陽搢紳舊聞記》

李行脩娶王仲舒女，其後女亡，行脩夢女曰：「納小妹則妾幸矣。」李遂續王氏婚。《合璧

事類》

劉燁娶趙晃長女，早亡。而趙氏猶有二妹，皆未適人。既而劉公登科，晃捐館，夫人復欲妻之，使媒妁通意，劉曰：「若云武有之德，則不敢爲姻；如言禹别之州，則庶可從命。」蓋不欲七姨而欲九姨也。夫人諾曰：「諺云：薄餅從上揭。劉郎纔及第，豈得便揀點人家女？」劉曰：「非敢有擇，但七姨骨相寒薄。」遂娶九姨。《青箱雜記》

歐陽修與王拱辰同爲薛簡肅公子婿。文忠公先娶長女，王拱辰娶次女，後文忠再娶其妹，故有「舊女婿爲新女婿，大姨夫作小姨夫」之戲。《苕溪詩話》

宋薛簡肅公五女，長適張奇，次喬易從，次王拱辰，次歐陽公，次又適拱辰。載於公墓文甚明，而詩話等書皆稱歐陽公兩爲簡肅公婿，謬甚矣。《野客叢書》

呂東萊妻韓氏，即韓无咎長女也。早亡，无咎復以次女配呂。《宋學士集》　韓淲《澗泉日記》曰：「先公以兩女妻呂祖謙。」

劉原父再婚，歐公以詩戲之云：「洞裏桃花莫相笑，劉郎今是老劉郎。」《西清詩話》

景公有愛女，請嫁於晏子，晏子辭。《晏子春秋》

荀羨擬國婚之選，不欲連姻帝室，乃遠遁。《荀氏家傳》

白敏中欲以侯溫爲婿，妻盧氏曰：「己既姓白，又以侯氏子爲婿，必爲人呼作『白侯』耳。」乃止。《洛陽搢紳舊聞記》

鄂帥李公將以愛女妻高越，越不告而去。《南唐近事》

今人於榜下擇婿，號「臠婿」。一新貴少年有風姿，爲貴族所慕，命數僕擁致其第。既至，觀者如堵。須臾，有衣金紫者出，曰：「某惟一女，亦不至醜陋，願配君子，可乎？」少年鞠躬謝曰：「寒微得托跡高門，固幸。待歸家，試與妻子商量如何？」衆皆大笑而散。《遯齋閑覽》

馮京自鄉選至廷對俱第一，張堯佐欲妻以女，使擁入其家，示以奩具，甚厚。京力辭之。《夢溪筆談》

玉娘，字若瓊，松陽女子也。生有殊色，敏惠絕倫。及笄，字沈生佺，與玉娘爲中表。未幾，張父有違言，佺與玉娘私相結納，不忍背負。佺疾革，張折簡於沈，以死矢之。沈噓唏長潛，遂瞑以死。張托疾隱几，忽燭影下見沈郎，屬曰：「若瓊宜自重，幸不寒夙盟，固所願也。」張泣曰：「所不與沈郎者，有如此燭。」語絕不見。張悲絕，久乃甦，曰：「郎舍我乎！」遂得陰疾以卒。父媪哀其志，與沈合窆於附郭之楓林。王詔《張玉娘傳》

萊州閻瀾與柳某善，有腹婚之約。及誕，閻得男曰自珍，柳得女曰鸞英，遂結夙契。柳仕至布政，而瀾止歲貢以死，家貧，不能娶。柳欲背盟，鸞英泣告其母，以死自誓。母白於父，父佯應之。鸞英度父終渝此盟，乃密懇隣媪，往告自珍：「妾有私蓄，請以某日至後圃持歸，姻事可成。遲則爲他人先矣。」自珍聞之，喜甚。遂與其師之子劉江、劉海言之。江、海設酒賀自珍，醉之於學舍。兄弟如期詣柳氏，鸞英倚圃門以望，以物付之。而小婢識非自珍，曰：「此劉氏子也。」鸞英詈曰：「狗奴，何以詐取吾財？速還則已，否則告官。」江、海恐事洩，遂殺鸞英及婢而去。自珍夜半醉醒，悔失約，急詣柳氏。黑夜直入圍中，踐血屍而蹎，嗅之腥氣，懼而歸，衣履沾血。達曙，柳氏覺女被殺，而不知主名。官爲遍詢，隣嫗遂首女約自珍。至，血衣尚在，不容置辯，論死。會御史出巡至郡，夢一女子泣曰：「妾柳鸞英，身爲賊劉江、劉海所殺，反坐吾夫。幸公哀辯此獄，妾死不朽。」明旦，召問自珍。自珍具述江、海留飲事。即捕二兇訊之，叩頭具服，誅於市，而釋自珍，爲女建坊以表之。自珍後登鄉薦。人作《釵釧傳奇》。《湖海搜奇》

南昌李喬授徒於湖廣，聘段氏女。嘉靖壬午，喬歸應試，欲娶女偕歸，而段婦忽中變，謂：「喬固窶人，失館即飢矣。奈何捨愛女適他省。」又不可背盟，遂以贋女與之。喬歸，鄉、會聯捷，官刑部。久之，擢守成都，便道還鄉。過湖省，饋遺段父母甚厚，而爲禮亦甚恭。段女適蕭姓子，敗蕩日貧，而羡贋者擁高華，膺官誥，鬱鬱病卒。《雨窗雜録》

晉盧充獵，見一獐，逐之，不覺遠。忽見里門如府舍，充前問之，門者曰：「少府也。」充便進見少府，展姓名。酒炙數行，崔曰：「近得尊府君書，爲君索小女婚，故相延耳。」即舉書示充。充見父手跡，便欷歔無辭。崔即敕内令女郎粧嚴，與充共拜爲夫婦。三日見崔，崔曰：「君可歸矣。女有娠，生男當以相還，生女當留自養。」送至門，執手零涕。復致衣一襲，被褥一副。充上車，去如電逝，須臾至家。家人推問，知入崔少府墓，懊惋而已。居四年，三月三日臨水戲，忽見二犢車，乍浮乍没。既上岸，見崔氏女與三歲男兒共載，其後車則少府也。充往問訊，女抱兒還充，又與金碗，並贈詩曰：「煌煌靈芝質，光麗何猗猗。華艷當時顯，嘉異表神奇。含英未及秀，中夏罹霜萎。榮曜長幽滅，世路永無施。不悟陰陽運，哲人忽來儀。會淺離別速，皆由靈與祇。何以贈余親，金碗可頤兒。愛恩從此別，斷腸傷肝脾。」充取兒、碗及詩，忽不見二車處。將兒還，四座謂是鬼魅，僉遥唾之。形如故，問兒誰是汝父？徑就充懷。衆初怪惡，傳省其詩，慨然嘆死生之玄通也。充詣市賣碗，高舉其價，不欲速售，冀有識者。欻有一老婢問充得碗之由，還報女之姨，姨曰：「我甥崔少府女，未嫁而亡，以金碗著棺中。女字溫休。」溫休，蓋幽婚也，其兆先彰矣。《孔氏志怪》

唐獨孤穆遠祖盛爲隋將，殉難江都。後穆投大儀宿，爲一青衣導至一所。見一女，年可十三四，姿韻絶麗。自謂隋清河縣主，備述盛與己罵賊先後殉難狀，且贈穆長篇，有曰：「君子秉祖德，方垂忠烈名。求義若可托，誰能抱幽貞。」吟竟，嗚咽不自勝。有言：「獨孤冠冕盛族，宜爲佳偶者。」女曰：「本以獨孤忠烈家，欲一見吐幽憤耳。豈可以塵土之質相污！」穆因詠云：「求義若可托，誰能抱幽貞？」女微笑曰：「亦大強記。」遂爲群婢送入臥內，如人間儀。《正思齋雜記》

劉曠晝眠，聞有女郎颯然至。自説東海何氏，八歲而夭，於今十歲。應爲君妻，故來修好。智瓊、杜蘭香，咸我曹也。婢名採薇，奴名旁羅。《續補侍兒小名録》

嘉靖甲子，福清韓夢雲過石湖山，見遺骼，哀而掩之。是夜宿書舍，一童子款扉投刺，曰：「娘子奉謁。」俄有麗人立燈下，斂衽載拜，謝掩骼之事。問其家世，曰：「楚人也，姓王氏，名秋英，字瀞容。元至正間，從父之任，遇寇石湖山，投崖而死。今得與君遇，亦夙緣也。」遂薦枕席。生還家，英復遣童子遺詩於生。明年寒食，生攜雞黍奠英墓上。少頃英至，藉草痛飲。謂生曰：「妾懷君之子，將免身矣。當食以生人乳少許，乃可育於人間也。請從君而歸。」乙丑四月，果産一子，生覓人乳食之矣。復謂生曰：「神奇之事，人多駭焉。兒育於君，恐不便。妾當歸楚，寄兒楚人。後十八年，圖相見也。」遂將兒擘瓦升屋而去。萬曆壬午，遺書招生曰：「兒寄湘陰朱黄橋家，亟往覓之。」生遂抵湘陰，叩朱氏。朱氏言：「歲乙丑，有神女扣門，以白布裹兒，題血書曰：『閩人韓夢雲子，後十八年當來。』君其是乎？」父子抱持慟哭，遂更韓姓。將發，英復至，偕歸閩。踰年别生曰：「緣盡矣。」揮淚而逝。《榕陰新檢》

晉廣州太守馮孝將兒，名馬子。夜夢女子，年十八九，言是「前太守徐立方女，不幸早亡，却應爲君妻」。既覺，見床前地髣髴如人，初與地平，漸漸額出，次頭、面出，又次肩、項，形體盡出，容態言語，奇妙非常，遂與寢息。每誡云：「我尚虚爾，得本命生日當出。」乃具教馬子出己之方法而去。馬子至日掘棺開視，女体貌如生。徐徐抱出，著氈帳中養護之。兩眼始開，漸能語，漸能行。久之，顔色、肌膚、氣力悉復常。乃遣報徐氏，選吉日下禮聘爲夫婦。《續搜神記》

有士人寓跡三衢佛寺，忽有女子夜入其室，士人惑之，自此比夜而至。居月餘，士人詰之，女子曰：「我實非人，然亦非鬼。乃前郡倅馬公之女，小字絢娘，死於公廨。今將還生，得接燕寢之久，體已甦矣。君可具斤鍤，夜密發棺。我懵然如熟寐，君但逼耳連呼我小字，當微開目，即擁致臥榻，飲之醇酒，放令安寢。既寤，即復生矣。君能從之，誓終身奉箕箒。」士人如其言，果再生。女曰：「此不可居。」脱金握臂，俾士人辦裝，與俱遁去，轉徙湖湘間。數年，生二子。其後馬倅來衢遷葬此女，視殯已損，棺空無物，大驚。聞官，逮僧鞫之，並逮士人。女以書寄父，父得書，真其亡女筆札。遣老僕往視，果其亡女。《睽車志》

賈雲華，魏鵬妻也。初，雲華之母與鵬母有指腹之約。後鵬謁賈，賈命女結爲兄妹，不及前盟。兩人因私自定情。後鵬以母喪歸，女鬱鬱死。二年後，有宋子璧女暴卒復甦，自言賈平章女借屍還魂。以告賈，遂歸鵬焉。《唱隨集》

奩史卷六

東吳王初桐于陽纂述
武林馬履泰秋藥校刊

婚姻門二

嫁娶

太昊制嫁娶之禮。《帝王世紀》

包犧始嫁娶，以修人道。《拾遺記》

嫁娶，古人皆以秋冬。《詩》：「東門之楊，其葉牂牂。」毛萇曰：「男女失時，不逮秋冬也。」《聖證論》

嫁娶以鹿皮禮。《古史考》

嫁娶慎無令剋，剋日害舅，剋辰害姑。《玄女太乙經》

嫁娶忌陰將陽將，並周堂不通。《吳下田家志》

張放得幸成帝，取皇后弟許嘉女。上爲放供帳，賜甲第。時號「天子娶婦，皇后嫁女」。

《漢書》

宋英宗於仁宗爲從子，宣仁后於光獻爲甥，自幼同鞠禁中，後各歸邸第。仁宗謂光獻曰：「吾夫婦老無子，舊養十三、滔滔，各已長成，朕爲十三、后爲滔滔主婚，使相嫁娶。」十三，英宗行第；滔滔，宣仁小字也。時宮中謂「天子娶婦，皇后嫁女」。《四朝聞見録》

蕭志忠以女妻韋后舅崔從子，兩家合禮，帝主蕭、后主崔。時謂「天子主婚，皇后娶婦」。《舊唐書》

陳季常所蓄，有《朱陳嫁娶圖》。《歷代題畫詩類》

辰、沅、靖州蠻嫁娶，先密約，乃伺女於路，刼縛以歸。亦忿爭叫號求救，其實皆僞也。生子，乃持牛酒拜女父母。初亦佯怒却之，鄰里共勸，乃受。《老學庵筆記》

人欲娶妻而不得，謂之「尋河覓井」。已娶而料理家事，謂之「挑雪填井」。男婚女嫁，財禮奩具，種種不可闕，謂之「投河奔井」。《輟耕録》

蜀孟昶遷新宮，選民間女子有殊色者充之。民間懼選，皆立求媒伐嫁之，謂之「驚婚」。《五國故事》

至元丁丑，民間謠言朝廷將采童男女，以授韃靼爲奴婢，且俾父母護送，抵北交割。故自中原至於江之南，府縣村落，凡品官庶人家，但有男女年十二三以上，便爲婚嫁。六禮既無，片言即合。至於巨室，有不待車輿親迎，輒徒步以往者。經十餘日纔息。自後有貴賤、貧富、長幼、妍醜匹配之不齊者，各生悔怨。或夫棄其妻，或妻憎其夫，此亦天下之大變也。有口占絶句曰：「一封丹詔未爲真，三杯淡酒便成親。夜來明月樓頭望，惟有姮娥不嫁人。」《輟耕録》

昔有大姓子，容貌端正，以金作女像，語父母言：「有女似此乃娶。」時他國有女貌亦端正，亦以金作男像，白父母：「有男似此乃嫁。」兩家互聞，遂相聘合。《雜譬喻經》

肅慎嫁娶之法，男以毛羽插女頭，女和則持歸。《肅慎國記》

苗童未娶者曰「羅漢」，苗女未嫁者曰「觀音」。《峒谿纖志》

夢見得新銚，當娶好婦也。《夢書》

以賣馬錢娶婦，多惡疾，夫妻離别。《龍魚河圖》

石誼未娶，聞杜鵑喚歸，嘆曰：「此物催人使歸，使我何所歸耶？」《金臺録》

朱光普有《農家娶婦圖》。《書畫彙考》

西苗娶婦，分床異寢，必私通孕育後乃同室。《貴州通志》

今人謂娶婦爲「索婦」，古語也。孫權欲爲子索關羽女，袁術欲爲子索吕布女，皆見《三國志》。《老學庵筆記》

俗謂娶婦爲「索妻」。《隋書·太子勇傳》：獨孤后曰：「爲伊索得元家女。」索妻之語，蓋本諸此。《臆乘》

吉里迷男多女少，十歲即娶。《島夷志》

禹年三十未娶，過塗山，有白狐九尾造禹。塗山人歌曰：「白狐綏綏，九尾厖厖。成子家室，乃都攸昌。」禹遂娶塗山女。《吕氏春秋》

鍾繇老而納室。《魏略》

劉瓛年四十未婚，其友爲娶王氏，乃詣澗折蕪而去。《金陵故事》

陳晛五十方娶，有慶之者曰：「新郎燕爾安乎？」答曰：「僕少處山谷，莫預世事，不知衣裾之下有此珍美。」嗣主徵之，或問：「細君置之何所？」對曰：「暫寄寺中。」或曰：「婦人年少，爲德不一，何不防閑？」答曰：「鎖之矣。」或曰：「其如水火何？」曰：「鑰匙已付之矣。」《江南野史》

陳嶠數舉不遂，暮年獲一第，鄉里以儒家女妻之，時近耳順矣。合巹之夕，嶠自成詩云：「彭祖尚年八百歲，陳郎猶是小孩兒。」客皆絶倒。《南部新書》

女生而成五。注：五，謂相配成室。《逸周書》

衛人嫁其子而教之曰：「必私積聚。」其子因私積聚，其姑以爲多私而出之。其子所以返者，倍其所以嫁。其父不自罪於教子非也，而自知其益富。《韓子》

王文度弟阿智，惡乃不翅，當年長而無人與婚。孫興公有一女僻錯，亦無嫁處。因詣文度，求見阿智。既見，便陽言：「此定可，殊不如人所傳。我有一女，乃不惡，欲以嫁阿智。」文度欣然。既成婚，女之頑嚚，欲過阿智。方知興公之詐。《世説新語》

青州人發古冢，銘云：「青州世子東海女郎」。賈淵曰：「此是司馬越女嫁苟晞兒。」《齊書》

楊貞女字郭恒，恒客湖南久不歸，父議納他聘，女不可，斷髮自守。家有巖壁，穴墻居之，垂橐以通飲食，如是者二十六年，恒歸，乃成禮。《一庵語録》

徐妃嫁夕，車至西州，疾風大起，發屋折木。無何，雪霰交下，帷簾皆白。帝以爲不祥，後果不終婦道。《南史》

伊慎求甲族以嫁子，李長榮求時名以嫁子。《葆光録》

犵狫女子將嫁，必剪前髮，披後髮，取齊眉之意。《黔志》

梁武帝《莫愁歌》：「十五嫁爲盧家婦。」

崔顥《王家少婦》詩：「十五嫁王昌，盈盈入畫堂。」《唐詩紀事》

齊有黄公者，好謙卑。有二女，皆國色，常謙辭毁之，以爲醜惡。醜惡之名遠布，年過而一國無敢聘者。衛有鰥夫失時，冒娶之，果國色。《尹文子》

盧姬者，魏武帝時宫人也，故將軍陰升之姊。七歲入漢宫，善鼓琴。至明帝崩後，出嫁爲尹更生妻。梁簡文帝《妾薄命》曰：「盧姬嫁日晚，非復少年時。」《樂府解題》

《盧莫愁》詩：「人生富貴何所望，恨不早嫁東家王。」六朝人擬樂府《妾薄命》因以「盧姬嫁遲」爲賦。《枕流日劄》

丁貞女，聊城人，幼孤，依母以居。及笄，母欲議婚，貞女曰：「不願適人，願終身養母。」母不能強。及母卒，獨處三十餘年，年五十矣。閨範嚴肅，里中人咸稱曰「貞女堂」。邑黄中丞七十喪偶，聞貞女之名，遣聘焉。貞女許之。卜吉葬母，始于歸黄氏，猶處子也。《池北偶談》

漢武帝以江都王建女細君爲公主，以妻烏孫王昆莫。昆莫年老，語言不通，公主悲，乃自作歌云：「吾家嫁我兮天一方，遠托異國兮烏孫王。穹廬爲室兮旃爲墻，以肉为食兮酪为浆。居常思土兮心内傷，願爲黄鵠兮歸故鄉。」天子聞而憐之。《漢書》

張耳遊外黄。外黄富人女甚美，嫁庸奴，亡其夫，去抵父客。客謂女曰：「必欲求賢夫，從張耳。」女聽，乃決嫁之，厚奉給耳。《女俠傳》

鮑宣妻桓少君始歸，嫁資甚厚。宣曰：「少君生富貴，習美飾，而吾貧賤，不敢當禮。」少君乃悉歸侍御服飾，更著短布衣，與宣共挽鹿車歸鄉里。拜公姑畢，提甕出汲，修行婦道。《東觀漢記》

王敬弘嫁女，以烏羊爲禮。《南史》

郭汾陽女嫁張氏，以文水渠爲賠贈。《韓城縣志》

陳察妻亡，娶李女爲後妻，力言於陳趣嫁二女，陳以無奩資對，後妻曰：「吾昔貯黄金於木罌埋床下，今忘之耶？」陳大驚，問何以知之？笑不言。已乃悟此事惟前妻知，必魂牵二女，而

附後妻之身，以畢姻也，遂取嫁二女。女嫁而後妻惘然。《女世説補》

建炎間，建陽施逵編隸河外，與妻泣訣，囑妻改適。妻悲不自勝，盡鬻奩具以給行囊。《堅瓠集》

文氏，湖州第三女，張昌嗣之母也。湖州作《黃樓障》，爲文氏奩具，文氏嘗手臨此圖於屋壁。《竹派》

宋理宗下嫁周漢國公主於楊鎮，以「神龍蘭亭」爲第一奩。《清容居士集》

某善丹青，嫁女，作《舉案齊眉圖》一幅。題詩云：「婚姻只見鬬豪華，金屋銀屏衆口誇。轉眼十年人事變，粧奩賣與別人家。」《研山齋珍玩集覽》

至正二十五年，祁后納女孛羅，約以某日成婚。孛羅促后，后曰：「斷送之物未畢工。」孛羅曰：「女先至，斷送之物後至可也。」乃先納女。《庚申外史》

司馬旦周人之急，其人無以報，願以女奉箕帚。旦驚謝，出妻奩中裝嫁之。《函史》

鄭元德長女慶一娘，年一十四歲，與潘氏爲親，奩具一千萬貫，奩租五百畝。《長安客話》

有一等貧家父母兄姊所倚者，惟色，而奩具茫然。議親者以首飾衣帛送往，謂之「兜裹」。《夢粱録》

吳玉川妻龐氏，字惠纕，工詞翰。嫁時，奩具頗厚。以吳不問生產，傾奩佐之。《蘭畹居清言》

江南婚娶，新婦初至，合巹後，用牛蹄筋作羹，以豕肉切作骰子大，和作飯，送新婦食。謂之「金羹玉食」。「筋」誦「金」，「肉」誦「玉」也。吳音「肉」、「玉」俱作「濃」字，入聲。《嘉蓮燕語》

遲滯，新婦見客。《義山雜纂》

佯不會，新婦推酒。蘇軾《雜纂三續》

又愛又怕，新婚女子。《雜纂續》

王建《新嫁娘》詩：「三日入厨下，洗手作羹湯。未諳姑食性，先遣小姑嘗。」《王司馬集》　薛玠《研山稿》亦有《新嫁娘》詩。

曹操幼子蒼舒死，求邴原死女合葬，史以爲譏。余觀《周禮・地官》「禁嫁殤者」注：「嫁殤，謂生時非夫婦，死而葬相從。」則此俗古已有之。《升庵經説》

韋后爲其弟洵與蕭至忠殤女冥婚。《萬年龜鏡録》　《册府元龜》曰：「鄭餘慶《書儀》有冥婚之制。」

奩史卷七

東吳王初桐于陽纂述
雲間許寶善穆堂校刊

婚姻門三

媒

伏犧始作媒，以交男女。《物原》

晉令狐策夢立冰水上，與冰下人語。紞曰：「媒妁事也。」今謂媒爲「冰人」，本此。《言鯖》

有士子姦人室女，事覺到官，馬光祖令賦詩，士人援筆立成，光祖判云：「多情多愛，還了半生花柳債。好個檀郎，室女爲妻也合當。傑才高作，聊贈青蚨三百索。燭影搖花，記取媒人是馬公。」即於公堂合巹。《蜩笑偶言》

慶一娘回定之儀，媒氏金條紗十疋、官楮千貫。《長安客話》

烏孫國嫁娶，先令媒者與婦宿，徐乃婿迎。闞駰《十三州志》

媒人有數等，上等戴蓋頭，著紫背子，說宮親；中等戴冠子，黃包髻子，或只繫裙。《東京夢

華録》

唐處士侯高將嫁其女，曰：「吾女必嫁官人。」王適謾謂媒媪曰：「吾即官人，若能令侯公許我，即進百金。」媪曰：「誠官人，即取文書來。」適計窮吐實。媪曰：「無苦，我祇得一卷書粗若告身者，我袖以往，公未必取視。」公望見文書銜袖，果信不疑，以女許王氏。《蹇齋瑣綴録》

長安媒鮑十一娘，性便僻，巧言語，豪家戚里，無不經過，追風挾策，推爲渠帥。進士李十郎益思得佳偶，曾以托鮑。一日，叩門甚急，笑曰：「有一仙人，謫在下界，不邀財貨，但慕風流，如此色目，共十郎相當矣。」益驚喜，問其名居，鮑具説曰：「故霍王小女，字小玉。姿質穠艷，一生未見；高情逸態，事事過人；音樂詩書，無不通辨。昨遣某求一好兒郎格調相稱者，某具説十郎，他亦知李十郎名，非常歡愜。住在勝業坊。已與他約明日午時竟至坊中矣。」益如期而往，鮑果從内出來，乃引入焉。《霍小玉傳》

齊女三逐於鄉，五逐於里。聞齊相鰥，自詣襄王宮門請見，曰：「王之國相，比目之魚也。外比内比，然後能成事就功。若朋其左右，賢其妻子，是外比内比也。」王以女妻相，齊遂治。《列女傳》

馮素弗弱冠，自詣南宮令成藻請婚。與藻對坐，旁若無人，談飲累日。藻奇之，曰：「吾遠求騏驥，不知近在東隣。」遂以女歸之。《螢雪叢説》《海録碎事》「馮」作「馬」。

博陵崔護，清明日獨遊都城南，得居人莊。一畝之宮，而花木叢萃，寂若無人。扣門久之，有女子自門隙窺之，問曰：「誰耶？」以姓字對，曰：「尋春獨行，酒渴求飲。」女子以杯水至。開門，設床命坐。獨倚小桃斜柯佇立，而意屬殊厚，妖姿媚態，綽有餘妍。崔以言挑之，不對，目注者久之。崔辭去，送至門，如不勝情而入，崔亦睠盼而歸。嗣後，絶不復至。及來歲清明日，忽思之，情不可抑。徑往尋之，門墻如故，而已鎖扃之。因題詩於左扉曰：「去年今日此門中，人面桃花相映紅。人面衹今何處去，桃花依舊笑春風。」後數日，偶至都城南，復往尋之。聞其中有哭聲，扣門問之。有老父出曰：「君非崔護耶？」曰：「是也。」又哭曰：「君殺吾女。」護驚起，莫知所答，老父曰：「吾女笄年知書，未適人。自去年以來，常恍惚若有所失。比日與之出，及歸，見左扉有字。讀之，入門而病，遂絶食，數日而死。得非君殺之耶！」又持大哭。崔亦感慟，請入哭之，尚儼然在床。崔舉其首枕其股，哭而祝曰：「某在斯！某在斯！」須臾開目，半日復活矣。父大喜，遂以女歸之。《本事詩》

越溪有漁者楊父，一女絶色，年十四，能詩，每吟不過兩句。問：「胡不終篇？」答曰：「無奈情思纏繞。」有謝生求娶，父曰：「我女爲詩不過兩句，子能續之？稱吾女意則妻矣。」乃命女奴示其篇，曰：「珠廉半床月，青竹滿林風。」謝續曰：「何事今宵景，無人解與同。」女喜曰：「天生吾夫。」遂偶之。後七年春日，夫妻引泛江湖，女忽題曰：「春盡花隨盡，其如自是花。」謝曰：「何故爲此不祥句？」女曰：「逝水難駐，千萬自保。」即以首枕生膝而

逝，謝感傷之。後一年，江上煙波溶曳，見女立於江中。曰：「吾本水仙，謫居人間，今復爲仙矣。」《西臺漫記》

「白藕作花風已秋，不堪殘睡更回頭。晚雲帶雨歸飛急，去作西窗一夜愁。」此趙德璘細君王氏所作也。德璘既鰥居，因見此詩，遂與之爲親。余以爲乃「二十八字媒」也。《王直方詩話》

王蒙《宮詞》云：「南風吹斷採蓮歌，夜雨新添太液波。水殿雲廊三十六，不知何處月明多。」仁和俞友仁見而悦之，遂以妹妻焉。《清寤齋欣賞編》

文太青鰥居，家園有並頭蓮之瑞，作《嘉蓮》詩四百首。鄧女之父才其女而告之曰：「此真可以婿汝矣！」遂以女歸太青。《紫庵寤旨》

李因，字是庵，號龕山女史。《詠梅》詩有「一枝留待晚春開」之句，葛徵見而異之，遂納爲室。《名媛詩緯》

顧況在洛，閑遊苑中水上，得大梧一葉，有詩云：「一入深宮裏，年年不見春。聊題一片葉，寄與有情人。」況亦題一葉泛之上流，曰：「花落深宮鶯亦悲，上陽宮女斷腸時。帝城不禁東流水，葉上題詩寄與誰？」後有客尋春苑中，又得葉上一詩，以示況。云：「一葉題詩出禁城，誰人酬和獨含情。自嗟不及波中葉，蕩漾尋春次第行。」後況娶宮人韓氏，成婚後，於況書篋得前葉，驚曰：「此妾所題也。向日妾亦於水中得一葉。」況索觀之，即況所題者。《本事詩》

明皇時，宮人有題紅葉隨溝水流出者，詩云：「舊寵悲秋扇，新恩寄早春。聊題一片葉，將

去接流人。」爲顧況所得，況亦題詩云云。內官得之，因達聖聰，遣出宫人韓鳳兒等甚多。《雲溪友議》

貞元中，進士贾全虛春深臨御溝而坐，忽有一花流至全虛之前。以手接之，香馥頗異。旁連數葉，上有詩曰：「一入深宫裏，無由得見春。題詩花葉上，寄與接流人。」全虛得之，悲想其人，涕泗交墜，不能離溝上。街吏頗疑其事，白金吾奏之。德宗令中人細詢，乃於翠筠宫奉恩院王才人養女鳳兒者。詰其由，云：「數日前，臨水折花，偶爲宫思。今敗露，死無所逃。」德宗惻然，召全虛，以鳳兒賜之。車載其院，資皆賜焉。《補侍兒小名録》

僖宗時，詩人于祐晚步禁溝，拾一紅葉，上有詩云：「流水何太急，深宫盡日閑。殷勤謝紅葉，好去到人間。」祐亦題一葉，置溝上流。有「深宫葉上題紅怨，付與清流欲寄誰」句，爲宫女韓翠蘋所拾。後祐爲丞相韓泳館客，值帝放宫女三千人，泳聞翠蘋有才學，作伐嫁祐。成禮後，翠蘋檢笥，見葉，異之，各出所得相示。翠蘋又詠一絶云：「一聯佳句隨流水，十載幽思滿素懷。今日得成鸞鳳侣，方知紅葉是良媒。」《流紅記》《雲溪友議》作宣宗朝盧渥事。

襄陽進士李茵，偶遊宫苑，見紅葉御溝流出，上有題詩，茵收貯書囊。後僖宗幸蜀，茵寓南山民家，見一宫娥，自云宫中侍書，名雲芳，茵與之款接。見紅葉，驚曰：「此妾所題也。」同行詣蜀。及綿州，逢內官識之，曰：「侍書何得在此？」逼令上馬，與之前去。茵甚怏悵，其夕宿逆施，雲芳復至，曰：「妾重賂某，求得從君矣。」乃與俱歸襄陽。數年，有道士言茵面有邪氣，雲芳自陳：「往年綿州，實已自縊而死，感君之意，故相從耳。人鬼殊途，何敢貽患於君？」置酒賦詩，告辭而去。《北夢瑣言》

侯繼圖偶倚闌於寺樓，有大桐葉飄墜，上有「相思」二字，並詩云：「拭翠斂雙蛾，爲鬱心中事。搦管下庭除，書作相思字。此字不書石，此字不書紙。書向秋葉上，願逐秋風起。天下有心人，盡解相思死。天下負心人，不識相思意。有心與負心，不知落何地。」侯貯小筐。後五六年，卜婚任氏，見之曰：「此妾所作也。」《玉溪編事》

紅葉事凡四：一《本事詩》顧況，二《雲溪友議》盧渥，三《北夢瑣言》李茵，四《玉溪編事》侯繼圖也。又劉斧《青瑣》中有《御溝流紅葉記》，乃易盧渥之名爲于祐云。《談藪》

陳氏家義興山中，虎銜一少艾至，問知劉氏室女。陳婦見其端麗，諷之曰：「能爲吾子婦乎？」女謝惟命，乃遂配其季子。踰月，其父母蹤蹟得之，喜甚，遂爲婚姻。目曰「虎媒」。《虎苑》

尚書張鎬之女德容，與裴越客結婚，因宴於花園，德容忽爲猛虎所擒。是夕，越客維舟，憩水次。忽見猛虎負一物至，置諸岸側而去。越客即令舁之登舟，烈燭熟視，乃十七八美麗人也。雖衣破物裂，而身膚無損。夜久，即有自郡至者，皆云張尚書女爲暴虎所食，求其殘骸未獲。越客遣婢詢，德容因號啼不止。越客登岸，遂以其事列於鎬。鎬越馬而至，遂與同歸而婚。黔峽往往建立虎媒之祠焉。《續虞初志》

北俗，男女年當嫁，未婚而死，兩家命媒互求之，謂之「鬼媒人」。《昨夢録》

擇

吕公見高祖，奇之，曰：「臣有息女，願爲箕箒妾。」《漢雋》

富人張負女孫，五嫁而夫輒死，人莫敢娶。陳平欲得之，負曰：「人固有好美如平，而長貧賤者乎？」卒與女。《史記》

魏丁儀眇，太祖嘉其才，以女妻之。《何氏語林》

張逸年十三，爲縣小吏，康成妻以弟女。《鄭康成别傳》

王粲、王凱並依劉表，表愛粲才，欲以女妻之，嫌其形陋，非女婿才。凱有風貌，乃妻凱。《爨下語》

甘公見陶謙，許妻以女。甘夫人怒之，甘公曰：「彼有奇表，後必大成。」遂與之。《吴書》

郗太傅遣門生向王丞相家求女婿，有在東床上坦腹臥者，乃是逸少，因嫁女與焉。《世説》

張華少孤貧，劉放奇其才，以女妻之。《晉書》

孝武爲晉陵公主求婚，王珣舉謝琨，帝然之。會帝崩，袁崧欲以女妻琨，珣曰：「卿勿近禁臠。」《晉書》

王渾妻鍾氏，有藻鑒，生女令淑，武子爲妹簡美對，未得。有兵家子甚俊，欲妻之，白母，母曰：「要令我見。」武子乃令兵兒與群小雜處，使母幃中觀之。母曰：「此人才足拔萃，然地寒壽促，不得展其器，不可與婚。」遂止。數年，兵兒果亡。《郭子》

高祖太穆皇后竇氏，毅之女也。后母，周武帝姊襄陽長公主。毅謂長公主曰：「此女才貌如此，當爲求賢夫。」乃於門屏畫二孔雀，諸公子有求婚者，輒與兩箭射之，潛約中目者許之。前後數十輩莫能中，高祖後至，兩發各中一目。毅大悦，遂以歸高祖。《唐書》

韋詵有女，擇所宜歸。見裴寬而悦之，許妻以女。歸語妻曰：「常求佳婿，今得矣。」明日幃其族，使觀之。時寬衣碧瘠而長，既入，族人皆笑，呼爲「碧鸛雀」。《群書備覽》

陳州刺史王當有女，集州縣文武官，令袁天綱擇婿。天綱曰：「惟姚某可。」當從之，乃元崇也。《定命録》

信都民蘇氏有女，擇良婿，乃以妻魏知古。後知古拜相，封夫人。《酉陽雜俎》

姚合有詩名，李頻走千里丐其品題，大加獎挹，以女妻之。《彙苑》

王琚傭於富商家，商識其非常人，以女妻之。《唐書》

姚覬不修容止，司空圖一見以爲奇，以女妻之。《五代史》

江南國主鍾愛一女，常諭大臣爲擇佳婿，或言洪州劉生可以充選。國主召見，大喜。尋尚主，拜都尉。鳴珂鏘玉，豪華富貴冠於一時。《盛事美談》亦見李昌齡《樂善録》。

李光顔愛女未聘，幕僚謂其必選佳婿，盛譽鄭秀才詞學門閥，人韻風流，李謝之。乃召小將

指之曰：「此即某女之配也。」《北夢瑣言》

楊於陵謁韓滉，滉謂其妻柳氏曰：「夫人常擇佳婿，無如楊生。」以女妻之。《牧豎閑談》

晏元獻謂范希文曰：「吾有一女及笄，君爲我擇婿。」范曰：「富皋可晏。」即取皋爲婿。後改名弼，即鄭公也。《東軒筆録》朱子《名臣言行録》：「文正謂元獻曰：『公女必求國士，無如富弼。』」

晏元獻夫人呼王青使相其女，曰：「此國夫人也。」夫人曰：「爲我擇一佳婿。」青曰：「恰有一秀才，姓富，須做宰相。」元獻退朝，夫人具道其事，使人通好。《孫公談圃》

程顥十歲能詩賦，彭思永異之，妻以女。《禪寄筆談》

杜衍妻鍾愛其女，必求佳婿，乃以與蘇舜欽。《四友齋叢説》

謝師厚方爲其女擇對，見黄山谷詩，曰：「得婿如此足矣。」《王直方詩話》

馮亮善相人，見吕文靖，即許以女嫁之。其妻怒曰：「君嘗以此女爲國夫人，何爲與此子？」亮曰：「此所以爲國夫人也。」《孫公談圃》

杜廣爲劉景厩卒，景告妻曰：「我爲女求夫三年，不覺厩中有騏驥。」於是妻之。《山堂肆考》

劉撝愛王元節才俊，以女妻之。《金史》

楊友直好學不倦，韓仲山以女妻之。《樂郊私語》

祝景先子確女，妻朱松，生晦翁。景先兄女，妻汪勃，位至密樞。確弟女，妻汪作礪，位至提刑。故其鄉人謂「祝女位高」。又祝堯臣，景先孫也，常奇其女曰：「雖家貧，不與凡子。」卒與吕午婚，越七年而午復中第。於是「祝女位高」之語復誼傳。《志雅堂集》

海南劉氏女美，吕範求之，女母欲勿與，劉氏曰：「觀吕子衡，寧當久貧者耶？」遂與之婚。《吳志》

徐邈有女才淑，擇婿未嫁。邈大會佐史，令女於内觀之。女指王濬告母，邈遂妻之。《女世説》

高歡婁妃，少明悟，強族多聘之，並不肯行。及見歡於城上執役，驚曰：「此真吾夫也。」乃使婢通意，又數致私財，使以聘己。父母不得已而許焉。《北齊書》

姜宇少孤貧，爲陳不識家牧羊。不識奇之，將妻以女，乃引宇，令女潛窺之。因問女意云何？女曰：「觀宇之姿才，行當鵬舉，豈終爲人牧羊者哉？」遂妻之。《前秦録》

來貞女淵澄，幼隨母出，遇緑衣童過，後以「明並日月」句擇婿，得張美男對「岳重丘山」，遂許妻之，即前遇童也。《彙苑》

柴女初備唐莊宗掖庭，明宗遣出，父母往迎之。至鴻溝，遇雨甚，踰旬不進。女曰：「溝旁郵舍隊長，乃極貴人，願事之。」遂成婚。即周太祖也，竟爲皇后。《龍川别志》

真觀寶得祖鳳凰，才子佳人，精彩照耀。各相謂曰：「素願已畢，誓伉儷終身。」《禪林

實語》

黄霸與善相者共載，見一婦人，相者曰：「此婦人合富貴。」霸推問，乃巫家女也，遂娶之。《事文類聚》

趙明誠幼時，其父將爲擇婦，明誠夢誦一書，覺來惟憶三句，「言與司合，安上已脱，芝芙草拔」。以告其父，父解曰：「『言與司合』是『詞』字，『安上已脱』是『女』字，『芝芙草拔』是『之夫』二字。汝殆得能文詞婦也！」《瑯嬛記》

中山王初夫人張氏，繼夫人謝氏。王出師歸，孝陵諭王：「卿夫人好鞭撻人至死，此不足佐卿。朕爲卿擇一佳婦。」謝夫人是也。《今言》

緣

韋固遇老人向月檢書，問：「何書？」曰：「天下婚牘。」又問：「囊中赤繩何用？」云：「繫夫婦之足，雖仇家異域，此繩一繫，終不可易。」固曰：「吾娶潘昉女，可成乎？」曰：「未也。君婦適三歲，十七入君門。」固曰：「安在？」曰：「店北賣菜陳嫗之女。」固往窺見，懷利刃暗刺眉間。後十四年，相州刺史王泰妻之以女。容貌端麗，眉貼花鈿。固問其故？曰：「三歲時爲賊所傷。」痕在宛然。《幽怪録》

武殷少時，與從母鄭氏之女約婚。無何，逼於知己之薦，期以三年，從母許之。殷至洛，有勾龍生者善相人，殷就問婚事，勾龍生曰：「鄭氏非君妻也。君當娶韋氏，後二年始生，十七而歸君。」殷因問鄭氏之夫，則云：「郭子元也。」既而殷下第不歸，鄭氏之母以女許郭紹。紹因肅宗諱，改名子元。後十餘年，殷歷位清顯，每求娶，輒不應。及謫官韶陽，郡守韋安以女妻之。勾龍生之言皆驗。《前定録》

辛秘赴婚常州，有乞兒問所適何事？辛以娶約告。乞兒曰：「此非君妻，公婚期甚遠。」乃以綾帕復贈辛，帶有一結，語辛：「異時有疑，當發視也。」積二十年，辛爲渭南尉，始婚裴氏。生日，忽憶乞兒之言。解帕復結，得楮幅，署曰：「辛秘妻河東裴氏，某月日生。」乃其日也。辛計：別乞兒之年，妻尚未生。《酉陽雜俎》

趙時雍妻生子，墜地即作成人語，曰：「東嶽帝命我，今生十七序泮。妻魯氏，爲魯孝廉孫女。」時雍以弱言名之。癸巳，魯孝廉舉家避兵山寨，與時雍咫尺。愛弱言，遂締姻好。《説鈴》

鄭還古初娶柳氏女，嘉會之初，夢娶房氏。後柳卒，再娶李氏。李之舅房直，溫禮宴皆房主之。《逸史》

崔元綜欲娶婦，忽夢人云：「此家女非君之婦，君婦今日始生。」乃夢中相隨至東京履信坊道北屋下，見一婦人生女，云「是君婦」。崔寤，殊不信之。俄所議女暴亡。後至年三十八乃婚韋涉妹，年始十九，在履信坊居。尋勘歲月，正所夢之日生。《定命録》

熊應渭聘劉氏女，渭忽夢一女，肩輿僕從甚盛，遣婢召熊曰：「我本汝聘者，今爲某官取去，不復與汝結緣矣。汝勿遠去，伺其官到，遣人相邀。」俄而某官至，與熊語云：「君所聘者，與君無緣，已爲吾妻，另與汝配。」牽一騾至，熊泣曰：「人而可以偶非類乎？」官曰：「無患，當爲汝復人身。」須臾化爲一女，年可十七八，即里中李珪之女也。及覺，劉氏果有信至，劉女已物故矣。隨訪李，果有女，求婚，得之。《揮麈新譚》

林聰在太學，晝寢，夢一美女告曰：「西京孟檢法女花不如也。君異日登科，當在洛，願無他聘。」林覺而志之。大觀三年，擢第，果調河南尉。問：「此地有孟檢法乎？」曰：「有。」問：「有女乎？」曰：「一女號花不如，近已嫁矣。」林驚異，默茹後時之恨。女未嫁時，亦夢男子曰：「我林聰也，願婚之。」女覺，不曉所謂。數日，女夫死，林知之，通媒成禮。他日，各言所夢，始知爲前定云。《夷堅志》

曾崇範之妻，許聘數人，其夫輒死。一夕，夢人謂曰：「田頭有八，田尾有日，乃汝夫也。」後嫁曾，方悟。《野史》

蔡伯華未娶時，夢一女子，靚粧嬌好，旁有指之者曰：「此爾妻也。」後頻入夢。及娶申姓女，絶非所夢者。數年申死，續娶於陳，亦與前夢異。陳又死，再娶宋氏，宛然當年夢中人也。《叙異》

呂監過建州，爲賊所劫，掠其女去。時賊有族子范希周者，本士人，陷在賊中，猶未娶。見呂監女顔色清麗，性情和柔，遂卜日告祖，備禮，册爲正室。是冬，朝廷命韓郡王統大軍討捕。

呂氏謂希周曰：「妾聞貞女不事二夫，君既告祖成婚，則君家之婦也。城破，妾惟一死。萬一得生，妾亦終身不嫁。」希周曰：「我亦終身不娶。」先是，呂監與韓郡王有舊，韓因辟爲提轄官，同到建州。及城破，希周不知所之，呂氏就荒屋中自縊。呂監巡視，使人解下，乃其女也。父子相見，且悲且喜，遂歸臨安。呂監將令其女改適，呂氏不肯。父罵曰：「縣君不肯做，乃戀戀爲逆賊妻耶？」呂氏曰：「彼爲宗人所逼，不得已在賊中，其實君子也。」紹興壬戌，呂監爲封州將領，有廣州使臣賀承信以公牒到，呂監延之廳上。呂氏謂呂監曰：「適來者類范氏子。」呂監笑曰：「彼姓賀。」後半載，賀又來。呂監熟問其鄉貫出身，賀曰：「某實姓范，宗人叛逆，某陷賊中。既而大軍來討，遂變姓賀。」呂監曰：「令孺人何姓？」賀泣曰：「在賊中時，擄得一女爲妻。是冬城破，夫妻分散。且約，苟存性命，彼此勿嫁娶。」語迄，悲泣失聲。呂監感其恩義，亦爲泣下。引入堂中，見其女，結束奩具，令隨希周歸。《説郛》

劉方，方姓女也。年十三，僞爲男子，從父扶母喪還鄉，父死於河西務劉叟家。叟無子，遂爲之子，曰劉方。後叟復收一人爲子，亦避難來從者，曰劉奇。已而叟死，議婚，方不從。奇爲燕詩以悟弟曰：「營巢燕，雙雙雄，辛苦營巢巢始容。若不尋雌寄㲉卵，巢成畢竟巢還空。」方和曰：「營巢燕，雙雙飛，天設雌雄事有期。雌兮得雄願已足，雄兮得雌胡不知？」奇見詩大疑，方以實告，始知是女，便爲合婚，後成巨族。《明詩正聲》

陳生，楚人，客遊廣陵，以授經積資，娶室蔡氏，因家焉。未幾，蔡氏死，中饋乏人，躬親井臼。一日晨起汲水，見錦囊若沉若浮，提之甚重。負以入室，啓視之，一女郎尚有微息。負之行室中，霍然一吐，遂張目凝睇，悲不自勝。慰解再四，曰：「妾金陵張氏婉蘭也。某商以千金買我爲妾，主母妒，醉妾沉於河。不知君子從何救至於此？再生之恩，何以爲報？」然生室淺陋，不能藏，因商於居停。適居停與其主母爲内戚，謂陳生曰：「事可圖也。」因往見其主母，問某姬何在？其主母失色支吾，居停曰：「我已盡悉，宜及早善處。」其主母跪問計，曰：「陳生，楚人，適斷弦，若資以千金，並出婉蘭衣飾嫁之，令其西歸，永無後患耳。」其主母一一如之。陳生即與婉蘭諧伉儷，挾以歸楚。《西墅記譚》

明末，濮州民周猱頭過真武廟側，有雙鬟女子立道旁樹下，絕色也。謂周曰：「與君夙緣，當爲君婦。」攜至家拜母，母疑其蹤跡，俾子遣之。女子笑曰：「我以夙緣，奉天帝命爲汝家婦，誰能遣我？」久之，事姑孝謹，日具食養姑，皆豐潔。一日，潛告其姑曰：「此地不久必大亂，不可留，宜避之。」乃遍辭鄰里，挈姑與夫擔負去，不知所往。未幾，濮被兵。《池北偶談》

任城向關生，弱冠，遇一女子絕姣，遂與之狎。詢所從來，曰：「妾天上謫仙，當與子爲夫婦。」幾及三載，出一編授生，曰：「妾與君有宿世之緣甚久，今當暫歸。此編乃修鍊工夫，君可習之，另圖良晤。」贈以詩云：「濟水流長未盡歡，小山招隱月初圓。好留顏色重相見，再向南池續舊緣。」倏忽不知所往。生思暮成疾，幾至不起。因簡習編中工夫，漸愈。亂後，隨一武弁客淮上，娶南氏女。視之，與前所遇無纖毫異。詢以前語，則惘然。「淮上南氏」應「小山」，「合巹在十五」應「月初圓」。《見聞録》

建安中，南陽賈文合得病死，陰司閲呈，謂行吏曰：「當召某郡文合來，何以召此人？」促令遣去。遂至郭門外大樹下宿。有好女獨來無伴，文合問之曰：「子似衣冠家，何爲步行？姓字爲誰？」女曰：「我三河人也，父見爲弋陽令。昨錯召來，今得遣去。望君之容，似類賢者，是以停留，依憑左右。」文合曰：「悦子之心，願交歡於今夕。」女不可，反覆求之，終無動志，天明别去。文合死，再宿而蘇。將驗其事，遂至弋陽。問其令，則女父也。因問令：「某月某日君女寧卒亡而生耶？」具説女姿顔服色、言語相反覆本末。令入問女，與文合同。大驚，乃以女配文合。《搜神記》

紀邁晝寢，忽有一女，言：「姓衛，昨忽暴死，天帝愍君無妻，故使相報。」邁至衛門外，果如言。送喪上車，牛不肯動，乃與主人具敘説之。主人開柩，女有氣息，至曉復蘇。具説始末，如邁所言，遂爲夫婦。宋躬《孝子傳》

有劉璞者，其妹已許裴政矣。璞所聘孫氏，其弟潤亦已聘徐雅之女。而璞以抱疴，俗有冲喜之説，父母擇吉完姻。婦翁以婿方病，以潤飾爲女粧，代子過門。將以爲旬日計，草率成禮。父母謂子病不當近色，命其幼女伴嫂，而二人竟私爲夫婦。逾月，子病漸瘳。女家恐事敗，紿以他故，邀假女去，事寂無知者。因女有娠，父母窮問得之，訟之官。官乃使孫、劉爲配，而以孫所

聘徐氏償裴。《暇弋篇》

劉氏子常客楚州，鄰人王氏有女，求聘之，王氏不許。後數歲再遊楚鄉，夜半過一墓。月初上，如有物蹲踞棺上。諦視之，乃一死婦人也。生負屍而歸，曰：「此我妻也。」遂擁屍同寢。至四更，忽覺口鼻微微有氣，診視之，已蘇已。問所以，乃王氏之女，因暴疾亡，不知何由至此已。聞鄰里相謂云：「王氏女將嫁，暴卒，未殮，遂失其屍。」生乃以告，王氏悲喜，乃嫁生焉。《河上楮談》

黎季犛幼時販至交趾國，登岸時，見沙上有字云「廣寒宫裏一枝梅」。犛後夤緣得官。一日，交王避暑於清暑殿。前有桂千樹，王出對云：「清暑殿前千樹桂。」犛憶沙上所見，遂以對之。王大驚曰：「子何以知吾宫中事？」犛以實告，王曰：「此天數也。」蓋王有女名一枝梅，建廣寒宫以處也。遂配之。《林居漫録》

廣寧閭山公廟，靈應甚著。又其像設獰惡，人入其中，皆恐怖毛豎。旁近言，靜夜時，聞訊掠聲，故過者或迂路避之。參知政事梁公肅，家此鄉。作舉子時，諸生談及鬼神事，因言：「我能以昏暮或陰晦之際入閭山廟，巡廊廡一周。」諸生從臾之。明日晚，偕往。約諸生待於廟門外，奮袖徑入。至廟之東隅，摸索有一人倚壁而立。梁公意其爲鬼，負之出。諸生迎問何所見？梁公笑曰：「我負得一鬼至矣，可取火照之。」及火至，見是一美婦，衣裝絶與鄉俗不同，氣息奄奄，狀若昏醉。環立守之，良久，開目。問此爲何地？諸生爲言其處及廟中得之者。且詰其爲人爲鬼，何所從來?婦言：「我揚州大族某氏女，以吉日迎往婿家。肩輿中，忽爲大風所飄，神識亂散，不知何以至此。」諸生喜曰：「梁生未受室，神物乃從揚州送一妻，可因而成之。」梁公乃挈婦歸。尋擢第。不數十年，致位通顯，婦舉數子。時人有「天賜夫人」之目。《妙貫堂餘譚》

遼東馬仲叔、王志都相知至厚。仲叔先亡，忽見形謂志都曰：「念卿無婦，當爲卿得婦。」遂與之期。至日大風，晝昏。向暮，果有婦人在寢室中。志都問其由，曰：「我河南人，臨當見嫁，不知何得至此。」志都告之故，遂爲夫婦。往詣其家，大喜，以爲天相與也。《誠齋雜記》

歷城王氏方鰥居，一日，大風晦冥，於塵坌中得一好女子，云外國人也，遂爲夫婦。謝肇淛《五雜俎》

王貴避難新城爲傭。一日，大風晦冥，一女子從空而墜。問，即萊州祁氏女也，蓋頃刻而五百餘里矣。主人以爲天作之合，結爲夫婦。《民部·大槐記》王阮亭曰：「先始祖妣祁夫人，諸城人。」

山右羊子壽之祖，年三十未有室。里人有願爲之婚者，則曰：「德容兼備而復厚奩資者娶之。」聞者莫不笑。時隆冬，大風墮一婦於庭，姿容絶艷，衣飾縞素。自言：「秦氏女，父母俱亡，家在真定。頃見我亡母云：『與此處羊郎行十三者有姻緣。』挾我至此，倏失我母。」羊以真定至汾幾二千餘里，瞬息飄至，洵屬天緣，遂諧伉儷焉。客有戲十三者曰：「佳人之德容備矣，百兩之將，風姨不能致，奈何？」女曰：「我家固巨商，有金窖於都門，老僕居焉。今我與俱往，窖金十萬有奇，皆可得也。」擇日往，盡取地下物，稱富室云。《説鈴》

文簫抵鍾陵西山，山有許真君上升梯，每歲中秋夜，士女於此多召名姝，握臂連踏而唱。文簫覿一姝，歌曰：「若能相伴陟仙壇，應得文簫駕彩鸞。自有繡襦並甲帳，瓊臺不怕雪霜寒。」歌罷，秉燭穿大松，陟山捫石。生亦潛躡其蹤。姝顧曰：「非文簫耶？」引至絶頂，傅衛甚嚴，有二仙娥執事去。忽天地黯晦，風雨震怒，有仙童持天判云：「吴彩鸞以私欲洩天機，謫爲民妻一紀。」姝與生攜手下山。因詰夫人之失？姝曰：「我父吴仙君猛也。吾爲仙，主陰籍六百年矣，覿色界興心，遭責，子亦因吾可出世矣。」生不能自贍，夫人日寫孫愐《唐韻》一部，每鬻五緡。十載，會昌初，與生奔越王山。是夜風雨，及明，樵者見二人各跨一虎，涉峰巒而去。《龍興職方策》

裴航傭舟於襄漢間，同舟樊夫人，國色也。航賄其婢晨煙，達詩云：「同舟吴越猶懷想，況遇天仙隔錦屏。倘若玉京相會去，願隨鸞鶴入青冥。」夫人曰：「幸無諧謔。與郎少有姻緣，當爲配偶。」因答詩曰：「一飲瓊漿百感生，玄霜搗盡見雲英。藍橋便有神仙窟，何必崎嶇上玉清。」別航去。後航經藍橋驛，渴甚。見茅屋中有老嫗緝麻，揖之求漿。嫗呼：「雲英，擎一甌漿來。」航接飲，真玉液也。航憶夫人雲英之句，謂嫗曰：「小娘子絶麗過人，願娶之，可乎？」嫗曰：「我老病，神仙遺我藥，欲得玉杵臼搗之，其餘無所須。」航月餘求得玉杵臼與之，嫗曰：「有此信士，吾豈惜一女哉。」航夜窺之，有玉兔持杵搗藥，雪光耀室。嫗遂吞藥，曰：「吾入洞爲郎君具幃帳。」俄見一大第，仙童、侍女引航相見。成婚後，夫婦入玉峰洞中，餌絳雪瓊漿之丹，遂超爲上仙。《裴硎傳奇》

蕭防爲句容簿，縣有三茅宮、九錫亭、瑞芝館、碧柰澗，防遍遊之。至玉晨觀，有青童請至大門，金書牌曰「華陽洞」。又至一門，曰「蘂珠殿」。有一人紫袍，稱「東方大夫名朔」，爲華陽洞主，謂曰：「公之遠祖蕭史真人，鸞董雙成與公爲婦。扶侍者雲英夫人，秉扇者吳彩鸞、許飛瓊，接引者梁玉清、衛承莊，姮娥結髮，麻姑合巹。」中夜，梁玉清、衛承莊引防至蘂珠殿後堂，見一女子，乃舊曾見諸葛氏，交拜。梁玉清致辭曰：「華陽玉女，聖世才郎。仙凡契合，如鳳求凰。今夕相偶，和鳴鏘鏘。壽算天地，廣衍無疆。」禮畢，宴於蘂珠殿。曲終，青童召防曰：「雙成夫人請君暫起。」防避席，恍若夢覺，四顧已失蘂珠殿矣，但见深林茂草。寻玉晨觀，歸縣，已半年。防遂休官入山。《雲堂廣記》

柳毅下第，將還湘濱。過涇陽，見有婦人牧羊於道畔，乃殊色也。然蛾臉不舒，巾袖無光，凝聽翔立，若有所伺。毅詰之，婦泣而對曰：「妾洞庭龍君小女也。父母配嫁涇川次子，而夫婿爲婢僕所惑，日以厭薄。既而訴於舅姑，又爲舅姑毀黜。聞君將還吳，密邇洞庭，欲以尺書寄託。」毅諾之。女因謂曰：「洞庭之陰有大橘樹，君去向樹三擊，當有應者。」遂於襦間解書與之。毅歸，訪於洞庭之陰，三擊其樹。俄有武夫出於波間，揭水指路，引毅至其宮，見洞庭君。

君問毅來由，毅曰：「毅於涇水見大王愛女牧羊於野，風鬟霧鬢，所不忍視。毅詰之，言爲夫婿所薄，舅姑所黜，托毅寄書至此。」洞庭君取書覽畢，泣下。以書授侍者達宮中，宮中皆慟哭。俄有一赤龍飛去，則洞庭君之弟錢塘也。未幾，幢節玲瓏，紅妝千萬。中有一人，蛾眉，明璫滿身，綃縠參差，若喜若悲，零淚如絲。香凝環旋，入於宮中。君笑謂毅曰：「涇水之人至矣。」君乃入宮。有頃復出，又有一人，貌聳神溢，立於君左。君謂毅曰：「此錢塘也。」翌日，宴毅於清光殿。錢塘因謂毅曰：「女姪不幸，爲頑童所辱，余既殺而食之矣。將欲求託高義，世爲親賓，可乎？」毅肅然辭謝，乃多遺珍寶送歸。毅娶張氏、韓氏俱亡，乃娶盧氏。既婚，覺其妻甚類龍女，而豔逸過之。經歲餘，生一子，妻乃笑謂毅曰：「余即洞庭君之女也。涇川之辱，君能救之，自此誓心求報。洎錢塘季父論親不從，悵望成疾。中間父母欲配嫁於濯錦小兒某，遂閉户剪髮，以明無意。不意今日獲奉君子也。夫龍壽萬歲，願與君同之。」遂相歸洞庭，莫知其跡。《洞庭靈姻傳》 李朝威《龍女傳》亦即此事。

王子高遇芙蓉仙人事，舉世皆知之。决别之時，芙蓉授神丹一粒，告曰：「後當偕老於澄江之上。」子高時方十八九。已而結婚向氏，十年而鰥居。年四十再娶江陰巨室之女，方二十矣。合卺之後，視其妻，與前所遇無纖毫之異。蓋澄江，江陰里名也。《玉照新志》

崔生入山遇仙女爲妻，久之，還家，得隱形符。潛遊宮禁，爲衛士所知，追捕甚急。逃還山中，追者在後。隔洞見其妻，告之，擲巾成五色橋渡崔。《廣夷堅志》

趙旭晝夢青衣挑笑窗牖間，及覺，清香滿室。有一女子，年可十四五，容範曠代，前曰：「吾天上青童也。時有世念，帝罰下人間，感配於君子。」乃叩柱而歌曰：「白雲飄飄星漢斜，獨行窈窕浮雲車。」《補侍兒小名録》

奩史卷八

東吳王初桐于陽纂述
南匯吳省蘭稷堂校刊

婚姻門四

婚禮

晉太子婚，納徵用玄纁束帛加璧。東晉太子婚，納徵用玉璧一、虎皮二。《五禮通考》

凡娶媳婦，先相媳婦，相中，即以釵子插女髻中，謂之「插釵」；或不入意，但留綵緞與之，謂之「壓驚」。《東京夢華録》

公主下降，初被選尚者即拜駙馬都尉，賜玉帶、襲衣、采羅，謂之「繫親」。《宋史》

女家允許後，男家擔許口酒與女家，女家以淡水、活魚並筯一雙回之，謂之「回魚筯」。《東京夢華録》

諸王納妃定禮，果盤、花粉、花冪、眠羊、臥鹿、花餅、銀勝、小色金銀錢。《宋史》

鄭元德長女慶一娘，年十四，與潘氏爲親，締姻五千貫。《長安客話》

媒氏往女家報定，雙羊、金瓶酒。女氏回定禮，以珠翠髩掠、皂羅巾段、七寶巾環。《夢粱録》

慶一娘回定之儀，禮書三緘，雙金魚袋。《長安客話》

婚禮納采，有合歡、嘉禾、阿膠、九子蒲、朱葦、雙石、綿絮、長命縷、乾漆。九事皆有詞：膠、漆取其固；綿絮取其調柔；蒲、葦爲心，可屈可伸也；嘉禾分福也；雙石義在兩固也。《酉陽雜俎》

諸王聘禮，賜女家白金萬兩敲門。敲門，即納采。《宋史》

俗謂水仙、蘭二花爲「夫婦花」。人家納采，必以絨縷金絲製此二花，合成一處，以爲夫婦永諧之兆。《花史》

杜牧之詩：「絳縷猶封繫臂紗。」嘗見《服式變古録》云：「始於晉武帝，選士庶女子有姿色者，以緋綵繫其臂，大將軍胡奮女泣叫不伏繫臂，左右掩其口。」今定親之家有云「繫臂」者，續古事也。《侯鯖録》

孝武納王皇后，納采至親迎，皆用白雁、白羊。《宋書》

後漢納幣禮物，以玄纁羊、雁。玄象天，纁法地。羊者祥也，群而不黨；雁則隨陽。杜氏《通典》

唐宗室納幣用白雁。《儀禮經傳通解》

孝敬帝納裴居道女爲配，所司奏以白雁爲贄，適會苑中獲白雁，高宗喜。《舊唐書》

大禮先一日早，下催粧冠帔花粉。《東京夢華録》

唐雲安公主下嫁，詔陸暢作《催粧》詩，「雲安公主貴，出嫁五侯家。天母親調粉，日兄憐賜花。催鋪百子帳，待障七香車。借問粧成未，東方欲曉霞。」《百寶總珍集》

田璆、鄧韶元和癸巳歲中秋出建春門，有二書生揖之往，見花燭亘天。書生命璆、韶拜夫人，各賜薰髓酒一杯。夫人問左右：「誰人召來？」曰：「衛符卿、李八百。」於是引璆、韶於群仙之後。乃有車載仙郎並相者、侍者，又仙女捧玉箱托紅箋筆硯而至，請《催粧》詩。詩成，玉女數十引仙郎入帳，引璆、韶還人間。行四五步，杳失所在，惟見嵩山嵯峨倚天。及還家，已歲餘矣。《纂異記》

有爲婚者先已涉溱洧之譏，張仲素作《催粧》詩曰：「舜耕餘草木，禹鑿舊山川。」《避暑漫抄》

王昂作狀元始婚。禮夕，婦家立需《催粧》詞，昂走筆《好事近》云：「喜氣擁門闌，光動綺羅香陌。行到紫薇花下，悟身非凡容。不須朱粉污天真，嫌怕太紅白。留取黛眉淺處，畫章臺春色。」《陶朱新録》

唐人成婚之夕，有《却扇》詩，即《催粧》詞也。《唐詩紀事》

婚禮，即族中選女子之尊敬者一人，當奥而坐，以主其禮，謂之「奥姑」。《遼史國語解》

《遼史拾遺》曰：「太祖女一質古，幼爲奥姑。」

婚禮前期一日，女家使人張陳帳幔帷幕應用之物於婿之室，謂之「鋪房」。《文公家禮》

近代婚禮，當迎婦，以粟三升填臼，席一枚以覆井，枲三斤以塞窗，箭三隻置户上。《酉陽雜俎》

親迎日，借妓女及樂官引迎花簷轎，前往女家迎取新人。樂官、妓女互念詩詞，攔門求利市錢。《夢粱録》

元祐大婚，吕正獻執議不用樂，宣仁云：「尋常人家娶個新婦，尚點幾個樂人，如何官家却不得用？」欽聖云：「更休與他濾宰執理會，但自安排著。」遂令教坊、鈞容伏宣德門裏。皇后乘翟車甫入，兩部闌門衆樂畢舉。《清波雜志》

近代婚禮，婦上車，婿騎而環車三匝。《酉陽雜俎》

女將上車，以蔽膝覆面。《婚禮家記》

新人下車，一女捧鏡倒行，引新人。《東京夢華録》

漢世京房之女適翼奉子。奉擇日迎之，房以其日不吉，以三煞在門故也。奉以謂不然，婦將至門，但以穀豆與草禳之，則三煞自避。自是以來，凡嫁娶者皆置草於門，下車則撒穀豆。《事物紀原》

新婦下車子，有陰陽人執斗，盛穀豆、錢菓、草節等，望門而撒，小兒輩爭拾之。《東京夢

華録》

今人家娶婦，輿轎迎至大門，則轉席以入，弗令履地。然唐人已爾，白樂天《春深娶婦家》詩云：「青衣轉氈褥，錦繡一條斜。」《芥隱筆記》

新人下車，踏青布條或氈席，不得踏地。《東京夢華録》

唐婚姻之禮，坐女於馬鞍之側。《蘇氏演義》

娶婦家，新人入門，先跨馬鞍。《酉陽雜俎》

漢法重送鞍，欲安且久。唐突厥請尚公主，詔送金縷，具鞍。今人家娶婦用鞍與寶瓶，取平安之意，其來久矣。《古今事物原始》

劉岳《書儀》：「婚禮，有女坐婿之马鞍。」今之士族婚夕，以两倚相背，置一马鞍，令婿坐其上，飲以三爵，女家遣人三請而後下，謂之「上高坐」。《歸田録》

婿具公裳，花勝簇面，於中堂昇一榻，上置椅子，謂之「高坐」。先媒氏請，次姨氏或妗氏請，各斟一杯飲之，次丈母請，方下坐。《東京夢華録》

大婚，皇后降車，負銀罌，捧縢，履黃道行。《遼史》

東螺番婚禮，男女並坐杵臼上，移時而起。《裸人叢笑篇》

倭國婚，婦入夫家，必先跨火。《太平御覽》

婦入門，舅姑從便門出，更從門入，躙新婦跡。《酉陽雜俎》

魏武帝少時觀人新婚，夜呼云「偷青廬中人」，衆皆出觀，帝乃抽刀劫新婦。《世説新語》

婚禮，用青布幔爲屋，謂之「青廬」。《酉陽雜俎》

建中中，議公主出降儀，曰：「近代設氈帳，擇地而置，此乃穹廬之制，宜於堂室中置帳，以紫綾幔爲之。」《唐書》

合巹者，以小匏一判而兩之，分置壻、婦前。《文公家禮》

唐咸陽公主初適杜荷，荷伏誅，公主再行於薛瓘。將成婚禮，太宗使卜之。卜人曰：「兩火俱食，始則同榮，末亦同悴。若晝日行合巹之禮，則終吉。」不從。後瓘爲房州刺史，公主隨焉，偕没於任。《李氏刋誤》

汪某卜地葬父，地師曰：「半夜夫妻八百丁。」葬後，爲子娶婦，合巹之夕，賀客皆散，新郎已就寢，定情矣。迨半夜，忽聞有款門者，新郎疑爲賀客，復來慁試。啓户視之，一虎突入，舉室驚救。虎雖去，而人則死矣。踰年，新婦生一子，此後子孫繁衍。《洞林照膽續》

女初至門，壻去丈許，逆之。相者授以紅緑連理之錦，各持一頭，然後入，俗謂之「通心錦」，又謂之「合歡梁」，言夫婦自此相通如橋梁也。三日後，命工分作二袴，壻、女各穿其一，謂之「永諧袴」。《戊辰雜抄》

紅緑綵綰同心結，男執而倒行，女掛於手，面相對而行，謂之「牽巾」。《夢粱録》

新人坐帳，亦謂之「坐富貴」。《東京夢華録》

京房始製娶嫁撒帳，此厭禳法也。《物原》

撒帳始於漢武帝。李夫人初至，坐七寳流蘇輦，張鳳羽長生扇。帝迎入帳中，共坐歡飲之後，預戒宫人遥撒五色同心花果，帝與夫人以衣裾盛之，云得多得子多也。《原始》

婿、婦入房就床，女向左、男向右坐。婦女以金錢、綵菓散擲，謂之「撒帳」。《東京夢華録》

周漢國公主下降，《撒帳》詩云：「静夜無雲惟自照，鳳凰飛入合歡宫。」《浩然齋雅談》

公主撒帳錢，文曰「長命守富貴」。景龍中，中宗出降睿宗女荆山公主，特鑄此錢，用以撒帳。《泉志》

夫婦各兩盞，以綵結連之，互飲一盞，謂之「交杯酒」。飲訖，擲杯並花冠子於床下，盞一仰一合，俗云大吉，則衆喜賀，然後掩帳訖。《東京夢華録》

婚禮，男左女右，結髮，名曰「合髻」。《夢粱録》

男左女右，留少頭髮，二家出疋段、釵子、木梳、頭髻之類，謂之「合髻」。《東京夢華録》

劉岳《書儀》：「婚禮有合髻之禮。」是當時流俗之所爲耳。《歸田録》

程正叔言：「結髮爲夫婦者，只稱其少小也。如言『結髮事君』、『結髮事匈奴』，只言初上頭時也，豈謂合髻子耶！」《語録》

近代婚禮，娶婦，夫婦共結鏡鈕。《酉陽雜俎》

新人門額，用綵一段，碎裂其下，横抹掛之。婿入房，即衆爭扯小片而去，謂之「利市繳門

紅」。《東京夢華録》

昔宇宙初開之時，只有女媧兄妹二人在崑崙山，議以爲夫婦，又自羞恥。兄與其妹咒曰：「天若遣我兄妹二人爲夫婦，煙悉合；若不，使煙散。」於是煙頭悉合，其妹即來就兄，乃結草爲扇，以障其面。今人娶婦用內外方巾及障面扇，象其事也。《獨異志》

近時娶婦，新婦以帕或綾紗蒙其面。按杜氏《通典》：「女氏蒙首之法，其傳已久，但古爲失時急娶不備禮者而然，而今遂爲通行耳。」《寄園寄所寄》引《彙書》

近代婚禮，婦入門，先拜豬樴及竈。《酉陽雜俎》次日五更，用一卓，盛鏡臺鏡子於其上，望堂展拜，謂之「新婦拜堂」。次拜尊長，各有綵段巧作鞋襪等物爲獻，謂之「賞賀」。尊長回之，謂之「答賀」。《東京夢華録》

覿婦陋俗，自唐已然。嘗閲《李氏刊誤》曰：「婚之來日，婦拜舅姑，次謁夫之長屬故舊，故有『拜客』之名。」今代非親非舊皆列坐而覿婦，豈其宜哉？《懷秋集》

世俗有戲婦法，於稠衆之中，親屬之前，問以醜言，責以慢對。其爲鄙瀆，不可忍論。《抱朴子》

戲婦之俗，今尚有之。娶婦之家，群男子競作戲調，以弄新婦，謂之「謔親」。或褰裳而針其膚，或脱履而規其足。以廟見之婦同於倚市門之倡，可怪也。《升庵外集》

周漢國公主下降楊鎮，其謁見舅姑，用名紙一副、衣一襲、手帕一合、粧盝、藻豆袋、銀器三百兩、衣著五百疋。《南渡宮禁典儀》

臘月娶婦不見姑。《酉陽雜俎》
婚之次日，婦之姑姊諸母悉來看女，送餛飩。《韓城縣志》
女嫁之明日，其家作黍臛。《酉陽雜俎》
娶婦之明日，婿至妻家，名「拜門」，亦曰「回門」。《暖姝由筆》
北朝婚禮，婿拜閣日，婦家親賓婦女異集，各以杖打婿爲戲樂，至有大委頓者。《酉陽雜俎》
三日，女家送綵段、鵝蛋〔一〕、油蜜、蒸餅。《東京夢華録》
嫁後七日，或送綵段頭面，謂之「洗頭」。《東京夢華録》
六月六日，新嫁女母家授以單衣，謂之「避凉」。《岐山志》
張公以五百緡聘韋恕女。《神仙傳》
番俗，自幼訂姻，用螺錢聘。《裸人叢笑篇》
邠邸有女名須摩提，顔貌端正，如桃花色。滿財見之，以六萬兩金爲聘。《增一阿含經》
男女初生，各與小榆樹二十株，比至嫁娶，聘財資遣，粗得充事。《齊民要術》
賣驢馬之財不聘婦。《感應類從志》
正德間，都下王某之子聘孫氏女爲婦。將婚，子病死，恐孫氏匿其聘財，秘不發喪，詐令

〔一〕今本《東京夢華録》「三日禮」條中無「鵝蛋」。

媒妁請期。女家覺其詐，佯許之。至親迎日，王以其女僞作男子往迎，孫氏亦令其姪僞作女子隨行。成禮，王意兩女共一室，了無他疑。不意少女與少男相悦，而私成配偶矣。都下民俗，成婚三日，婿與婦同歸父母家。孫氏遂留王氏女於家，王某方悟，反受其欺，已無及矣。訟於官，兩家各當坐詐罪，王氏女既爲孫姪之婦，而以孫氏之女亦歸王氏之姪。一時盛傳，以爲奇事。《濯纓亭雜記》

王戴南少時，父爲送聘，夜夢有持赤幟者引往陳氏，曰：「爲汝媳婦。」及戴南失偶，竟得陳氏女繼之。《説儲》

壽安公主出降王元逵，遣段氏姑詣闕納聘禮。段氏進食二千盤，並公主粧奩及私白身女口等。《舊唐書》

江祏求范雲女爲婚，巾箱中取剪刀爲聘。《南史》

象州男女婚姻，以檳榔爲聘定儀。《象臺志》

婚禮，用檳榔以當委禽。《番禺志》

納幣之禮，以銀爲檳榔，每座四圓，上鐫「二姓合婚，百年諧老」八字。《赤嵌筆談》

曹學佺詩：「嬌羞十五閉房櫳，風雨無端妒守宫。玉鏡臺前倚惆悵，郎家不送荔枝紅。」閩俗，女子將嫁，男家先一年送荔枝紅。《石倉集》

婚姻不分貧富，專論牛之多寡爲資聘。《鎮寧州志》

麥坌牝牛聘婦。《峒谿纖志》
東謝蠻婚姻之禮，以牛、酒爲聘。《唐書》
高句麗國婚嫁，男家送猪、酒爲聘。《太平御覽》
浡泥國婚禮，先以椰子酒爲聘，檳榔次之，指環又次之，然後以吉貝布。《諸番志》
山番俗，娶婦，先以海蛤數升爲聘。《臺灣府志》
九峒人多以木擔聘女。《粵風續》
烏桓嫁娶，先私通，始送馬、駝、牛、羊爲聘。《烏桓志》
南平蠻多女少男，婚法，女氏必先貨求男。《宋史》
《周禮·媒氏》：「中春之月，令會男女。於是時也，奔者不禁。」奔非踰墻行露之謂，古有「聘則爲妻，奔則爲妾」之言，以奔對聘。奔是草率成婚，若今鄙野小家之爲，不能如聘者之六禮全備耳。《困學纂言》《雲谷卧餘》略同。
张茂宗尚義章公主，母亡，遺言丐成禮，帝即许主下降。蔣乂切諫，帝曰：「今俗借吉，而婚不为少。」《孔帖》
世俗，於父母垂死之日先行親迎之禮，谓之「冲喜」；已死而娶，谓之「乘凶」，谓之「荒親」。荒，入聲。《堅瓠續集》
玉山縣庠生母死，乘凶纳婦，约以七盡方成夫婦。生宿柩旁，婦别寢他所。夜聞扣門聲，婢以告婦，婦以郎至，欲納之。婢即放入，登榻同寢。五鼓遁去，曰：「恐外人知，罪我不孝也。」閱三四日，乃問嫁貲幾何？婦曰：「金簪珥、銀兩咸在小箱内。」五鼓遂攜箱而去，不復來。迨七盡，置酒與婦成禮。問及嫁貲，婦以前告之，皆言不知。婦方知爲賊所騙，頓足泣哭，誓不復生。即歸寧，泣告父母曰：「吾身爲賊所破，不如死。」是夕，遂縊死。會葬，雷電奔馳，攝一人跪棺前，則生之堂兄也。手捧金簪珥及銀，跪而死。《太上感應篇圖説》

吳越王妃每歲歸臨安，王以書遺妃曰：「陌上花開，可緩緩歸矣。」《吳越備史》《香祖筆記》曰：「錢武肅王寄夫人書，不過數言，而姿致無限。」

世俗，新婦歸寧，其夫與之同往，謂之「雙轉馬」。按《左傳》「宣公五年」：「秋，齊高固來逆叔姬。冬，來，反馬也。」此即「雙轉馬」之始。《柳南隨筆》

秋社日，人家婦女皆歸外家，姨母、舅母皆以新葫蘆兒爲贈，俗云「宜良外甥」。《遵生八牋》

元宵，迎女歸寧，謂之「避燈」。《中部志》

女子歸寧，爲母浣濯，曰「報娘恩」。《北京歲華記》

附録

南丹州男女之未婚嫁者，於每歲七月聚於州主之廳，鋪大毯於地，令各分朋而立。既而左右隊長各以男女一人推仆於毯，男女相抱，以口相呵，謂之「聽氣」。合者即爲正偶，或不合，則別擇一人配之。蓋必如是而後成婚，否則論以姦罪也。《癸辛雜識》

南州婚姻多不正，村落強暴竊人妻女以逃，轉移他所，安居自若，謂之「捲伴」，言捲以爲伴侶也。已而復爲後人捲去，至有歷數捲未已者。《桂海虞衡志》

苗人之婚禮曰「跳月」。跳月者，及春月而跳舞求偶也。其父母各率子女，擇佳地而相爲跳月之會。父母群處於平原之上，子與子左，女與女右，分列於原隰之下。男執蘆笙，女執繡籠。繡籠者，綵毬也。而妍與媸雜然於其中矣。原上者語之歌，女並執籠而歌。原上者語之吹，男並執笙而吹。歌聲哀艷，笙節參差，睞轉肢回，首旋神蕩。有男近女而女去之者，有女近男而男去之者，有數女爭近一男而男不知所擇者，有數男競近一女而女不知所避者，有相近復相捨相捨仍相盼者。目許心成，籠來笙往。忽焉挽結，於是妍者負妍者，媸者負媸者，媸與媸不爲人負，不得已而後相負者，媸復見媸，終無所負，涕洟以歸，羞愧於得負者。彼負而去者，渡澗越溪，選幽而合。解錦帶而互繫焉，相攜以還於跳月之所，各隨父母以返，而後議聘。《峒谿纖志》

諸狼俗，男女皆倚歌自擇配。女及笄，則縱諸野，少年從者且數十，次第歌，俟女歌意所答而一人留。男遺女以扁擔一條，女贈男以繡囊錦帶諸物，皆女所自製者，約爲夫婦。婚之日，女至夫家合巹，其夫用拳擊女背者三，女乃用夫所贈擔汲水甕中。旋回母家，不與丈夫相見，另招男子同宿，名曰「點郎」。與之共居母家，待有妊，則棄野夫而歸夫家，偕老焉。故野郎亦曰

「苦郎」。當其在野郎也，本夫至其家，反以奸論。及其歸夫家也，野郎至其家或至其母家及他所相會，亦以奸論。《粤西偶記》

人家養女，富室自七歲至九歲，貧家則止於十一歲，每命僧道去其童身，名曰「陣毯」。凡有養女當陣毯之家，先行申報官司，官司給巨燭一條，燭間刻畫一處，約是夜遇昏點燭，至刻畫處，則爲陣毯時候矣。先期，父母必擇一僧或一道，饋以酒米、布帛、檳榔、銀器之類，至有一百擔者，少者或三四十擔，或一二十擔。所以貧人家至於十一歲而始行事者，爲難辦此物耳。蓋一歲中，一僧止可御一女，僧既允受，更不他許。是夜，大設飲食，會親鄰，以轎傘鼓樂迎此僧而歸。以綵帛結二亭子，一則坐女於其中，一則僧坐其中。至期，與女俱入房，親以手去其童，納之酒中。或謂父母、親鄰各點於額上，或謂俱嘗以口。或謂僧與女交媾之事，但不容唐人見之，所以莫知其的。至天將明，則又以轎傘鼓樂送僧去。後當以布帛之類與僧贖身，否則，此女終爲此僧有，不可得而他適也。前此，父母必與女同寢，此後則斥房外，任其所之，無復拘束提防矣。至若嫁娶，則雖有納幣之禮，不過苟簡從事，多有先姦而後娶者，不以爲怪也。陣毯之夜，一巷中或至十餘家，城中迎僧道者，交錯於路，鼓樂之聲，無處無之。《桂海虞衡志》　《瀛涯勝覽》曰：「暹羅婚，則群僧迎婿至女家，僧取女紅點於男額，曰『利市』。」

奩史卷九

東吴王初桐于陽纂述
吴郡宋思仁汝和校刊

統系門一

后

軒轅十二星，后宫所居。《天官書》注　《石氏星讚》曰：「軒轅主后妃。」

三代以上，無后之稱，周人始曰王后。《事物紀原》

《白虎通》曰：「天子之配，商以前皆稱妃，周始立后。」《春秋》：「祭公來，遂逆王后於紀。」「劉夏逆王后於齊。」《曲禮》：「天子之妃曰后。」而「宣王晏起，姜后脱簪」，見於《列女傳》。惟《左傳》：「后婚方娠」，是夏時事，疑後人追稱之辭。《日知録》

皇后名，始人皇。《事始》

天子之妃曰「后」，秦漢始稱「皇后」。《續事始》

《魏書》：皇后曰「女君」。《彙苑詳注》

元后母夢月入懷而妊后。《漢書》

甄皇后母夜夢在花園玩景，仰頭觀天，誤吞一月，因而有胎，果生皇后。《夢書大全》

卞后以延熹三年生，有黄氣滿室。《魏書》

魏宇文后初産，有雲氣滿室，芬芳久之。《後魏書》

齊高帝劉后母桓氏，夢吞玉勝生后，紫光滿室。《南史》

齊劉后年十七，裴方明爲子求婚，酬許已定。后夢先有迎車至，猶常家迎法，不肯去，次有龍旂豹尾迎至，后喜從之。已，與裴不成婚，竟嬪於高帝。《宙合編》

蜀皇后金氏生之日，有山飛至后家，因名「飛山」。《十國春秋》

章懿李后初在側微，章聖過閤中，欲盥手，后捧洗而前，上悦其膚色玉耀，與之言，后奏：「昨夕忽夢一羽衣之士，跣足，從空而下，云『來爲汝子』。」上聞之大喜。是夕召幸，有娠。明年，誕有昭陵。《揮麈録》

宋吴后初生時，紅光徹上下。又其父先夢至一亭，匾曰「侍康」，傍值芍藥，獨放一花，妍麗可愛，花下白羊一隻。后生於乙未，乃羊也。高宗初以康王納之，人謂「侍康」之徵。《女世説補》

理宗謝后初就選，會元夕，有鵲來巢燈山。宋《資治通鑑》

欽哀皇后母嘗夢金柱擎天，后獨能升。《遼史》

懿德皇后受册時，方升坐，扇開簾揭，忽有白練一段自空吹垂后褥位前，上有「三十六」三字。其後以白練自經，春秋三十有六。《焚椒録》

漢高制，聘皇后儀，黄金二百觔；夫人，黄金五十觔。而平帝聘王莽女，黄金二萬觔；成帝聘梁冀女弟，黄金三萬觔。視漢高初制，頓增百倍。《野客叢書》

周符后先爲李崇訓妻，崇訓因父守貞敗，知不免，手自殺其家人，后走匿。漢兵入其家，后儼然坐堂上，顧軍士曰：「郭公與吾父有舊，汝輩無犯我。」軍士見之，不敢迫。太祖聞之，謂：「一女子能使亂兵不敢犯。」奇之。命世宗納爲繼室。《女世説》

李化先娶曹氏女，入門，化先踰垣而走，曹氏復歸。後選爲后，慈聖光獻是也。《甲申雜記》《默記》曰：「慈聖入門，李見鬼神千萬在前。」

順帝欲立后，而貴人寵者四人，探籌定選。《今古鈎玄》

高宗末，天下歌《武媚娘》，未幾，立武氏爲皇后。《唐書》

德宗貞元二年，立淑妃王氏爲后，四日而崩。或謂妃久疾，帝念之，遂立爲后，册訖而崩。《綱目疑誤》

唐明宗將立后，曹氏謂王淑妃曰：「我素多病，性不耐煩，妹當代我。」《五國故事》

故事，將立皇后，必令手鑄金人，以成者爲吉，不成則不得立也。《後魏書》

皇后馬氏，本馬三之女。馬三挈皇后母避兵，以皇后托郭子興。子興首難，太祖歸焉。夫人

勸子興以馬氏配之。及即位，正號中宮，是爲孝慈皇后。《椒宮舊事》

皇后郭氏，山甫之女。高皇微時，山甫見而異之，以女侍焉。及孝慈崩，嘗攝六宮事，號皇后。《椒宮舊事》

前代未有帝后並臨朝者，惟元則然。周憲王《宮詞》：「大安樓閣聳雲霄，列坐三宮御早朝。」《日下舊聞》

至元元年，立翁吉剌氏爲皇后，號正宮皇后，復立祁氏爲次宮皇后。二宮並爲后自此始。《庚申外史》

北齊宮婢陸令萱，與昭儀穆提婆交結。胡后有寵於帝，不可離間，令萱乃使人行壓蠱之術。旬朔之間，胡后精神恍惚，言笑無恒，帝漸畏而惡之。令萱忽以皇后服御衣被穆昭儀，又別造寶帳，爰及枕席器玩，莫非珍奇。坐昭儀於帳中，謂帝曰：「如此人不作皇后，遣何人作？」帝納其言，立穆氏爲右皇后，以胡氏爲左皇后。《册府元龜》

劉聰納靳準二女月光、月華，立月光爲上皇后，劉貴妃與月華爲左、右皇后，三后並立。《山堂肆考》

天元帝將立五皇后，何妥曰：「昔帝嚳四妃，虞舜二妃，先代之數，何常之有？」帝大悦，乃造五帳，使五皇后各居其一。《周書》

嘉靖封睿宗獻皇后爲「三天金闕無上玉堂總仙法主玄元道德哲慧聖母慈化天后」，封孝烈方

皇后爲「九天金闕玉堂輔聖天后掌仙妙化元君」。《明盛事述》
皇后尊謚皆有「孝」字，惟汪后無「孝」字。《今言》
後世稱母后曰「孃孃」。蘇轍《龍川雜志》曰：「仁宗謂劉氏爲大孃孃，謂楊氏爲小孃孃。」《正字通》
宋宮中稱郭后爲大孃，劉妃爲小孃。《讕方長語》
皇后尊稱曰「耨斡麽」。耨斡，后土也；麽，母也。《遼史》
可敦，突厥皇后之稱。忒里蹇，遼皇后之稱。《遼史國語解》
元之平宋也，降表僉謝后名。汪元量詩：「侍臣已寫歸降表，臣妾僉名謝道清。」《改蟲齋筆疏》
許皇后廢，處長定宮。姊孅爲侯夫人，寡居。淳于長與孅私通，因娶爲小妻。許后因孅賂遺，欲求復爲婕妤。長受后金錢，爲白上，立爲左皇后。《漢書》
唐高宗廢王后、蕭淑妃爲庶人，囚別院。一日念之，間行呼曰：「皇后、良娣無恙？」二人同辭，泣曰：「至尊若念疇昔，使得見日月，乞署此爲『回心院』。」《女世説》
郭后廢，居長寧宮，帝頗念之，密令人召入，后曰：「若再見召，須百官立班受册方可。」《宋史》
孟后廢居瑤華宮，金人陷京，六宮有位號者皆北遷，后以廢獨存。康王即位，尊爲元祐太

后。《宋史》

宋廢后入道，謂之「教主」，郭后曰「金庭教主」，孟后曰「華陽教主」。《老學庵筆記》

景皇后汪氏以無子廢，成化中，復皇后位號。《今言》

國初追册后始於孝惠，繼之者淑德、懿德、章懷、章穆、溫成、明達、明節、成穆，凡八行焉。《愧郯録》

高宗誕三日，徽宗幸慈寧，后閤妃嬪捧抱以見，上撫視，喜曰：「浙産也。」蓋慈寧后浙人。《錢塘遺事》《湖海新聞》曰：「韋后初生高宗時，夢金甲神人，自稱錢武肅王，即鏐也。」

懿安皇后張氏，性賢明。李自成入犯，思陵將殉社稷，傳旨後宮令自裁。時周皇后及貴妃、宮嬪之承寵者，皆遵旨畢命。而宮監王永壽從懿安皇后宮至，白帝曰：「懿安皇后縊死矣。」帝乃走煤山自經。《菊隱紀聞》

按清書云：「上至南宮，遣人詣懿安皇后所，勸后自裁，倉卒不能達。宮中大亂，后青衣蒙頭，徒走入成國公第。」夫謂后入成國第未足深信，即如青衣蒙頭，宜無盛粧迎賊理。《簪雲樓雜記》

余讀《甲申紀事》諸書載懿安張皇后事，心竊疑之。順治庚子，遇舊内侍王永壽，問：「張后陷賊乎？」王嘆曰：「傷哉，此言也！」然亦有説當熹宗時，忠賢養女任氏，京師小家女，貌麗而心狡，忠賢鬻之以進，立爲貴妃。李賊入京師，宮中鼎沸，后聞變自縊。永壽已目覩其死，而任即盛粧迎逆賊。給曰：「我固天啓皇后也。」賊首信之，即擁去。事賊未幾，賊倉倅行遁，任潛挾金寶逸出宮。遇無賴少年，與之暱。彼少年慮京師不可留，遂攜之去，托跡數百里外。居歲餘，任所挾已罄，復語人曰：「我先朝皇后也。」鄉人不敢匿，白之縣令，遞送入京死。乃知野史所傳繫任氏，非張后也。《賀宿紀聞》

應劭《漢官儀》曰：「皇后稱椒房，取其實蔓盈升。」予考《江充傳》：「轉致未央椒房」，《上官桀傳》：「將軍有椒房之重」，《劉輔傳》：「於是減省椒房用度」，及馬援以「椒房不預雲臺之次」，椒房爲后所居，固分明。師古注：「椒房，謂以椒和泥塗壁，取其溫而芳。」《詩》曰：「貽我握椒。」注：「椒，芬香也。」《離騷》云：「播椒房兮成堂。」與石崇塗屋以椒，不過取其芬香，於「蔓行盈升」初無關涉。成帝寵趙昭儀，復建椒風殿以居之。今例以「椒風」爲皇后事，非是。《鼠璞》

《閨情》詩：「含嬌弄態出椒房。」椒房不必盡指宮中。《女紅餘志》

皇后臥內曰「青蒲」。青蒲者，以蒲青爲席，用蔽地也。自非皇后不得至此。《林邑記》

皇后居長秋宮。秋者，陰也；長者，欲其久也。《漢書》注

皇后食三十縣，曰「湯沐邑」。《漢舊儀》

皇后之璽，金螭虎紐。《漢舊儀》

孫皓內寵諸姬，佩皇后璽綬者多矣。《太平御覽》

北齊時，於鄴城水中得璽，文曰「天皇后璽」，蓋石氏所作，詔以爲穆后之瑞。《北齊書》

皇后有金璽，盤螭鈕，文曰「皇后之璽」。《隋志》

武后自號「聖母神皇」，作神皇璽。《唐書》

武氏璽，玉色瑩白，製作如官印，璞僅半寸許。《輟耕録》

萬曆二十四年，坤寧宫災，皇后寶璽焚於其中，神廟命以梨木雕刻皇后寶璽施用。《看花行者談往》

唐武后改璽曰「寶」。《事物紀原》

皇后之寶用金，龜紐，篆文曰「皇后之寶」。《明會典》

皇后玉册用珉玉簡。《宋會要》

皇后之册用金。《明會典》

皇太后、皇后璽，並以白玉爲之。璽不行用，有令，則太后以宫名衛尉印，皇后以長秋印。《隋書》

皇后白玉印，方一寸二分，曰「厚載之記」。《弇山堂別集》

洪武時，製紅牌，鐫戒諭后妃之詞，懸之宫中。牌用鐵，字飾以金。《明史》

漢梁后爲貴人時，常被引御，從容辭曰：「陽以博施爲德，陰以不專爲義，願陛下思雲之均澤，識貫魚之次序，使小妾得免於罪累。」帝加敬焉。《後漢書》

王莽女爲漢平帝后，自劉氏之廢，常稱疾不朝會。及莽敗，后曰：「何面目以見漢家？」自投火中而死。《容齋隨筆》

慕容垂立子寶爲太子，其繼后段氏曰：「太子柔而不斷，守成則爲仁明之主，處亂則非濟世之雄，宜擇而樹之。」垂曰：「汝欲我爲晉獻公乎？」后退泣謂妹曰：「我言爲社稷也，乃比我於驪戎之女！」《十六國春秋》〔一〕

唐太宗嘗與后論及賞罰之事，后曰：「牝雞無晨，妾婦豈敢與聞政事。」《續世説》

長孫后所生女長樂公主將嫁，太宗愛之，敕貲送倍長公主。魏徵力諫，后聞之，謂太宗曰：「徵可謂能以義制主矣。」遣中使齎帛賜徵。《靈言蠡勺》

仁宗皇后曹氏侍女，有與皇衣卒亂者，事覺，當誅，求哀於帝，帝欲赦之，后固請誅之，以肅清禁庭。《宋會要》

宣宗高后疾革，吕大防等問疾，太后呼左右賜社飯，曰：「明年社飯時，思量老身也。」《九朝紀事本末》

哲宗立孟氏爲后，受册日，高太后嘆曰：「斯人賢淑，惜福薄耳！異日國有事變，必此人當之。」已，被廢。南渡後，苗傅、劉正彦作亂，高宗賴后以免。《女世説》

〔一〕　此段記載見於《晉書》卷九十六「列傳六十六」，《十六國春秋》記載與此有異。

理宗皇后謝氏，初與賈女同入宫。賈女有殊色，帝欲立之，楊太后曰：「謝女端重有福，宜正中宫。」左右亦相竊語曰：「不立真皇后，乃立假皇后耶？」帝不能奪。賈妃專寵，后處之裕如，太后益賢之。宋《資治通鑑》

駕幸景靈宫，皇后先還，宫中呼后爲「聖人」。《武林舊事》

元世祖平宋，歡甚，后不樂，曰：「妾聞，自古無千歲之國，無使吾子孫及此，則幸矣。」《元朝秘史續集》

元順帝后弘吉剌氏，嘗從帝時巡，次中道，帝傳旨欲臨幸，辭曰：「莫夜非至尊往來之時。」拒不納。《輟耕録》

明馬皇后以宋多賢后，命女史録其家法，朝夕省覽。《資治通鑑綱目三編》

桀之亡也以妺喜。《帝王世紀》曰：「桀日夜與妺喜飲酒。」《竹書紀年》乃云：「桀伐山戎，得女子二人，愛之，而棄其元妃妺喜於洛，與伊尹交，遂以亡。」又《國語》曰：「妺喜比伊尹，妲己比膠鬲。」《宛委餘編》

喜，音希。《人表》作「未嬉」，《荀子》作「末喜」，一作「妹嬉」。《名疑》

妲己爲雉精。《咙語》

妲己姓鍾，名妲，字己。《在園雜志》

吕后死而爲母雞。《縹囊雜志》

趙飛燕死而爲黿，賈南風死而爲蝎，梁郗后死而爲蟒，宋李后死雷火焚其殯宮。《文海披沙》

劉曜陷洛陽，逼納晉惠后羊氏。及僭位，復立爲后，問曰：「我何如司馬家兒？」對曰：「彼亡國暗夫耳。自奉巾櫛以來，始知天下自有丈夫。」《西原遺書》

太后

堯母慶都，生而神異，常有黃雲覆上。《春秋合誠圖》

秦昭王母羋氏，號宣太后。是太后之號自秦昭王始也。趙亦有太后用事之説。馮鑑《續事始》

帝母稱「長樂宮」。《漢官儀》

肅宗尊馬皇后爲皇太后，朝夕教諸小王書。《後漢書》

章帝請封馬氏諸舅，太后報曰：「常觀富貴之家，禄位重疊猶再實之木，其根必傷。」《女世説》

晉武明太后病，内史皆呼太后爲「石婆」。《北齊書》

河間王元琛爲定州刺史，以貪縱罷，復希用，胡太后曰：「琛在定州，惟不將中山宮來，自餘無所不致，何可復用！」《女世説》

婁太后生三天子。《北史》

郭太后貴極八朝，代宗外孫，德宗外甥，順宗媳婦，憲宗皇后，穆宗母，敬宗、文宗、武宗

祖母。《覽古評語》

太和中，懿安太后居興慶宮，寶歷太后居義安殿，貞獻太后居大内，號「三宫太后」。《册府元龜》

鄭太后本姓朱氏，李錡反，相言於錡曰：「朱氏有奇相，當生天子。」錡取致於家。錡誅死，后入掖庭，爲郭太后侍兒。憲宗愛而幸之，生宣宗。《東觀奏記》

徐氏二女皆國色，有相者相二女當作妃后。及建納之，姊爲淑妃，妹爲貴妃。衍即位，貴妃爲順聖太后，淑妃爲翊聖太后。《幸蜀記》

翊聖太后、順聖太后兩姊妹，以巡禮爲名，恣風月煙花之樂。駕輜軿於緑野，擁金翠於青山。凡經過之所，宴寢之宫，皆有篇章刊於玉石。《蟫精雋》

太祖自陳橋還，太夫人杜氏方設齋於定力院。聞變，王夫人懼，杜太夫人曰：「吾兒平生奇異，人皆言當極貴，何憂也？」言笑自若。《江行雜録》

蘇軾下獄，曹太后曰：「嘗憶仁宗以制科得軾兄弟，喜曰：『吾爲子孫得兩宰相。』今聞軾以作詩繫獄，得非仇人中傷之乎？」《續資治通鑑》

宋母后之賢獨盛，高、曹、向、孟並稱。《史書佔畢》

英宗皇后高氏，神宗尊爲皇太后，與皇帝御延和殿，垂簾聽政。每有號令，天下謂之「快活條貫」。華夷稱「女中堯舜」。曾先之《十八史略》

薄姬生文帝，後希見。及吕后幽諸幸姬，薄氏以希見得從子之代，爲代太后。終之承漢大業者，文帝也。徽宗有子三十人，惟高宗再復大業。顯仁皇后在宮掖時，亦不肯與同列爭進，甚類薄太后。《容齋隨筆》

金宣宗明惠皇后，性端嚴。哀宗爲皇太子，有過，尚切責之。及即位，始免檟楚。《續文獻通考》

金哀宗有庶兄荆王守純，或誣王謀不軌，下獄。王太后謂帝曰：「汝止一兄，忍乎？趣赦出見我，若移時不至，我不子汝矣。」帝起，太后立待。王至，泣撫之。《女世説》

正統數年，天下作息，皆誠孝張太后之力，人謂「女中堯舜」。《立齋閑録》

英宗年幼，朝廷大政承太皇太后指裁爲多。太后嘗御便殿，左右女官雜佩刀劍，侍衛凛然。英宗受命，頃間宣太監王振至，俯伏，太后曰：「汝侍皇帝多不律，今當賜汝死。」女官加刃振頸，英宗跪爲之請，太后曰：「自古此輩禍人家國多矣。我能聽帝留振，此後不得重令干國事也。」《餘冬敘録》

慈聖太后事佛甚謹，宮中稱爲「九蓮菩薩」。《菊隱紀聞》

九蓮菩薩者，孝定皇后夢中授經者也。覺而一字不遺，因録入大藏中。旋作慈壽寺，建九蓮閣，内塑菩薩像，跨一鳳而九首。相傳菩薩爲孝定前身。《玉堂薈記》

萬曆中，尊孝定皇太后爲「九蓮菩薩」。《彤史拾遺記》

崇禎中，尊孝純皇太后爲「智上菩薩」。《聖慈天慶宮記》

咸平二年，爲皇太后建萬安宮殿。治平元年，以皇太后所居爲慈壽宮殿。熙寧元年，太皇太后居慶壽宮，建慶壽、萃德二殿；皇太后居寶慈宮，建寶慈、姒徽二殿。《宋會要》

太后爲「東朝」。《鼠璞》《二老堂雜志》曰：「韋太后還宮，高宗曰：『朕自東朝之還，方知南面之樂。』」

顯仁太后優遊東朝幾二十年。《白獺髓》

《漢書》：「東宮之尊」。師古曰：「東宮，太后所居也。」建元二年，趙綰請無奏事東宮，竇太后大怒。《天香樓偶得》

唐制，惟皇太后、皇后，百官上疏稱「殿下」。《石林燕語》

自唐初，皇太后並加四字尊號。《事始》

本朝后謚初止二字，明道中始加四字。《石林燕語》

憲宗嫡母錢，號慈懿皇太后，生母周曰皇太后。錢太后崩，周太后始有聖慈仁壽之號。《明異典述》

皇太后、皇太妃牌印局，有牌印郎君。《遼史》

母后臨政，自秦宣太后始也。《後山理究》

漢惠帝崩，少帝立，太后攝政。哀帝崩，平帝幼，王太后攝政。和帝、殤帝崩，安帝幼，鄧

后攝政。孝順崩，冲帝、質帝、桓帝皆幼，梁后攝政。桓帝崩，少帝即位，竇后攝政。《稗史彙編》

鄧太后臨朝，多德政。《後漢書》

康帝崩，穆帝即位，時年二歲。皇太后施白紗幃於太極殿，抱帝臨軒。《晉書》

胡太后親覽萬機，手筆斷决。《後魏書》

章獻明肅太后，有善相者謂其父曰：「君貴人也。」及見后，大驚曰：「君之貴，以此女也。盍進京師乎？」贈以金百兩。至京師，真宗納爲才人，進宸妃，正位宫闈。仁宗即位，以太皇后垂簾聽政。《聞見録》

乾興初，皇太后權及軍國事，其儀式久而未定，卒採東漢故事，上在左，母后在右，同殿垂簾坐。《王文正筆録》

曹后稱制日，韓琦欲還政天子，而御寶在太后閣。皇帝行幸，琦請具狀祈雨。比乘御還，御寶更不入太后閣，即於簾前具述皇帝聖德，都人瞻仰，無不歡慰，且言天下事久煩聖慮。太后怒曰：「教做也由相公，不教做也由相公。」琦獨立簾外不去。及得一言，有允意，即再拜。駕起，遂促儀鸞司拆簾。《孫公談圃》

宣仁高太后垂簾，有司請循天聖故事御殿。后曰：「母后當陽，非國家美事。况天子正衙，豈所當御，就崇正足矣。」《宋史》

宣后臨朝，西戎不敢以一人一騎入界。《後山談叢》

蘇詩「至矣吾三后」，注：「真宗后劉氏、仁宗后曹氏、英宗后高氏，皆嘗垂簾聽政。」《施注蘇詩》

長慶四年，穆宗疾，宦官請郭太后臨朝稱制，太后曰：「昔武后稱制，幾危社稷。我家世守忠義，非武后比。太子雖少，但得賢宰相輔之，何患不安？」《玉海》

太皇太后之號，自漢武稱太皇竇太后始。《續事始》

帝祖母稱「長信宫」。《漢官儀》

哀帝尊其祖母爲皇太太后，稱「永信宫」。《後漢書》

帝之祖母稱太皇太后，既升祔，止稱皇后。《居易録》

唐德宗即位，訪求其母沈太后，歷順宗，及憲宗時爲曾祖母，稱曾太皇太后。《容齋隨筆》

女主

女媧，女皇也。《帝王世紀》《世本》宋均注：「女媧，黄帝臣。」

女媧，伏羲女弟。《風俗通》

吉祥菩薩下生，號女媧。《造天地經》

女媧，一曰女希。補天之事，蓋言女媧平天下之功。而昧者乃有煉石成赮之説，何其謬耶？《路史》

氏名女媧，猶國名女直，又如《左傳》「女艾」、《莊子》「偊女高」、《孟子》「馮婦」也。後世以女媧爲女，豈其然乎？《席上腐談》

女者，姓也。《左傳》有「女艾」。豈惟姓也，名亦有之。《春秋》有「韓姬」、《戰國》有「徐夫人」、《三國》有「曁艷」。則亦何疑乎女媧之非女主哉？朱一是《女媧非女主辨》

太宗之代有《秘記》，云：「唐三代後即女主，武王代有天下。」《談賓知命録》

咸亨已後，人皆云：「莫浪語，阿婆嗔，三叔聞時笑殺人。」後果則天即位。阿婆者，則天也。《朝野僉載》

天后閲徐敬業檄文，至「一抔之土未乾，六尺之孤何托？」問誰所作，左右以駱賓王對。天后嘆曰：「宰相之過也。有如此才，而使之淪落不偶乎？」《脞説》

武后時，拾遺張德生男，私宰羊飲宴。同寮補闕杜肅懷肉密表之。明日，后謂德曰：「朕禁屠宰，吉凶不預。卿自今召客亦須擇人。」因出表示之，肅大慙。《女世説》

武后嘗吟「白日依山盡，黃河入海流」詩，問是誰作？李嶠對曰：「朱佐日詩也。」賜綵百匹。《吴中人物志》

狄相仁傑卒，武后泣曰：「朝堂空矣。」《唐則天實録》

則天臨朝，太平公主引張昌宗入侍。昌宗薦其兄易之，「器用過臣」。即令召見，俱承辟陽之寵。又左監門衛長史侯祥自薦，云：「臣陽道壯偉，過於薛懷義。」薛懷義，則天內寵也。《避暑漫抄》《通鑑綱目》曰：「僧懷義得幸太后，太后以爲白馬寺主。托言懷義有巧思，使入宫營造。補闕王求禮表請閹之，庶不亂宫闈。表寢不出。」

唐人目武后時爲牝朝。《則天外傳》

鬼婆，武后也。《諱名録》

利州黑龍潭，武后母感龍而孕。《蜀中名勝記》

武后生於利州，今皇澤寺有武后真容殿。《九域志》

利州武后畫像，其長七尺。《老學庵筆記》

皇澤寺則天后像，乃是一比丘尼。《隴蜀餘聞》

則天死，化爲鼠。《文海披沙》

冥中治武后獄，以大甕貯萬蝎螫之。《吉凶影響録》

婦人處尊位者，女媧氏、武氏是也。《伊川易傳》

倭國有一女子，名曰卑彌呼，能以妖惑衆，於是共立爲王。《後漢書》

女國在葱嶺南，以女爲王。《北史》《隋書》曰：「女王姓蘇毗，字末羯。」

扶南之先，女人爲主，名柳葉。《吴書・外國傳》

瓜蛙國女子爲主，號「悉莫威」。《八紘繹史》

奩史卷十

東吳王初桐于陽纂述
曲阜桂　馥未谷校刊

統系門二

妃

《帝王世紀》：「黄帝有元妃、次妃。」此疑妃之始。《事物紀原》

衛子愛泄姬，又尊魏妃，以偶泄姬。《韓子》

煬帝遊雞臺，恍惚與陳後主遇，請麗華舞「玉樹後庭花」。後主問帝：「蕭妃何如此人？」帝曰：「春蘭秋菊，各一時之秀也。」《隋遺録》

百濟國王妻號「於陸」，夏言妃也。《北史》

潘純有《高宗二劉妃圖詩》。《子素集》

完顔亮侍寢妃曰花不如，慧麗專寵。凡打毬、縱獵，出入無不從。《采石瓜洲斃亮記》

宸濠内寵甚盛，有紫妃者，居紫竹宮，衣紫。素妃者，居素英宮，素粧。翠妃者，居緑英宮，飾緑翠，能吟善書，尤被寵幸。宮四壁皆列巨鑑，光瑩晶明。每與宴狎，鑑中諸形，妖媚百出。又於陽春書院疊石成山，掘地數十里爲大池。夏時，芰荷芬馥，濛與諸妃盡日宴樂。宮娥靚粧綃衣，浮小畫艇，歌《採蓮曲》，沿池蕩漾，時摘花果，進以侑酒。翠妃嘗詠《梅花》云：「繡針刺破紙糊窗，引透寒梅一綫香。螻蟻也知春色好，倒拖花片上東牆。」甚爲濛所賞。後事敗，翠妃爲一知縣掠去。又有趣妃，爲舒國裳所得。《菊隱紀聞》

舜妻比登氏，一曰登北氏，並二妃爲三。《檀弓注疏集説》

舜妃娥皇無子，女英生商均。女英蓋隨子均徙於封所而死葬焉。《劉賓客嘉話》

《帝繫篇》：「帝舜娶帝堯之子，謂之女匽氏。」《列女傳》：「堯二女，名娥皇、女英。」《禮記》：「舜葬蒼梧之野。」蓋三妃未之從也。或謂女匽與皇、英爲三。《升庵經説》

《大戴記·帝繫篇》注：以「皇、英並女匽爲三妃」。按《漢·地理志》云：「陳倉有舜妻育冢祠。」則舜有四妻矣。《山海經》云：「舜娶癸比氏。」則舜又有妻矣。《稽古録》

登比，即女匽，即女英。《名疑》

二妃，《禮》云「三妃」，傳訛也。《文選》注引《禮》作「二妃」。《正楊》

《山海經》言：「羲和、常儀，皆女子，皆舜妻。一生日十，一生月十二。」可爲捧腹。《二酉綴遺》

帝嚳四妃。然黄帝有元妃嫘祖、次妃嫫姆、洎形魚氏、方雷氏。則是四妃之制，自黄帝始

矣。《事物紀原》

黄帝四妃：元妃西陵氏，名嫘祖。嫘，一作「嫘」，一作「傫」。《古今人表》作「絫」。《索隱》云：「一作雷祖。」次妃方雷氏，名女節。《路史》作「方纍」。《人表》又以「方雷」爲元妃，絫祖爲次妃」。三妃彤魚氏，或作「彤魚」，或作「彤雷」。四妃嫫姆，《説文》作「嫵母」。皇甫謐作「嫵姆」。《名疑》

唐制，皇后而下有貴妃、淑妃、德妃、賢妃，是爲四妃。開元時，又置六妃、六儀、四美人、七才人。《唐后妃序》

齊襄公九妃、六嬪、陳妾數百。《國語》

宋孝建三年，初置貴妃，位比相國。齊永明元年，有司奏：「貴妃、淑妃並加紫綬金章，珮于窴玉。」《續事始》

張麗華，兵家女也。後主見而悦焉，拜爲貴妃。《陳書》

唐内官有貴妃，正一品。《唐書·百官志》

楊貴妃資質丰艷，智算過人。《舊唐書》

明皇初納楊貴妃，謂後宫曰：「予得楊家女，如得至寶也。」遂製曲，名「得寶子」。《樂府雜録》《研北雜志》曰：「玄宗納楊妃之時，年五十七。」

宫中呼楊貴妃爲「娘子」。《太真外傳》

武惠妃薨，後宮無當帝意者。或奏妃姿色冠代，乃度爲女道士。妃既入道，衣道士服入見，號曰「太真」。《樂史》、《太真外傳》、陳鴻《長恨歌傳》俱謂取妃於壽邸，俱謬。張俞《驪山記》謂妃以處子入宮，似得其實。《曝書亭集》

宋劉貴妃，天下之絶色也。《金小史》

金內命婦，貴妃正一品。《續文獻通考》

永樂中權貴妃，朝鮮所貢女。《明奇事述》《靜志居詩話》曰：「妃爲高麗光禄卿權永均之女。」

鄭貴妃生皇子，欲立爲太子，要上書誓詞緘玉盒中。及立皇長子，玉盒封識宛然。內所書已蝕盡，止存四腔素紙而已。《先撥志始》

田貴妃明慧，沉默寡言笑，最得帝寵。陳其年《婦人集》

皇貴妃册用鍍金銀。《明會典》

貴妃册用竹簡，長一尺一寸，闊七寸。《宋會要》《文獻通考》曰：「天下樂錦裝褾。」

貴妃印用金，方一寸，文曰「貴妃之印」，龜紐。《宋會要》

皇貴妃印用金，龜紐，文曰「皇妃之印」。《明會要》

貴妃有册無寶。宣宗寵孫貴妃，製金寶賜焉。貴妃有寶自此始。《續文獻通考》

魏明帝置淑妃，齊永明中有司奏淑妃。淑爲溫恭之稱，妃爲亞后之名，進同貴妃。《續事始》

宋文帝好乘羊車經諸房，潘淑妃密令左右以鹹水灑地，帝每至户，羊輒舐地不去。《南史》

馮淑妃，名小憐，後主惑之，願得生死一處。《比紅兒詩話》

劉智遠入洛，遣人殺唐明宗淑妃王氏及其子從益。妃將死，呼曰：「吾家世子何罪？何不留吾兒，使每歲寒食將一盂麥飯灑明宗陵乎？」聞者悲之。《女世説》

金內命婦，淑妃正一品。《續文獻通考》

隋煬帝有贵妃、淑妃、德妃，爲三夫人。《北史》

煬帝置德妃、賢妃。《續事始》

《唐·百官志》：「内官有賢妃，正一品。」注云：「因隋制。」而《隋志》、《北史》無其名，疑唐置。《事物紀原》

長安崇聖寺有徐賢妃粧殿。太宗曾召妃，久不至，怒之。賢妃因進詩曰：「朝來臨鏡臺，粧罷暫徘徊。千金始一笑，一召詎能來。」《唐詩紀事》

光宗生母王氏，初爲慈寧宮宮人。帝過慈寧，私幸之，有身。故事：宮中承寵，必有賞賚，文書房内侍記其年月及所賜，以爲驗。時帝諱之，故左右無言者。一日，侍慈聖宴，語及之，帝不應。慈聖命取内起居注示帝，且好語曰：「吾老矣，猶未有孫，果男者，宗社福也。母以子貴，寧分差等耶？」遂封恭妃。《明史》

永樂中，有高麗賢妃權氏、順妃任氏、昭儀李氏、婕妤吕氏、美人崔氏，俱國王李芳遠所進。《玉劍尊聞》

唐開元時，置惠妃、麗妃、華妃。《讀書紀數略》

貞祐以後之制，貴妃下有真妃，淑妃下有麗妃，而無德妃、賢妃。《續文獻通考》

李文簡《續通鑑長編》：「明道元年，以真宗順容李氏爲宸妃。」注云：「宸妃之號，前此未見，恐是創置。」予按：《唐武后紀》：「高宗立武氏爲昭儀，進號宸妃。」則宸妃之號創於唐高宗。《雲谷雜記》

鄭氏注《周禮》云：「群妃御見之法，月與后妃同象。卑者先，尊者後。女御八十一人，當九夕；世婦二十七人，當三夕；九嬪九人，當一夕；三夫人當一夕；后當一夕。十五日而遍，望後反之。」康成此言，迂而且謬。《鼠璞》

帝王妃妾之多，開元、天寶中宮嬪至四萬。《容齋五筆》

德壽宮妃嬪，有信安趙夫人、咸寧藺夫人、平樂王夫人、咸寧郭夫人、新興陳夫人、富平孫夫人、縉雲蔡夫人、南平張夫人、齊安張夫人、安定李夫人，又有馮美人、韓吳二才人。皆寵幸。吳氏名玉奴。《朝野雜記》

永陵妃嬪獨多，妃三十人，惟榮安閻貴妃、端和王貴妃、馬貞妃、楊榮妃葬昌平，其餘葬西山者：包宜妃、陳靜妃、何睦妃、王麗妃、王莊妃、褚安妃、張常妃、彭安妃、高正妃、耿平妃、吳定妃、李順妃、王懷妃、張安妃、于宜妃、宋宜妃、諸靜妃、張和妃、杜莊妃、王康妃、趙懿妃、陈雍妃、文恭妃、張德妃、王徽妃、沈安妃。嬪二十八人，俱葬西山，王懷嬪、黄御嬪、趙琬嬪、馬常嬪、劉康嬪、傅常嬪、張昭嬪、武常嬪、郭寧嬪、田靜嬪、高安嬪、孟安嬪、宋麗嬪、任和嬪、王常嬪、韋惠嬪、陳常嬪、王宜嬪、王莊嬪、張淑嬪、姜肅嬪、王裕嬪、二楊常嬪、二劉常嬪、二張常嬪。《芹城小志》

《周禮》：「掌王之陰事，陰令。」注：「陰事，群妃御見之事。漢掖庭令晝漏不盡八刻，白録所記，推當御見者。」今宮中亦有之，名《欽録簿》。《升庵經説》

《欽録簿》，女官掌之。有衛宮之牋，有衛門之寢，有承御之名，有紀事之籍，其事甚詳且密。《言鯖》

宮中有牙牌，刻各宮名。中官每日把牌至御座前，上掣一牌，中官即傳牌至宮，宮妃遂粧以候。《霜猿集》

梁均帝，晉天福中始葬，故妃張氏獨存。商鵬爲誌文曰：「七月有期，不見望陵之妾；九疑無色，空餘泣竹之妃。」《文昌雜録》

上皇悲悼妃子，張后進櫻桃、蔗漿，並不食。《太真外傳》

長陵有東西井，明太宗殉葬嬪妃處也。夜深，守陵者見紅紗籠燈自二井來，至陵門而入。《居易録》

魏以來，諸王之母爲太妃。《晉書·后妃傳》：「章太妃周氏生哀帝，拜貴人。帝即位，爲皇太妃。元帝所生母稱夏侯太妃。」《事物紀原》

唐莊宗生母曹氏與嫡母劉氏相得甚歡。及帝即位，尊曹爲皇太后，以劉爲皇太妃。太妃往謝太后，太后慚，太妃曰：「願吾兒享國無窮，使吾獲没於地，以從先君，幸矣。復何言哉！」《女世説》

虞通之《后妃記》四卷，王欽若《彤管懿範》七十卷，編后妃事。《國史經籍志》

奩史卷十一

東吴王初桐于陽纂述
北平劉翰周東屏校刊

統系門三

内職

内命婦，謂三夫人以下也。《讀書紀數略》

漢光武置貴人爲三夫人。《事物紀原》

陰皇后初爲貴人，性賢仁，遂授尊位。《東觀漢記》

宋貴人節操高妙，竇皇后心害之，誣奏貴人。使婢爲蠱道祝詛，遂被譖，暴卒。《群書纂粹》

竇后初爲貴人，旋立爲皇后，而御見甚稀。帝所寵唯采女田聖等，遂以聖等九女皆爲貴人。《後漢書》

孝崇皇后匽夫人曾爲博園貴人。《五車霏玉》

孝建三年，進貴人，位比三司。《宋書》

文成馮后，生有神光之異，高祖選爲貴人。《後魏書》

漢馮貴人死將百歲，盗發塚，顔色如生，但肉微冷。群賊幸之，致相妒忌，然後事覺。《法苑珠林》

衡陽王鈞母區貴人花釵厨子，賜鈞以爲玩弄。《齊書》

宋真宗設嬪御十九等，有貴人。《物原》

祥符二年，特置貴人。《宋會要》

劉蘭備選貴人，不中，遂不肯適人。《崇禎長編》

泰始三年，省貴人，置貴姬，以備三夫人之數。《宋書》

孝武李夫人，本以倡進，延年女弟也。《漢書》

鉤弋夫人得幸武帝，生昭帝。年五歲，帝欲立之，乃譴責夫人。夫人死雲陽宫，時暴風揚塵，百姓感傷。《史記》《獨異志》曰：「夫人姓趙氏。」

拳夫人從上至甘泉，因幸，告上曰：「妾運正應爲陛下生一男，男七歲，妾當死。」言終而卧，遂卒。《漢武故事》

鉤翼夫人居鉤翼宫，後避諱，改爲「弋」。《列仙傳》

夫人，魏武帝所制。《宋書》

太和中，命夫人登其位於淑妃之上。《魏書》

胡芳以選入宫，後拜夫人。王隱《晉書》

太宗以后禮納姚興女，後爲夫人，以鑄金人不成，未昇尊位。然帝寵幸，出入、居處，禮如后焉。《後魏書》

鄭后名阿春，先嫁田氏，夫亡，依舅吴氏。時中宗將納吴氏女爲夫人，后及吴女並遊後園，有見之者曰：「鄭氏賢於吴女遠矣。」遂納爲夫人。《晉中興書》

十六院置四品夫人十六人，各主一院。《大業雜記》

漢魏置貴嬪、夫人、貴人，此仿周官之三夫人。《静志居詩話》

内命婦品，有郡夫人、國夫人、十字國夫人。《趨朝事類》

印璽綬：夫人、貴人，銅鏤。《續漢書》

花蕊夫人姓費氏，蜀之青城人。以才色入蜀宫，後主嬖之，號花蕊夫人。《後山詩話》

徐匡璋納女於孟昶，拜爲貴妃，别號花蕊夫人，又升號慧妃。陳無己以爲姓費，誤。《能改齋漫録》

花蕊夫人，蜀王建妾小徐妃也。莊宗平蜀後遭害。及蜀孟昶則又有一花蕊夫人，作《宫詞》者是也。國朝降下西蜀，花蕊夫人隨昶歸中國。花蕊夫人入宫，而昶遂死。昌陵亦惑之。太宗在晉邸時，數諫而未克去。一日，從獵苑中，花蕊夫人在側，晉邸方調弓矢，引滿擬射獸，忽回射花蕊夫人，一箭而斃。《鐵圍山叢談》

前蜀花蕊夫人姓徐，後蜀花蕊夫人亦姓徐，或曰姓費。《菽園雜記》又云：「墓在閩之崇安者，乃南唐宫人，選入宋宫，太祖號爲『小花蕊』。」《七修類稿》

金主珣疾革，資明夫人鄭氏密傳遺詔。《經濟類編》

貞祐以後之制，資明夫人爲正五品。《續文獻通考》

和帝數失皇子，鄧后憂繼嗣不廣，選進才人。《後漢書》

謝夫人名玖，清惠有淑姿，選入宫爲才人。《晉中興書》

石虎杜皇后，名珠，初爲才人，寵幸亞於鄭后。《後趙録》

唐制，内命婦才人以上給鹵簿。《石林燕語》

則天，太宗朝爲才人，帝賜號「娬媚」。《海録碎事》

寧王獵於鄠縣，見草中一櫃，發視，乃一少女。言：「姓莫氏，昨遇賊劫至此。」動止含嚬，冶態横生。王驚悦，即日表上之。上令充才人。能爲秦聲，當時號「莫才人囀」焉。《酉陽雜俎》

南漢劉鋹才人，名盧瓊仙。《五國故事》

宋真宗置才人，踵漢宣帝制設之。《物原》

武才人色最後庭，裕陵作詞號「瑶臺第一層」。《後山詩話》

李、王二才人俱明艶，高宗愛之。及上賓，憲聖每見感愴，孝宗特許自便。《朝野雜記》

淳熙十四年，德壽宫傳旨：才人李氏、王氏並放令遂便，其誥命四軸並才人李氏從人紅霞帔宣十一道，紫霞帔宣、聽宣各二十道，並降付内東門司。才人李氏、王氏告、紅絲網、鍍金銀鐸鈴、紅羅銷金袋、全齊安郡夫人順政郡夫人告、紫絲網、銀鐸鈴錦袋、全紅霞帔宣九道，李惜奴、陳來兒等紫霞帔宣二十道，藍合兒、藍福福、陸小美、趙九娘、譚強兒、譚小郁等聽宣二十道，陸閏兒、元冲淨等。《南宋相眼》

晉武帝採漢魏之制，置才人、中才人。高祖省二才人，世祖又置中才人。《宋書》

懷帝王太后諱媛姬，初入，武帝拜中才人。臧榮緒《晉書》

高祖置女職，中才人，視五品。《後魏書》

前漢内命婦，有美人。《通典》

武帝時，美人視二千石。《漢書》

光武置美人，正四品。《事物紀原》

美人無爵秩，歲時賞賜充給而已。《東觀漢紀》

虞美人者，以良家子選入掖庭，生舞陽長公主。梁冀秉政，虞氏抑而不登，但稱「大家」。《後漢書》

王美人丰姿色，聰敏有才能，爲何后所鴆。靈帝思美人，作《追德賦》。《後漢書》

太和中，自夫人以下，爵凡十二等，有美人。《魏志》

孫皓以張布女爲美人。《江表傳》
高祖改定內官，美人視三品。《後魏書》
晉武帝置美人，爵視千石。《宋書》
建元元年，有司奏置美人爲散職。蕭子顯《齊書》
宋真宗置美人，踵漢高祖制設之。《物原》
度宗以胡顯祖女爲美人，賈似道欲去顯祖，追毀美人胡氏命婦告，送妙淨寺削髮爲尼。《齊東野語》
漢女官十四等，有良人。《讀書紀數略》
宋泰始元年，置良人。《宋書》
魏孝靜帝禪位於齊，將出宮，與夫人、嬪以下訣，莫不欷歔掩涕。嬪趙國李氏誦陳思王詩云：「王其愛玉體，俱享黃髮期。」《女世説》
武宗嘗怒一宮嬪，既而復召。柳公權成一絶曰：「不分前時忤主恩，已甘寂寞守長門。今朝却得君王顧，重入椒房拭淚痕。」《唐詩紀事》
嬪妾進御，晨詣閤門謝恩。主者書其日月。度宗初立，耽於酒色，一日謝恩者三十餘人。《通鑑輯略》
王方慶《宮嬪傳》五卷。《國史經籍志》

魏文帝增置貴嬪，位次皇后。《宋書》

胡貴嬪名芳，泰始九年拜爲貴嬪，最蒙愛幸，侍御服飾亞於皇后。《晉書》

左貴嬪名芬，少好學，善綴文。武帝聞而納之，拜修儀，後爲貴嬪。姿陋無寵，以才德見禮。《晉中興書》

孝建三年，進貴嬪，位比丞相。《宋書》

順帝宮嬪，佩夫人、貴妃印者不下百數。如淑妃龍瑞嬌、程一寧、戈小蛾，麗嬪張阿先、支祁氏，才人英英、凝香兒，尤見寵愛，宮中稱爲「七貴」。《元氏掖庭記》

高祖改定內官，三嬪視三卿，六嬪視六卿。《後魏書》

《關雎》知原，冀得賢妃，正八嬪。《詩推度災》

永平三年，馬皇后立長秋宮，以率八妾。《東觀漢記》

湯妃有㜪，統領九嬪，後宮有序。《列女傳》

王莽備九嬪，視九卿。《漢書》

舊制，三夫人假金紫，九嬪假銀青。《晉春秋略》

漢魏置淑妃、淑媛、淑儀、修華、修容、修儀、婕妤、容華、充華，此仿周官之九嬪。《静志居詩話》

唐制，昭容、昭儀、昭媛、修容、修儀、修媛、充容、充儀、充媛，是爲九嬪。《唐書·后妃

傳序》

石虎起靈臺九殿，女官十有八等。《鄴中記》

內官陳景先送女官吳淑清還揚州。《中官考》

《金史》載尚宮左夫人鄭氏罵胡沙虎事。贊云：「於金掌奏目女官大名居士王氏所紀，得資明夫人援璽事，附著於篇。」則金時宮掖蓋有記載女官矣。《池北偶談》

漢元帝置昭儀，魏視大司馬，唐爲九嬪也。《事物紀原》

昭儀位次丞相，爵比諸侯王。《漢書·外戚傳》

傅昭儀少爲才人，元帝進幸，有寵，生定陶恭王。《漢書》

哀帝召董賢女弟爲昭儀，位次皇后。名其舍曰「椒風」，以配椒房。《名句文身表異録》

晉泰始二年，置昭儀等，以備九嬪。沈約《宋書》

石勒定昭儀、夫人，位視三公；貴嬪、貴人，視列侯；三英、九華，視伯；淑媛、儀，視子；容華、美人，視男。《晉書·載記》

王衍昭儀李舜絃能詩，有「鴛鴦瓦上忽然聲」句，誤入花蕊《宮詞》中。《茅亭客話》《桯史》：「蜀亡，李昭儀不辱自殺。」

宋真宗置昭儀，踵漢元帝制設之。《物原》

昭儀王秋兒、順安俞修容、新興胡美人、永陽朱梅兒、資陽朱春兒、高安朱夏兒、南平朱端

兒、東陽周冬兒、順政石潤兒、高平周賽兒、通化聞潤兒、潯陽陳宜兒、胡安化、沈咸寧、黃新平，皆上所幸也。《隨隱漫録》

宋謝、全兩后及宮娥北遷，有王昭儀題《滿江紅》詞於夷山驛。昭儀名清惠，字冲華，後爲女道士。《東園友聞》　楊儀《金姬別傳》作「黄惠清」，當是傳聞之誤。《佩楚軒客談》又以《滿江紅》爲昭儀下張瓊英所賦。

魏置左右昭儀。《事物紀原》

嘉平二年，立司空王育女爲左昭儀，尚書令任顗女爲右昭儀。《前趙録》

馮昭儀先以疾病還家爲尼，重爲左昭儀。《後魏書》

后妃侍從各有定制，后二百八十人，妃二百人，嬪八十人，並謂之「控鸞昭儀」。《元氏掖庭記》

漢武置昭容，南唐以爲九嬪。《事物紀原》

宋真宗置昭容，踵漢武帝制設之。《物原》

順治初，歙人胡半庵患瘍，宛成人面，眉目口鼻皆具，百醫不效。一日，瘡忽人言，曰：「我梁時盧昭容也，子害我於洛陽宮，今日報汝，醫何能爲？詣佛懺悔可耳。」胡發願書經五百萬字，瘡竟愈。後有降乩者書，盧昭容自畫生時像，首飾鳳髻，衣宮衣。《池北偶談》

唐《百官志》注曰：「唐因隋制，有昭媛。」而《隋志》、《北史》俱不載，疑唐置也。《事

物紀原》

宋真宗置昭媛，踵唐太宗制設之。《物原》

昭華，魏明帝所制。晉泰始二年，以備九嬪。《宋書》

魏女官十二等，有昭華。《讀書紀數略》

齊荀昭華盛寵。後宫才人位登采女者，依例賜玉鳳凰。荀時爲采女，得玉鳳凰，投地曰：「我不能例受此。」武帝乃拜爲昭華。《南史》

漢武置婕妤，視上卿，比列侯。《通典》

《外戚傳》「倢伃」注：師古曰：「倢，言接幸於上也。伃，美稱也。」《漢雋》《石林燕語》：「婕妤，字本皆從人，後以爲婦職，因易人爲女。」

成帝遊後庭，欲與班婕妤同輦，辭曰：「觀古畫圖，聖賢之君皆有名臣在側，三代昏主乃有嬖妾。今欲同輦，得毋近似乎？」《漢書》

成帝隆於內寵，班婕妤進侍者李平，得幸，立爲婕妤。賜平姓曰衛，所謂衛婕妤也。《漢書》

趙飛燕誣班婕妤咒詛，考問之，婕妤對曰：「修正尚不蒙福，爲邪欲以何望？使鬼神有知，不受不臣之愬；如其無知，愬之何益？故不爲也。」《女世説》

元帝幸虎圈，熊佚出圈，攀檻欲上殿。馮婕妤直前當熊而立，左右格殺熊。上問：「何故當熊？」婕妤對曰：「妾聞猛獸得人而止，妾恐熊至御座，故以身當之。」《漢書》

王奉光有女，每當適人，所當適者輒死，故久不行。及宣帝即位，召入後宮，爲婕妤。《蟲天志》

婕妤，銀印青綬，佩朱瓊玉。《晉服制令》

李彪女，世宗納爲婕妤。世宗崩，婕妤爲比丘尼。《後魏書》

婕妤，隋煬帝以爲世婦。《南史》

唐制，婕妤、美人、才人各九，合二十七，爲世婦。《唐後妃傳序》

宋真宗置婕妤，踵漢武帝制設之。《物原》

貞祐以後之制，婕妤下有麗人、才人。《續文獻通考》

《外戚傳》：「武帝內職，有娙娥。」師古曰：「娙、娥，皆美貌也。」《漢儁》

魏明帝置修儀，隋煬帝以爲九嬪。《事物紀原》

左維女爲修儀，有文才。王隱《晉書》

宋真宗置修儀，踵魏明帝制設之。《物原》

魏文帝始制修容，隋煬帝復置之。《事物紀原》

梁武帝采女生元帝，爲修容，賜姓阮氏。時人因名其所居之溪曰「阮娘溪」，溪中石曰「美人石」。《西吳里語》

宋真宗置修容，踵魏文帝制設之。《物原》

《唐・百官志》注：「唐因隋制，有修媛。」按《隋志》無之，而《北史・后妃傳》：「北齊文宣置修媛。」疑唐采齊制也。《事物紀原》

張堯佐姪女有寵於仁宗，册爲修媛。《春雨堂雜抄》

仁宗張貴妃有盛寵，初進修媛，忽被疾，曰：「妾姿薄不勝寵名，願爲美人。」許之。皇祐初，進貴妃。《續文獻通考》

宋真宗置修媛，踵高洋制設之。《物原》

宋初有修華，孝建三年省。泰始中，又以淑媛、淑儀、淑容、昭華、昭儀、昭容、修華、修儀、修容爲九嬪。《宋書》

廣政中，後宫位號有修容、修媛、修娟等秩。《幸蜀記》

《南史・后妃傳》敘晉武帝初置淑儀。《事物紀原》

殷淑儀寵冠後宫，及薨，宋武常思其容，遂爲通替棺，欲見輒引替覩尸，形色不異。追贈貴妃。《南史》

唐内官有淑儀、德儀、賢儀、順儀、婉儀、芳儀六人。《唐類函》

宋真宗置淑儀，踵晉武帝制設之。《物原》

魏明帝泰始二年置淑容。《事物紀原》

宋真宗置淑容，踵魏明帝制設之。《物原》

遼聖宗開泰二年，以馬氏爲麗儀，耿氏爲淑儀。《遼史》
貞祐以後之制，順儀、淑華、淑儀爲正四品。《續文獻通考》
淑媛，魏文帝所制。《宋書》
魏女官十二等，有淑媛。《讀書紀數略》
《外戚傳》：「武帝內職，有傛華。」師古曰：「傛傛，猶奕奕。」《漢雋》
咸寧三年，拜美人朱姜爲容華，左嬪爲修儀，邢蘭爲婕妤。《晉起居注》
宋置容華，本前漢舊號。《宋書》
乾興元年，置貴儀，在淑儀之上。《宋會要》
景德二年，增置大儀。《宋會要》
隋煬帝置充儀。《北史》
隋有充儀，爲九嬪。《事物紀原》
自武德以來，有充儀之職。《唐會要》
宋真宗置充儀，踵隋煬帝制設之。《物原》
漢典有充容，漢官也。《事物紀原》
宋真宗置充容，踵漢武帝制設之。《物原》
《唐志》云：「唐因隋制，有充媛。」《隋書》及《北史》皆無之，疑亦唐置也。《事物

紀原》

宋真宗置充媛，踵唐高祖制設之。《物原》

充華，晉武帝所制。《宋書》

晉泰始二年，拜李瑤爲修華，王宣爲修容，徐瑛爲修儀，吳淑爲婕妤，趙珽爲充華。《補侍兒小名録》

《外戚傳》：「武帝内職，有充依。」師古曰：「充依，言充後庭而依秩序也。」《漢雋》

充衣，前漢舊制，宋孝建中以爲散位。《宋書》

《北史·后妃傳》：「隋煬帝置順儀。」《事物紀原》

真宗設嬪御十九等，有順儀。《物原》

隋九嬪有順容，煬帝置。《事物紀原》

真宗大中祥符中，又增置順容之官。《宋朝會要》

文帝增順成官，明帝除之。《魏志》

《北史·后妃傳》敘北齊文宣置婉儀，爲御女。《事物紀原》

宋真宗置婉儀，踵北齊高洋制設之。《物原》

宋真宗置婉容，爲宋新制。《物原》

徽宗在北，四太子請王婉容妻黏罕子，上遣之，婉容大哭曰：「何忍一身事兩主？」就輿中

自刎死。太子嘆異，擇地葬之，且爲立碑曰「貞婦冢」。《吹劍録》
泰始三年，增置承徽、列榮。《宋書》
漢內職有八子、七子、長使、少使之號。《漢書·外戚傳》
孝成班婕妤初入宮，爲少使。《漢雋》
漢後宮位號有名「無娟」者，言無所不涓潔也。《表異録》
元帝內職有保林，視百石。《漢書》
武帝詔出掖庭保林以下二百七十餘人還家。《晉起居注》
《外戚傳》：「元帝內職，有娛靈。」《漢雋》
漢內職有五官、順常之小職。《漢書》
《外戚傳》有共和、良使、夜者，皆視百石。《漢雋》
唐女官有寶林、御女、綵女。《讀書紀數略》
寶林、御女、綵女各二十七，合八十一，爲御妾。《唐后妃傳序》
保儀黃氏，容態華麗，顧盼嚬笑，無不妍姣。其書學伎能，皆出於天性。後主雖屬意，會小周專房，由是進御稀，而品秩不加，第以掌墨寶而已。馬令《南唐書》
宋有職官，三品有參議女林。《宋書》
廣政六年，大選良家子以充後宮，於是位號列品有：保芳、保香、保衣、安宸、安蹕、安情

等秩。《幸蜀記》

光宗時，宮中有二李選侍，稱東、西李。康妃者，西李也；莊妃者，東李也。《明史》

莊妃李娘娘，光廟選侍也。性仁慈寬儉，簡重寡言，名位素居西李娘娘前。奉副徐應元附逆賢，倚勢驕蹇。每見莊妃娘娘，爲揚揚自得態，或詈笞其左右。娘娘謹默含憤，遂氣鬱病死。《酌中志略》

明光宗選侍李氏，至康熙甲寅歲始卒。《池北偶談》

高祖改定內官，世婦視中大夫。《後魏書》

《北史》：女官有「正華、令則、修訓、曜儀、明淑、芳華、敬琬、昭華、光正、昭寧、貞範、弘徽、和德、弘猷、茂光、明信、靜訓、曜德、广訓、暉範、敬訓、芳猷、婉華、明範、艷儀、暉則、敬信」。此仿《周官》之二十七世婦。《靜志居詩話》

宣武靈皇后胡氏，初召入掖庭，爲承華世婦。《後魏書》

武帝置妃二人、世婦三人、御妻三人，餘悉減省。《後周書》

光武並省前制，正嫡外，惟貴人、美人、采女。《後漢書》

靈帝數遊戲於西園，令采女爲客舍主，身爲商賈服。行至舍，采女共飲食以爲戲樂。《後漢書》

晉泰始十年，拜采女胡芳爲貴嬪，劉媛爲淑妃，臧曜爲淑媛，趙芳爲淑儀，趙粲爲修華，陳琇爲修容。《晉起居注》　王銍《補侍兒小名録》作「趙媚爲修容，陳秀爲修儀」。

宋內職官有侍御，扶侍主衣，比六品。《宋書》

帝多幸苑中，去來無時。侍御多夾道而宿，往往中夜即幸焉。《南部煙花記》

煬帝侍兒楊俊娥，帝每就枕，必令振聳支節，常得美睡，因呼爲「來夢兒」。《南部煙花記》

御妻當曰「御妾」。《月令問答》

《周禮》「女御」，即《婚義》「御妻」也。御，猶侍也。《太平御覽》

高祖改定內官，御女視元士。《後漢書》

《北史》：女官有「穆光、茂德、貞懿、曜光、貞凝、光範、令儀、內範、穆閨、婉德、明婉、艷婉、妙範、暉章、敬茂、靜肅、瓊章、穆華、慎儀、妙儀、明懿、崇明、麗則、婉儀、彭媛、修閑、修靜、弘慎、艷光、漪容、徽淑、秀儀、芳婉、貞慎、明艷、真穆、修範、肅容、茂儀、英淑、弘艷、正信、凝婉、英範、懷慎、修媛、良則、瑤章、訓成、潤儀、寧訓、淑懿、柔則、穆儀、修禮、昭慎、貞媛、肅閨、敬順、柔華、昭順、敬寧、明訓、弘儀、崇敬、修敬、承閑、昭容、麗儀、閑華、思柔、媛光、懷德、良媛、淑猗、茂範、良信、艷華、徽娥、肅儀、妙則」。此仿《周官》之八十一御女。《靜志居詩話》

宋太宗以祇候人爲侍御。《文獻通考》

韋太后入宮爲侍御，得幸，生高宗。《弘簡録》

舊制，皇后親蠶，女尚書著貂蟬、佩璽，陪乘。《文獻通考》

魏明帝選女子知書者六人，以爲女尚書。《魏略》

石虎美女萬餘，簡其有才藝者爲女尚書。《鄴中記》

高祖置女尚書，視三品。《魏書》

洛陽有總華觀，女尚書居之。《通用碎金》

張説《上官昭容集序》：「古者有女尚書，决事宫闈。」《唐詩紀事》

王建《宫詞》：「宫局總來爲喜樂，院中新拜内尚書。」

蜀成王讓栩《宫詞》：「御座今安圓閣子，内中欲置女尚書。」《長春競辰集》

宋内職官，一品有準録尚書。《宋書》

魏高祖置女侍中，視三品。《北史》

後魏女侍中視二品，然本後宫嬪御之職。《粧樓記》

神龜初，常山公主、瑯琊公主並爲女侍中。《後魏書》

靈太后妹爲元義妻，封馮翊君，拜女侍中。《海録碎事》

李祖勳妻崔氏驕豪干政，女侍中陸媪母元氏，即祖勳妻姨，爲此附會。《北史》

女侍中陸令萱，即齊陸太姬，掌國事者。《丹鉛新録》

石虎置女侍中、納言，皆貂蟬，直侍皇后。《鄴中記》

《金石録》載：「趙彦深母傅太妃碑，額題『齊故女侍中宜陽國貞穆太妃傅氏碑』。案《北史》，女侍中本嬪御之職，今以宰相母爲之，惟見於此。」僕謂：不但宰相母也，如清河王岳母山氏封郡君，授女侍中，入侍皇后；元叉之妻亦拜女侍中。則知當時女侍中之號，蓋有近宗與夫臣下妻母爲之者，正以示殊寵耳。然以宰相之母尊爲太妃，其禮可見。《野客叢書》

盧瓊仙者，故中宗宮人也。乾和中，與黄瓊芝並爲女侍中，朝服冠帶，參決政事。後主嗣位，進瓊仙秩爲才人，復以朝政決於瓊仙。凡後主詳覽可否，皆瓊仙指之。《劉氏興亡録》

女侍中，魏元義妻胡氏，一作女常侍。《宛委餘編》

陳後主張貴妃，名麗華，與龔、孔二貴嬪，王、李二美人，張、薛二淑媛，袁昭儀，何倢伃，江修容等並有寵。又以宮人袁大舍等爲女學士。每引賓客遊宴，則使諸貴人、女學士與狎客共賦新詩。采其尤艶麗者以爲曲調，被以新聲，選宮女數千歌之。《南史》 李清曰：「楊用修誤以孔貴嬪爲女學士。」

女學士尚宮宋氏，名若昭。父庭芬，生五女，年未及笄，皆能文。長曰若莘，次曰若昭、若倫、若憲、若荀。俱召入宮，試以詩賦，兼問經史大義，深加賞嘆。又嘉其節概不群，不以妾侍命之，呼爲「學士先生」。貞元以後，宮中記注簿籍，若莘掌其事。若莘卒，贈河内郡君。復令若昭代司其職，拜尚宮。自憲、穆、敬三帝，皆呼爲先生。六宮嬪媛、公主皆師之，封梁國夫人。《唐書》

烏程女子沈瓊蓮，字瑩中。給事禁中，授女學士。吴興人至今呼爲「女閣老」。《西吴枝乘》

盧文進有女，美而慧，善屬文，時稱「女學士」。《南唐近事》

顧英，字若憲，長洲人，張之頊室。蕭然四壁，葯房蘿室，時聞誦詩讀書聲。遠近稱「女學士」。《容膝居雜録》

吴郡韓蘭英，婦人有文辭，宋孝武世獻《中興賦》，被賞入宮。世祖以爲博士，教六宮書學。以其年老多識，呼「韓公」。《吴中舊事》

齊內博士韓蘭英，總知内事，善爲文章。有顔氏女因夫嗜酒，父母奪之入宮，廢帝以「春夜」命蘭英爲顔氏賦詩。曰：「絲竹猶在御，愁人獨向隅。棄置今已矣，誰憐微薄軀？」帝乃還其夫。《宮閨小名録》

女博士李輔聖，後房孔君也，於文藝無不妙絶。《丹淵集》

成帝時，披香博士淖方成，宮中號「淖夫人」。《飛燕外傳》

葛洪引《漢禁中起居注》，知漢起居注在宮爲女太史之職。自魏晉以來，不復女職矣。《野客叢書》

石虎置女太史於靈臺，仰視災祥。《後趙録》

女史一星在紫微宮內，此婦人之官。《大象列星圖》

女史彤管，法如國史，主記后夫人之過。《毛詩義疏》

女史，女奴曉書者也。《周禮總義》

宋內職官，四品有後宫校事女史、紫極中監女史、光興中監女史、中臺侍御奏案女史、贊樂女史、中訓女史；五品有校學女史、女祝史；七品有宫闈史。《宋書》

高祖置女職，女史、賢人，視三品。《後魏書》

元相得罪，夫人王氏韞秀，少有識量，節概頗聞掖庭，代宗欲令入宫，備彤管箴規之任。王嘆曰：「王家十三娘，太原節度使女，十六年宰相妻，誰能書長信昭陽之事？死亦幸矣！」堅不從命。《何氏語林》

尚書郎給女侍史二人，皆選端正、妖麗，執香爐燒薰，從入臺，護衣服。蔡質《漢官典職》

《唐志》：尚儀局彤史二人。《玉海》

宋內職官，六品有內史。《宋書》

宋宫中有內夫人六人，輪流侍帝左右，以紙一番，從後端起筆，書帝起居，旋書旋卷至暮，付史館。內夫人別居一宫，宫門金字大牌曰：「官家無故至此，罰金一鎰。」《輟耕録》

史皇孫王夫人，宣帝母也，名翁須。皇孫妻妾無號位，皆稱「家人子」。史皇孫敗，家人子皆坐誅。《漢書》

王政君，即元后也。初入掖庭，爲家人子。《漢書》

漢女官有上家人子、中家人子。《讀書紀數略》

漢女官皆有爵位，其良家子，入宫未有稱號者，俱稱「良家子」。《讀書紀數略》

紅霞帔者，宋宫人品名。如張頑兒、馮十一娘、張正奴、劉翠奴之類。《留青日札》

劉妃，臨安人，入宫爲紅霞帔，後拜貴妃。時有小劉氏者入宫，轉宜春郡夫人，進婕妤。皆有寵宫中，號妃爲「大劉娘子」，婕妤爲「小劉娘子」。《朝野雜記》

宋宫人有紫霞帔王受奴。《留青日札》

吴慶慶降充紫霞帔。《玉堂雜記》

内庭婦職遷敘，皆出中旨，至中書命詞。如尚書内省官，固知其長年習事，如司字、典字、掌字，知其爲主守之微者。至於紅紫霞帔郡國夫人，則其年齡之長少，爵列之崇卑，無由可以測度。《容齋三筆》

内命婦封贈紅霞帔、紫霞帔，不入品。《趨朝事類》

唐設六局二十四司，凡一百九十人。《今言》

唐末宫官名號，有司寶、司贊、司膳、司醞、司飾、司衣等名，皆封國夫人或郡夫人，少者縣君。宋太祖置司簿、司賓，並封縣君。太宗置尚宫、尚食，或封國夫人、郡夫人。真宗又置司宫令，在尚宫之上。《文獻通考》

六尚局：尚藥、尚食、尚輦、尚醞、尚舍、尚衣。《東京夢華録》

遼聖宗開泰二年，以尚寢白氏爲昭儀，尚服李氏爲順儀，尚功艾氏爲芳儀，尚儀孫氏爲和

儀。《遼史拾遺》

金尚食局有玉碗碟三，一奉義宗母王太后，一奉義宗及皇后。時荆王守純母麗妃在宫，於太后魚貫也，獨以瑪瑙器進食。太后見之，怒召主者，切責曰：「誰令汝妄生分别，荆王母豈卑我兒婦？」自是宫中待妃有加。《女世説補》

貞祐以後之制，尚宫夫人、寶華夫人、尚儀夫人、尚服夫人、尚寢夫人、飲聖夫人皆爲正五品。《續文獻通考》

六尚局皆在乾清宫之東。《燕史》

六尚之職，取寡婦及幼女之知書者爲之。《弇山堂别集》

洪武五年，立六局二十四司。尚宫總司記、司言、司簿、司闈；尚儀總司籍、司樂、司賓、司贊；尚服總司寶、司衣、司飾、司仗；尚食總司饌、司醖、司藥、司供；尚寢總司設、司輿、司苑、司燈；尚功總司製、司珍、司綵、司計。《今言》

司綵，掌儲藏段疋者也。有王氏者選入宫，命與權妃同輦，辭曰：「妾嫠婦也，安敢充下陳哉？」《明語林》

王建《宫詞》：「六宫官職總新除，宫女安排入畫圖。二十四司分六局，御前頻見錯相呼。」《王司馬集》

紹興中，有宫正，乃宫中管事人。《容齋隨筆》

貞祐以後之制，宮正夫人爲正五品。《續文獻通考》

明初定設六局，掌以宮正，總六尚之事。《静志居詩話》

典琮三人，掌琮璽玩器。《北史·后妃傳》

明制，各寶皆内尚寶監女官掌之。《西垣筆記》

末帝寶符李氏，國亡，從太后、皇后北遷，至宣德州，居摩訶院。李氏入院，於佛像前自縊死，自書門紙曰：「寶符侍御此處身故。」《歸潛志》

宋太宗置司寶、司儀、司給，或授郡君、縣君。《文獻通考》

宋内職官，三品有司儀。《宋書》

韓蘭英始入宮爲司儀。《女世説》

宮人

魏文帝宮人絶所愛者，有莫瓊樹、薛夜來、田尚衣、段巧笑，皆日夜在側。崔豹《古今注》

魏武帝崩，文帝悉取武帝宮人自侍。卞太后曰：「狗鼠不食汝餘！」《復齋雜説》

晉武帝掖庭萬人，並寵者最衆，帝莫知所適，常乘羊車，恣其所之，至便宴寢。宮人乃取竹葉插户，以鹽汁灑地，而引帝車。《晉書》

梁宮人包明月作《前溪歌》。《焦氏筆乘》

唐制，天子臨朝，則用宮人引至殿上。《香祖筆記》

唐使兩省宮人對立，謂之「蛾眉班」。《研北雜志》

唐制，宮人給使令者皆冠巾，號「裹頭内人」。《唐六典》

《漢書·趙皇后傳》：「宮婢道房與中宮史曹宮對食。」應劭注曰：「宮人自相與爲夫婦，名對食。」《天香樓偶得》

宮中舊例，内監與宮女各配夫婦，謂之「對食」。宮女藉内監買辦，内監藉宮女縫補。《看花行者談往》

薛逢《宮詞》：「袍袴宮人掃御床。」注：「近御之人。」《唐詩鼓吹》

唐每歲上巳，許宮女於興慶宮前與骨肉相見。《咸定録》

中宮導從宮人凡二十人，攜水瓶、金鹿盧一人，由右；執銷金淨巾一人，由左。捧金香毬二人，捧金香合二人，分左右。捧金唾壺一人，由左；捧金唾盂一人，由右。執金拂四人，執雉扇十人，各分左右行。冠鳳翅縷金帽，銷金緋羅襖，銷金緋羅結子，銷金緋羅繫腰，紫羅衫，五色嵌金黄雲扇，瓘玉束帶。《元朝秘史續集》

嘉靖庚戌，宮人張氏卒，身畔羅巾有詩。「悶倚雕欄强笑歌，嬌恣無力怯宮羅。欲將舊恨題紅葉，只恐新愁上翠蛾。雨過玉階天色淨，風吹金鎖夜聲多。從來不識君王面，棄置無情奈若何！」《豫章詩話》或云王莊妃事

禾中董姓妻，乃明季宮人。言：「崇禎中，宮人食不隔粲，衣不見水，金珠盈囊，衣服不記其數。」《看花行者談往》

國主出，有宮人三五百，花布花髻，手執巨燭，自成一隊。又有宮女皆執内中金銀器皿及文飾之具，又有宮女執槍標牌爲内兵，又成一隊。《真臘風土記》

元宮人至京師，將籍之，以給令後宮。有一人不屈，上言：「爾即守節，何不死於元亡時？」女曰：「願明一言。」上令以紙筆與之，女寫詩，擲筆投地而死。《逐鹿記》

甲申，京師陷，有宮人魏氏前後奔喊，曰：「賊入大内，必淨宮。汝等有志氣，當早覓道路。」喊畢，躍入内河而死。頃刻，宮人投水者四五十許。未幾，賊果淨宮，每一賊魁給宮人三十人。《啓禎野乘》

建出遊寶歷寺，后妃皆從。有宮女四人逃匿，搜尋得之，乃寺僧誘藏，與僧同斬於龜化橋。《蜀檮杌》

宮人有罪，罰提鈴。每夜，自乾清門至日精門、月華門，高唱「天下太平」，聲緩而長，與鈴聲相應。《天啓宮詞注》

永巷，宮中之長巷，幽閉宮女之有罪者。武帝時，改爲掖庭，置獄焉。《三輔黄圖》

漢武取好女數千人以填後宮。及棄天下，霍光悉以後宮女置園陵。錮閉群陰，不祥莫大。《説儲》

上陽白髮人者，楊貴妃專寵，後宮人希復進幸，六宮有美色者輒置别所，上陽其一也。貞元中尚存。《樂苑》

李嘉謨至元都，月夜獨歌曰：「萬里倦行役，秋來瘦幾分。因看河北月，忽憶海東雲。」夜静，聞鄰婦有倚樓泣者。明日，訪其家，則宋舊宫人金德淑也。因過叩之，德淑曰：「客非昨夜悲歌人乎？此亡宋昭儀王惠清寄汪水雲詩。」因言當日吾輩皆有詩贈水雲，乃自舉所作《望江南》詞，歌畢泣下。《金姬别傳》

北人張侍御家集，出侍兒佐酒。中有一人，意狀摧抑可憐，乃宣和殿小宫姬也。《容齋題跋》

齊韶嘗逼取被選退宫人史宣女爲妻。《弇山堂别集》

陳氏亡，有宫人小春嫁民間，能説宫中事。《雲蕉館紀談》

有老妓自稱汴京舊宫人者，薛居賓泣而贈之，云：「殘春楊柳蕭條緑，破國桃花冷落紅。」《歸潛志》曰：「宋室家姬流落於金。」

曹魏時，有人伐周王冢，得殉葬女子，郭太后養之十餘年。太后崩，此女哀思而死。宋都臨安時，宫中有一晉宫人，亦從冢中出者，能道晉宫事。《本事詩》《甬東耆舊集》

太和中，有發得漢冢者，宫人猶活，郭太后養之。常置左右，問漢時宫中事，説之皆有次第。《物異考》

上起明光宫殿，取燕趙美女充之掖庭，令總其籍。《漢武帝故事》

唐玄宗以宫人籍示一行。《酉陽雜俎》

唐人名宫人所聚曰「野狐落」。《國史雜記》

野狐落，唐人宫名，宫人所聚也。《西野記譚》

咸陽舊牆内曰「内人斜」，葬宫人處。《秦京雜記》

唐内人墓，謂之「宫人斜」。《春明退朝録》

宋宫人斜在月峰右，舊爲雨塌。有樵豎入其穴，竊蟾蜍釵鐃以歸。宫人憑巫自述爲宋嬪，隨官家航海没此。樵懼，反實器而掩之。《芸心識餘》

遼王晚抱異疾，不能親女色，後宫中往往有抑鬱致死者。今沙橋門外宫人斜，即群姬埋香處。每陰寒晦黑過者，聞紅愁緑慘之聲。近有少年子乘醉蹋月，迷入空宫，經素香亭下，覩一美人，霓裳練裙，倚欄而歌曰：「明月滿空階，梧桐落如雨。凉颸襲人衣，不知秋幾許。」歌竟，杳然不見。《哀黍離》

慈慧寺後不二里有静樂堂，其牆陰皆斜，宫人死則舁出火葬其處，即宫人斜也。《長安客話》

古葬宫人之所，謂之「宫人斜」。京城阜成門外有静樂堂，磚甃二井，屋以塔。宫人非有名稱者例不賜墓，承以殮具，火葬塔井中。嘉靖末，有貴嬪捐貲易民地數畝，其不願井者悉内地中。《菊隱紀聞》

京城西便門外二十里諸葛莊，土人名「姥姥墳」，乃明朝葬宮人處，所謂「宮人斜」也。冢固纍纍，碑亦林立。文皆表皇太后或皇后懿旨，諭祭翼聖夫人或贊聖夫人、奉聖夫人之類。文更典雅，守墳老嫗尚能言其所以。每於風雨之夜，或現形，或作聲，幽魂不散。《在園雜志》

玉勾斜，隋煬帝葬宮人處。《陋軒詩集》

祥符中，榮王宮火。勘得掌茶酒宮人韓小姐與親事官私通，多竊寶器以遺之。後事泄，王乳母決責之，小姐乃謀放火，因而奔出。有琵琶伎人王木賽者知之，受小姐而不言，遂乘夜爇之。《玉堂逢辰録》

張鳳翔《宮詞》：「入内深蒙主后恩，賜名小姐寵便蕃。」

宋仁宗時，宮人掌梳頭者爲内夫人。《曲洧舊聞》

仁宗好用導引術理髮，有宮人能之，號曰「梳頭夫人」。後出宮人，梳頭夫人以入宮久，亦出。《邵氏聞見前録》

崇禎中，宮人與帝櫛髮者號「管家婆」。《看花行者談往》

余天錫母朱氏，嘗爲理宗沐浴、教字，封周楚國夫人。《續文獻通考》

徽宗鄭皇后、王貴妃，本欽聖殿二押班。徽宗爲端王，每日朝慈德宮，欽聖命鄭、王二押班供侍。及即位，以二人賜之。鄭爲貴妃，旋立爲皇后，王亦進位貴妃。《宋史》

北齊高洋用宮婢爲宣徽使。《物原》

煬帝嘗醉遊諸宮，偶戲宮婢羅。羅畏蕭妃，不敢迎帝，辭有程姬之疾，不可薦寢。帝乃嘲之曰：「個人無賴是横波，黛染隆顱簇小娥。幸好留儂伴成夢，不留儂住意如何。」《大業拾遺記》

劉鋹與宮婢波斯女等淫戲後宮。《九國志》

嘉靖壬寅，宮婢楊金英欲斃上於熟寢，以繩束喉不絶。有張金蓮者知事不就，走告皇后，往救，獲甦。乃命太監捕訊，得同謀者楊玉香、邢翠蓮、姚淑翠、楊翠英、關梅秀、劉妙蓮、陳菊花、王秀蘭、徐秋花、鄧金香、張春景、黄玉蓮等十數人，悉磔之於市。《世廟識餘録》

宮中用小黄門舁輿，貴妃田氏易之以宮婢。《霜猿集》

厲王發龍漦，后宮童女遭之而孕。《史記》

太后幸景靈宮，駕前露面雙童女。《溫公續詩話》

內命婦品，第三等有著緋、著緑女童。《趨朝事類》

宮中之處女曰「處妾」。《五行志》注

宋內職官有宮闈給使。《宋書》

米元章母入內爲祇應老娘，元章以故命官。《軒渠録》

仁宗從苑中還宮，顧嬪御曰：「渴甚，可進熱水。」嬪御進水，且曰：「大家何不外面取水，而致久渴耶？」仁宗曰：「吾屢顧不見鐐子，問之，即有抵罪者。」《東軒筆録》

刺梅園老尼，係明季宮婢，當時所稱菜户也，崇禎甲申後出爲尼。《艮齋雜説》

後庭掌茶宫女朱氏生子，昭儀曰：「從何而得也？」乃投地大慟。帝自持昭儀起坐，昭儀呼宫吏曰：「急爲吾取子來。」吏取子上，昭儀曰：「爲吾殺之。」吏以子擊殿礎死，投之井。後宫宫人孕子者，皆殺之。《趙后遺事》

凡宫人有病及年老，或有罪，先發内安樂堂，年久，再發外之浣衣局。《金鰲退食筆記》

劉瑾姦黨伏誅，婦女送浣衣局。《中官考》

正德中，楊玉附逆瑾伏誅，家口没入爲奴，有愛妾攜少女匿民間得免。此女甚美，妾鑒前禍，誓不婚。京師權貴家李都憲蔭子納之。後寧庶人干犯，李坐黨被法，此女入浣衣局。《緑雪亭雜言》

女子有罪入暴室，主掖庭織染署，取暴曬名。《管窺小識》

國主嬪婢三五千。又人家有女美貌者，必召入内供役，呼爲「陳家蘭」，亦不下一二千。《真臘風土記》

月山大君婷，朝鮮女子也。《采風集》　朱錫鬯曰：「月山大君，當是東國尊稱，殆非民間女子。」

奩史卷十二

東吳王初桐于陽纂述
京口高　雲青士校刊

統系門四

公主

堯有娥皇、女英，舜妹有敤手，舜女有宵明、燭光，湯有帝乙、歸妹。至周中葉，始謂之「公主」。《初學記》

《公羊傳》：「天子嫁女於諸侯，至尊不自主婚，必使同姓者主之，謂之公主。」蓋周事也。《史記》：「公叔相魏，尚魏公主。」文侯時也，蓋僭天子之女也。《續事始》

天子嫁女，使三公主之，故呼「公主」。《春秋指掌碎玉》

《年表》：「秦始以君主妻河。」「君主」，謂君之女，猶後世公主也。「妻河」，沉之河水，如河伯娶婦故事。《丹鉛總録》

臨海公主，惠帝女，羊后所生。未出適，值永嘉亂，傳賣長城民錢溫。溫以送女，女遇主甚

酷，主自告太守以聞，於是殺女，而以公主適曹統。《晉中興書》

溧陽公主，簡文帝女也。年十四，有美色，侯景納而嬖之。景與主共據御床，南面坐。《梁書》

太平公主常衣紫袍玉帶，折上巾，具粉礪，歌舞中宗前。帝及武后大笑曰：「兒不爲武官，何遽爾？」主曰：「以賜駙馬可乎？」帝識其意。擇薛紹尚之。《女世説》

蕃將阿布恩伏法，其妻配掖庭，隸樂工。及侍宴爲戲，皆笑樂。政和公主獨俛首，肅宗問故，公主曰：「使阿布恩真逆人也。其妻亦同刑人，不合近至尊。若果冤横，忍使其妻雜處群優爲諠具哉？」上亦憫惻，遂罷戲，免阿布恩妻。《女世説》

中宗八女安樂公主最幼，帝遷房陵而主生，解衣以褓之，名曰「裹兒」。《新唐書》

中宗女安樂公主恃寵，賣官鬻獄，勢傾朝野。或自爲制敕，揜其文，令上署之。上笑而從之，竟不視也。《山堂肆考》

周太祖將兵過宋州，先有一男子、一女子轉客於市，父老憐之，醵酒肉、衣服，相配爲夫婦。及太祖至，市人聚觀，女子於衆中呼曰：「此吾父也。」太祖使前問之，信其女，相持而泣。女曰：「我已嫁人矣。」呼其夫視之，曰：「此亦貴人。」乃攜之俱行，即張永德也。及太祖即位，除永德駙馬都尉，妻爲晉國公主。《東都事略》

芳儀，江南國主女也。納土後，嫁孫某爲妻，爲遼聖宗所獲，封芳儀，生公主一人。李主

有國，日施財修廬山真風觀，刊姓氏於後，有大寧公主、永嘉公主，皆李景女，不知芳儀者孰是也。《啽囈集》

金苑公主，金章宗女也，墓在平谷縣馬家莊。《名勝志》

政和間，采周時王姬之稱，改公主曰「帝姬」，郡主曰「宗姬」，縣主曰「族姬」。公主之號，建炎初復之。《愧郯録》

徽宗以公主、郡縣主爲不典，遂命有可議之，以本朝嬴姓，欲易公主爲「帝嬴」，郡、縣主爲「宗嬴」、「族嬴」。徽宗又以爲不合時宜，因喻大臣曰：「姬雖周姓，後世以爲婦人美稱。」乃詔公主爲「帝姬」，郡、縣主爲「宗姬」、「族姬」。《國史後補》《甕牖閑評》：「蔡元長改公主爲『帝姬』，郡、縣主爲『宗姬』、『族姬』。蔡，姬姓也，欲天下皆歸於姬姓。謂之不反可乎？其子絛作《國史後補》云云妄言，以掩其父之惡，而不知陳東已備言之於前矣。」

柔福帝姬，徽宗女，自金奔歸，自言於上。上憫之，遂以高士㒟尚主。及韋太后北歸，曰：「柔福死已久。」上乃誅姬。《四朝聞見録》《浩然齋雅談》作「高世榮」。

公、郡、縣主，宮禁呼爲「宅家子」，猶云帝子也。又爲「阿宅家子」。阿，助詞也。急語乃以「宅家子」爲「茶子」，既而亦云「阿茶子」，或削其子，遂曰「阿茶」。一説漢魏以來，宮中尊美之，呼曰「大家子」，今急訛以「大」爲「宅」焉。《資暇録》

蒲割嬾，公主名也。《遼史國語解》

《歷代公主録》一卷，洪武中編。《明史》

李商隱詩：「金唐公主年應小，二十君王未許婚。」

漢制，皇女皆封縣公主，諸王女皆封鄉、亭公主。肅宗特封東平憲王女、瑯琊孝王女爲縣公主。《後漢書》

漢以來公主所封皆爲邑，無封國者。唐睿宗女華婉，以劉后所生，始封代國。後遂爲常制。《事物紀原》

唐國長公主，神宗女也。歷封溫、曹、冀、雍、燕、越六國。《宋史》

公主封有以國名者，郿國、代國、霍國之類是也；有以郡名者，平陽、宣陽、東陽之類是也；有以美名者，太平、樂安、長寧之類是也。《唐會要》

仁廟欲封皇女，王洙言：「唐封公主，有以郡國名者，有以美名者。若明皇封永穆、常芬、唐昌、太華，皆以美名。」乃封長女福東公主、次女崇慶公主。《隱窟雜志》

熙寧初，嫁一公主至用七十萬緡。沈貴妃料錢月八百貫。仁宗初，定公主俸料，以問獻穆太主，再三始言，其初僅得五貫耳。《容齋隨筆》

洪武九年定制，公主受封者賜莊田一區，歲徵租一千五百石，鈔二千貫。壽春公主爲太祖所愛，賜吳江縣田一百二十餘頃，歲入八千石。《明會典》

周漢國公主方選尚，丁大全欲用新進士爲駙馬，命考官置周震炎第一，倡「太平狀元」之説

以媚上。震炎草茅士，年幾三十矣。恭謝日，公主於屏内窺之，不悦，事遂寢。《三朝政要》

長平公主年十六，帝選周顯尚主。將婚，以寇警暫停。城陷，帝入壽寧宫，主牽帝衣哭。帝曰：「汝何爲生我家！」以劍揮斫之，斷左臂。越五日，復甦。《菊隱紀聞》《霜猿集》曰：「懷宗長公主年十五歲，上聞主哭，上曰：『汝何不死？』曰：『兒無罪。』上曰：『汝生吾家即是汝罪。』左手掩面，右手揮之，以劍殊左臂，未死，手慄而止。」

李斯諸男皆尚秦公主。《史記》

宗太尉尚壽陽公主，與公主語，常自稱下官。《天中記》

憲宗女岐陽公主下嫁，從婢六七人，乘驢闖茸。《樊川集》

咸安公主下嫁，可汗上書稱「半子」。《續釋常談》

唐舊制，公主下嫁者，舅姑拜之。至德宗始命禮官定其儀，公主拜見舅姑。《研北雜志》

公主行婦禮，自唐王珪之子尚南平公主始。《事始》

賢穆下降，慈聖、宣仁、欽聖三殿護送就第。後三日，見舅姑。舊例，貴主晝堂垂簾坐，舅姑拜簾外。賢穆奏乞行常人禮，上與慈聖大喜。《錢氏私志》

徐國惠和公主下嫁王師約，見舅姑，行盥饋禮。天姬行婦道，自惠和始。《澠水燕談録》

唐宣宗女萬壽公主下嫁之後，遂詔「公主有子而寡，不得復嫁」。宋朝之制，主薨，其夫不得復娶。《事物紀原》

趙倩尚文帝女海鹽公主，甚愛重。倩嘗因言戲以手擊主，事上聞，文帝怒，離婚。《宋書》〔一〕

王藻尚臨川公主。公主性妒，而藻有外好。主讒之於帝，藻下獄死，主與王氏離婚。《侍兒小名録拾遺》

尚三主者：宋劉昶，前後尚武邑、建興、平陽三公主。主三嫁駙馬者：唐定安公主，初嫁王同皎，次嫁韋濯，三嫁崔銑；齊國公主，始嫁張垍，次嫁裴潁，三嫁楊敷；寧國公主，初嫁鄭巽，次嫁薛康衡，三嫁可汗。《宛委餘編》

公主銀册，鐫字鍍金。《明會要》

公主金印，龜紐，文曰「某國公主之印」。《宋會要》

秦漢以來，惟帝姬得號公主。而元則諸王之女亦概稱焉。《元史》

何晏婦金鄉公主，即晏同母妹。公主賢明，謂其母沛王太妃曰：「晏爲惡日甚，將不保身。」母笑曰：「汝得無妒晏耶？」俄而晏死。《魏末傳》

賈后二女，宣華、女彦。封宣華弘農郡公主。女彦年八歲，病困，賈后欲議封，女彦語后曰：「我尚小，未及成人，禮不用公主。」及薨，謚哀獻皇女。臧榮緒《晉書》

〔一〕　此事見於《南史》卷十八「列傳第八」。《宋書》記載與此頗異。

南陽公主有婦德，事駙馬蕭寶寅盡肅雍之禮。寶寅每入室，公主必立以待之，相遇如賓。《後魏書》

蘭陵公主，字阿五，高祖女也。美姿儀，性婉順，好讀書。適柳述。諸姊並驕踞，主獨遵於婦道。《隋書》

隋煬帝即位，蘭陵公主駙馬柳述坐罪，徙嶺表。帝將改嫁主，主以死自誓，不復朝謁，表求免主號，與述同徙。帝不從，主感憤成疾，臨終上表，「生不得從夫，死乞葬柳氏」。《女世說》

竇建德滅宇文化及，隋代衣冠引見建德，皆惶懼失常。惟南陽公主神色自若，自陳「國破家亡，不能雪恥」，淚下盈襟，聲辭不輟，情理切至。建德及觀聽者咸動容隕涕。《坦齋通編》

襄城公主下降，有司告營別第，辭曰：「婦事舅姑如事父母，異宮則定省闕。」《六帖》

襄城公主動循矩法，帝敕諸公主視爲師式。《子史精華》

館陶公主寡居，年五十餘矣。董偃年十三，隨母以賣珠爲事，出入主家。主見其姣好，養之第中。至年十八，出則執轡，入則侍內，號曰「董君」。《漢書》

班始尚陰城公主，公主貴驕淫亂，與所嬖人居帷中，召始入，使伏床下。裴啓《語林》

王濟尚常山公主，公主妒忌，兩目失明。《晉書》

山陰公主淫恣過度，謂帝曰：「妾與陛下，雖男女有殊，俱托體於先帝。陛下六宮萬數，而妾惟駙馬一人，事不均平，一何至此！」帝乃爲主置面首左右三十人。《宋紀》

山陰公主窺見褚淵美貌，悦之，以白帝。帝召淵西上閤宿，公主夜就之，淵整身不爲移志。公主曰：「君鬚髯如戟，何無丈夫意？」淵曰：「不敢首爲亂階。」《何氏語林》

劉輝尚蘭陵公主，頗嚴妒。輝嘗私幸主侍婢，有身，主笞殺之。割其孕，以草裝實婢腹，裸以示輝。《後魏書》

太平公主，則天所生，降駙馬薛紹。紹誅，則天乃殺武攸暨之妻，以配主焉。公主豪橫驕恣，田園遍於近甸，貨殖流於江淮。及玄宗賜死，籍其家。財貨山積，珍奇寶物，侔於御府。《舊唐書》

李義山《碧城》詩，蓋詠其時貴主事。唐公主多自請出家，與二教媟。如文安、潯陽、平恩、邵陽、永嘉、永安、義昌、安康諸主，皆丐爲道士，築觀於外。詩中簫史、洪厓及董偃水精盤事，大指已明。又劉夢得《題九仙公主舊院》詩，亦云「武皇曾駐蹕，親問主人翁」。《唐音統籤》

漢制，帝姊妹曰長公主。蔡邕《獨斷》

漢制，皇女皆封縣公主，其尊崇者，加號長公主。《學林疏正》

印璽綬，長公主銅鏤。《續漢書》

漢制，帝姑曰大長公主。《初學記》

賢穆有荊雍大長公主牌印，金鑄。《錢氏私志》

漢皇帝之始封大長公主，號「太主」。《武帝本紀》：「帝以衛長公主妻欒大，自稱太主。」徐廣云：「武帝姑，竇太后女也。」封太主之號，自漢始。《事物紀原》

唐長公主母曰「太儀」。《絶妙古今》

周宣王始稱其女曰「公主」，諸侯女曰「翁主」。《物原》

漢諸王女封鄉亭翁主。《讀書紀數略》

娶天子女曰「尚公主」，娶諸侯女曰「承翁主」。《升庵外集》

唐太宗始稱諸王女曰「郡主」，諸侯女曰「縣主」。《物原》

故事，親王女皆封郡、縣主。趙普以元勳，諸女封郡主，高懷德二女特封郡主，非禮也。《獨醒雜志》

後漢帝女皆封縣公主，此疑縣主之始也。隋唐以來，諸王之女封郡、縣，但曰某郡、縣主。《事物紀原》

貞元中，獨孤穆客淮南。夜至一處，門館甚肅。有青衣延客曰：「娘子姓楊，行第六。以上客至，無所爲辭。」於是秉燭陳榻，衾褥畢具。有頃，娘子出，數十青衣人前導，曰：「縣主至。」見一女，年可十三四，姿色絶代，謂穆曰：「妾父齊王，隋室第二子。隋亡，父遇害。妾年幼，亂兵入宫，有欲相逼者，妾罵辱之，遂爲所害。已離人間二百年矣。」穆知是鬼，亦無所懼，遂入卧内。但其氣奄然，其身頗冷。頃之，泣謂穆曰：「妾獨居此，今爲惡王墓所擾，欲聘妾爲姬。妾以帝王之家，義不爲凶鬼所辱。君回日，能挈我俱去，生成之惠也。」穆許諾。須臾，天將明。縣主涕泣，與穆辭訣。既出門，回顧無所見。發其地，得骸骨一具，遂改葬於洛陽。歲在己卯，穆晨起將出，忽見數人至，謂穆曰：「縣主有命。」穆曰：「豈相見之期至耶？」其夕暴亡，遂與楊氏合葬。《靈鬼志》

親王女曰「郡主」，郡王女曰「縣主」，孫女曰「縣君」，玄孫女曰「鄉君」。《事物紀原》

宗女封郡、縣主，皆有月俸錢米。張掄娶仲偏女，封遂安縣主，月入百千。《容齋隨筆》

明女封主君五等，親王女封郡主，郡王女封縣主，鎮國將軍女封郡君，輔國將軍女封縣君，奉國將軍女封鄉君。《讀書紀數略》

故事，宗女適人，皆內侍與有司主之。以昭穆益疎，但給奩具。然有司不時給，宗女貧不能行，多自稱不願適者。《朝野雜記》

駙馬

凡尚公主，必拜駙馬都尉者。蓋以王姬之重，庶姓之輕，若不加等級，詎可合巹？所以加之。漢制，以列侯尚公主，而魏何晏始以主婿拜，後爲常制。《事物紀原》

宋世以駙馬爲「粉侯」，駙馬之兄爲「粉昆」。《名句文身表異録》

公主夫必拜駙馬都尉，故謂之「駙馬」。郡主之夫爲「郡馬」，縣主之夫爲「縣馬」，不知

何義。《行營雜録》

本朝宗女出嫁，如婿係白身者，爲將仕郎，否則承節、承信郎。妻雖死，夫爲官如故。《容齋隨筆》

凡尚郡主、縣主、郡君、縣君、鄉君者，並曰「儀賓」。《事物紀原》

宋時，親王南班之婿，謂之「裙帶官」。《朝野類要》

太子妃

皇太子妃逢持節使者，駐車不揖。《甲辰儀》

武帝爲太子，長公主嫖以女爲太子妃。《漢書》

王禁女政君入太子宫，御幸有身，立爲太子妃。《漢雋》

納太子妃王氏，賜文武百官布絹。《晉孝武起居注》

武帝楊元后生惠帝，謀婚，久不決。賈充妻郭必欲使所生女配太子，使人輸寶物於楊后，固啓必成。本當娶后妹午，午年十二，小太子一歲，短小未勝衣，更娶南風。南風時年十五，大太子二歲。上聽之，遂納爲太子妃。王隱《晉書》

惠帝爲愍懷太子聘王衍小女惠風，賈后暴戾日甚，乃表乞免爲庶人，送太子妃王氏入金墉城。臧榮緒《晉書》

度宗爲忠王議納妃，臣僚言全昭孫女從父仕宦，備嘗艱險，其處富貴，必能盡警戒相成之道，乃册爲皇太子妃。《宋史》

永樂間，上及后御便殿，東宫妃張氏親執庖爨，上御膳恭謹。上大喜，曰：「新婦賢，他日吾家事多賴也。」由是無易儲意。《明史紀事本末》

皇太子妃金璽，龜紐。沈約《宋書》

皇太子妃册用金。《明會典》

太子才人，比駙馬都尉。蕭子顯《齊書》

初，世祖遣才人謝玖給事惠帝，因是有娠。臨娶賈妃，迎玖西宫，遂生愍懷太子。王隱《晉書》

愍懷太子所幸保林曰蔣俊。臧榮緒《晉書》

大明五年，上爲太子置内職二等，曰保林，曰良娣。《宋書》

太子保林，比五等侯。蕭子顯《齊書》

太子有妃，有良娣，有孺子，妻妾凡三等。《漢書·外戚傳》

《武五子傳》：「納史良娣。」韋昭曰：「良娣，太子之内官也。」《漢雋》

衛太子史良娣，家本魯國。元鼎四年，入爲良娣。生男，號史皇孫。及巫蠱事起，皆遭害。《漢書》

元帝爲太子，所愛幸司馬良娣病，謂太子曰：「妾死非天命，乃諸娣、妾、良人妒我，更祝詛殺我。」太子憐之。及卒，太子忽忽不樂，因以過怒，諸娣、妾莫得見。《女世説》

太子良娣，比開國侯。蕭子顯《齊書》

順宗莊憲皇后王氏，幼以良家子入宮，爲才人。順宗在藩邸時，代宗以才人賜之，生憲宗，立爲孺人。順宗升儲，册爲良娣。《唐書》

「詔賜孺子妾冰、未央才人歌詩。」顔師古曰：「孺子，王妾之有品號者。妾，王之衆妾也。冰，其名。」《漢雋》

太子恂在東宫，高祖欲爲納劉芳女，芳辭以年貌非宜。更敕芳舉其宗女，芳乃稱其族子長文之女，高祖乃爲恂聘之，與鄭懿女封爲左、右孺子焉。《後魏書》

東宫以春夏秋冬四夫人直書閣爲最親，昭儀王秋儿能屬文爲尤親。《隨隱漫録》

王妃

樂安陳夫人，孝質皇帝母也。少以伎入孝王家，得幸，生質帝，拜夫人，爲王妃。《續漢書》

董卓鴆弘農王，王謂妻唐姬曰：「卿王者妃，勢不復爲吏臣妻。幸自愛，從此長辭。」遂飲藥死。唐姬歸，父欲嫁之，誓不許。獻帝聞而感愴，拜爲弘農王妃。《後漢書》

元匡奏：「親王及始藩、二藩王妻悉有妃號，而三藩已下皆謂之妻，上不得同爲妃，下不如

五品已上命婦之號，竊以爲疑。」於是三藩妻亦從妃例。《後魏書》

金主亮聞葛王雍妃美，召之。時葛王爲濟南尹，妃念：「若身死濟南，亮必殺雍。惟奉詔去濟南死，雍可以免。」謂雍曰：「我當自勉，不以相累也。」召王府臣僕，諭之曰：「爲我禱諸東嶽，我不負王，使皇天后土明鑒我心。」衆皆泣下。《女世説》

奩史卷十三

東吳王初桐于陽纂述
同里曹仁虎習庵校刊

統系門五

外命婦

《國語》：「優施謂里克曰：主孟啖我。」注云：「大夫之妻從夫稱主。而孟則里克妻字也。」《兩鈔摘腴》

齊侯以壁司徒之妻有禮，予之石窌。此婦人得封之始也。《事物紀原》

宋時婦人封，自執政以上封夫人，尚書以上封淑人，侍郎以上封碩人，太中大夫以上封令人，中散大夫以上封恭人，朝奉大夫以上封宜人，朝奉郎以上封安人，通直郎以上封孺人。三公大將封帶王爵者，妾亦受封，特視正妻減階耳。《楓窗小牘》

外命婦之號九：公曰某國夫人，侯曰某侯夫人，伯曰某伯夫人，一品曰夫人，後稱一品夫人，二品曰夫人，三品曰淑人，四品曰恭人，五品曰宜人，六品曰安人，七品曰孺人。《明會要》

外命婦有十二階，國夫人、郡夫人、太夫人、郡君、太君、淑人、碩人、令人、恭人、宜人、安人、孺人。《讀書紀數略》

漢崔篆母師氏，通經學百家之言，王莽寵以殊禮，賜號「義成夫人」。夫人之封自此始。《事物紀原》

古者，邦君之妻曰夫人。夫人之號，無敢竊也。老父相呂后曰：「夫人，天下貴人也。」是稱亭長妻爲夫人矣。流及後世，遂以夫人爲貴賤之通稱。《古今考》

馬敬德將爲侍講，其妻夢猛獸將來向之，敬德走超叢棘，妻伏地不敢動。敬德占之，曰：「吾當得大官。超棘，過九卿也。爾伏地，夫人也。」《北齊書》

夷离的，大臣夫人之稱。《遼史國語解》

孝穆太后曾祖母、祖母、母俱封一品夫人。《雙槐歲抄》

明初，正、從一品官曾祖母、祖母、母、妻封贈國夫人，後封一品夫人。《事物紺珠》

宋鄱陽侯孟懷玉母封國夫人，洎隋洗氏以功封譙國太夫人，此夫人封國之始也。《事物紀原》

貞元中，贈張巡妻申國夫人。《孔帖》

江南周后隨後主歸朝，封鄭國夫人，例隨命婦入宮。每入，輒數日而出，必大泣罵後主，聲聞於外，後主多宛轉避之。《江南録》

賈似道母贈秦、齊兩國賢壽休淑莊穆夫人。《槎庵小乘》

功臣妻給俸，自韓世宗妻和國夫人始。《通鑑長編》

隋册冼氏爲高涼郡夫人，此夫人封郡之始也。《事物紀原》

元一品封國夫人，二品封郡國夫人，三品封郡侯夫人。《續文獻通考》

高祖與項氏戰，厄於延鄉，有翟母者免其難，故以延鄉爲封丘縣，以封翟母爲縣夫人。《陳留風俗傳》

漢制，列侯之妻稱夫人，列侯死，子復爲列侯，乃得稱太夫人，夫死而子不侯，不得稱也。杜佑《通典》注：「晉羊祜卒二歲而吴平，武帝曰：『此羊太傅功也。』封其夫人爲萬歲鄉君。」此非夫死從子之意。《南史》：宋鄱陽侯孟懷玉之母封檀國太夫人，御史袁豹謂：「婦人從夫，懷玉父綽見爲大司農，妻不宜從子。」歐陽詢妻徐夫人墓志謂：「徐始以夫恩封渤海郡君，尋加渤海郡夫人，後以子封，乃爲太縣君。」似亦太夫人之意。蓋其子官卑，未當封母爲太夫人也。《野客叢書》

沈約母拜建昌太夫人，帝使散騎侍郎就家讀策，受印綬，自僕射以下數百人就門拜賀。宋梁以來命婦未有其榮。《玉芝堂談薈》

宰相、使相母封國太夫人，妻封國夫人；樞密使、副使、參知政事、尚書、節度使母封郡太夫人，妻封郡夫人；樞密、參政母，經南郊封國太夫人；直學士以上給諫、太卿監、觀察使母封郡太君，妻封郡君；少卿監、防團以下至陞朝官，母封縣太君，妻封縣君。《春明退朝録》

故事，臣僚封贈母、祖母，不問生歿，並加太字。政和間，劉安言：「太者，事生之尊稱也。既歿，並祭於夫，若加之尊稱，則是以尊臨其夫也，於名義未正。」自是始詔：命婦追封，並除去太字。《却掃編》

夏忠靖母廖夫人，事姑甚謹。姑病，執其手語曰：「吾無以報汝，願汝壽過我，子孫事汝如汝事我。」忠靖貴，夫人年八十晉封太夫人。《從野堂存稿》

杜甫詩：「起居八座太夫人。」

漢異姓婦人以恩澤封者曰君。蔡邕《獨斷》

婦人封君，漢始有之，取《春秋》「小君」之義。《事物紀原》

王莽母封功顯君。《漢書》

鄧皇后太夫人爵號爲新野君。《東觀漢記》

梁冀妻孫壽封襄城君，兼食陽翟租，歲入五千萬，加賜赤紱，比長公主。《後漢書》

梁冀夫人號開封君。《梁冀别傳》《後漢書》：「和帝夫人陰氏薨，追號開封君。」

董卓母封池陽君。《後漢書》

唐制，四品妻爲郡君，五品爲縣君，其母邑號皆加「太」字。君封稱太，此其始也。《事物紀原》

唐制，外命婦四品以上給鹵簿。《石林燕語》

母、妻邑號，各視其夫、子之品。其不因夫、子别加邑號者，夫人曰某品夫人，郡君曰某品

郡君。杜氏《通典》

漢武帝封太后母臧兒爲平原君。平原，漢郡。此封郡君之始。《事物紀原》

肅祖太妃荀氏，初以微入宫，生肅祖。中宗以母賤，命虞妃母養肅祖，而出嫁荀爲馬氏妻。馬氏卒，肅祖迎母還宫，稱建安君，追贈豫章君。《晉中興書》

景明初，封外祖母蓋氏爲清河郡君。《後魏書》

元制，品官母、妻，四品贈郡君。《輟耕録》

開元二十七年，詔天下百歲已上婦人版授郡君，九十已上婦人版授縣君，八十已上婦人版授鄉君。《册府元龜》

漢武帝封太后微時金王孫家所生姊，號修成君。修成，漢縣。此封縣君之始。《事物紀原》

董卓孫女名白，未笄，封渭陽縣君。於郿城起壇，從廣二丈餘，高五六尺。使白乘軒金華青蓋車，都尉、中郎、刺史二千石在郿者，各令乘軒簪筆，爲白導從。之壇上，使兄子横爲使者授印綬。《英雄記》

杜乂妻裴氏，恭皇后之母。以后貴，封高安鄉君。孝武追崇爲廣德縣君。晉時縣君之貴如此。《孔氏雜説》

張奎妻長安縣君王氏，名文淑，荆公之妹也。有句云：「草草杯盤供笑語，昏昏燈火話平生。」《隱居詩話》《墨莊漫録》作「荆公女，適吴丞相之子，封長安縣君」，誤。

元制，品官母、妻，五品贈縣君。《輟耕録》

蘇尚書夫人劉，封仁壽縣太君，卒年八十五，子孫曾玄男女五十七人。李中丞之配羅，封夫人，卒年九十三，子孫曾玄五十人，女孫二十餘人。《梅花草堂筆談》

卞隆妻王氏，以后母封顯陽君，追封隆前妻劉氏爲仁慎鄉君，后親母故也。《魏志》

成恭皇后杜氏，京兆人也。母裴氏，爲廣德縣高安鄉君，賜錢百萬，布五百疋。《晉中興書》

凡宗室封女之制，使相女封淑人，節度使女碩人，觀察使女令人。《建炎以來朝野雜記》

明制，正、從三品官母、妻，封贈淑人。《事物紺珠》

元六品封恭人。《續文獻通考》

明制，正、從四品官母、妻，封贈恭人。《事物紺珠》

費愚卒，妾朱氏自經死，贈德人，即恭人也。《弇山堂别集》

宋婦人封號，自夫人以下凡八等。侍郎以上封碩人，太中大夫以上封令人，通直郎以上封孺人。《楓窗小牘》

鄭琪妻羅氏，名幼安，以琪軍功，封令人。《元史》

有王二娘者，熟黎之酋，朝廷封宜人。凡瓊有號令者，必下王宜人。二娘死，女能繼之。《桂海虞衡志》

元七品封宜人。《續文獻通考》

明制，正、從五品官母、妻，封贈宜人；正、從六品官母、妻，封贈安人。《事物紺珠》

屈安人，韓邦靖妻，封安人。早慧，工刺繡。聞父訓諸子，盡得其解。尋令哦詩，悉合矩度。《静志居詩話》

古大夫妻稱孺人，今封贈正、從七品官母、妻。《紀事會元》

張文昌《祭韓吏部》詩：「公疾浸日加，孺人視藥湯。」以爲姬妾，則云乃「令二侍女合彈琵琶、箏」，已有侍女矣。退之曾云：「已呼！孺人戛鳴瑟。」豈以言内子耶？唐棣王炎有二孺人爭寵，蓋親王有孺人二人也。按《曲禮》：「大夫妻曰孺人。」則孺人不得以爲妾，張文昌或取此。宣和罷縣君，改孺人爲第八等。《愛日齋叢抄》

洪武元年，封范氏謹真爲孺人，與六品誥命。《識小編》

碩人、孺人，今率爲婦人之通稱。《香祖筆記》

政和初，定今婦人八階。孺人次以室人，後改爲安人。《學齋呫嗶》

漢陰安侯，乃高帝兄伯妻，羹頡侯母，丘嫂也。樊伉母吕嬃，封臨光侯。《粧樓記》

婦人封侯：高祖封許負爲鳴雌亭侯，高后以蕭相國夫人同爲酇侯。《愛日齋叢抄》《魏春秋》作「明雌」。

奚涓死事，無子，母底氏封魯侯。《文奇豹斑》

王蜀時，臨邛黄崇嘏爲男子裝，遊歷兩川。以事繫邛州獄，上詩於蜀相周庠。庠覽詩，召見，稱鄉貢進士，年三十許。應對詳敏，即命釋之，令與諸子姪遊學。崇嘏雅善琴弈，妙書畫。未幾，薦攝府司户參軍。明敏多才，胥吏畏服。庠欲妻以女，崇嘏以詩辭曰：「一辭拾翠碧江湄，貧守蓬茅但賦詩。自服藍衫居郡掾，永抛鸞鏡畫蛾眉。立身卓爾青松操，挺志堅然白璧姿。幕府若容爲坦腹，願天速變作男兒。」庠見詩，大驚。問其本末，乃黄使君之女，幼失恃怙，與老姥同居，元未從人。庠益重其貞潔。旋乞罷，歸臨邛，後莫知所終。傳奇有《女狀元春桃記》，蓋黄事也。《玉溪編事》

淳熙元年，女童林幼玉求試，所誦經書四十三件並通。時年二十二歲，賜爲孺人。或云林竗玉賜爲進士。《留青日札》

宋孝宗時林幼玉、明武宗時林竗玉，皆以女童應試，詔賜女進士。《宛委餘編》

薛書記濤在元稹幕，後去幕，乃作詩以獻。末云：「樽前百事皆依舊，點檢惟無薛秀才。」《可齋雜記》

邢簡妻陳氏，甫笄，涉通經義，凡覽詩賦，輒能誦，尤好吟詠。時以女秀才名之。《遼史》

明初，識字婦女得舉女秀才，入尚功局。《静志居詩話》

敫用敬妻易淵碧，舉女秀才，以疾還鄉。陳泰圓妻龍玉英，孀居，亦舉女秀才，封大樂賢母。《萬載縣志》

永樂中，梅殷與女秀才劉氏朋邪。《明史》

金建女太學。宋《資治通鑑》

女山人，孟光也。《識小編》

女冒男官

齊東陽女子婁逞，變服爲丈夫，能弈，解文義，仕至揚州從事。後事發，始作婦人服。嘆曰：「有如此技，還作老嫗。」《嘯虹筆記》

劉士珂赴選，晚入旅店。少選，傳云：「祭酒屈郎君晚膳。」引珂擁爐飲酒。昏時共被，乃婦人也，囑珂勿與他人語。詢其所由，則功臣李抱玉主課青衣石氏，因亂，抱玉挾名奏授國子祭酒。《唐雜記》

貞元末，有孟媪者，年二十六嫁張詧爲妻。詧爲朔方兵馬使，日在汾陽王左右。媪貌酷與詧類，詧卒，汾陽傷之，媪遂衣丈夫衣冠，投名爲詧弟，任前職，事汾陽。寡居十五年，汾陽薨，媪年七十二，軍中累奏兼御史大夫。忽思煢獨，嫁三原潘老，生二子，曰滔，曰渠。後媪年百餘歲卒。《乾饌子》

四川西充女子代父從征，以功授都尉，歷官數載而歸。嫂見其腰軀肥大，疑而嘲之。女乃置酒，邀親里會飲，刲腹以示，無他。人皆敬而哀之。《碧梧雜録》

女土官

建昌知府師克，武定知府商勝，東川知府勝古，烏撒知府實卜，皆洪武中女土官。《弇山堂別集》

女土官承襲，或妻繼夫，或妾繼嫡，皆無豫定。《通記》

奩史卷十四

東吳王初桐于陽纂述
鮑丘劉錫嘏純齊校刊

眷屬門一

母

几蘧氏之世，天下之人惟知其母。《亢倉子》

嚴母五子皆爲二千石，號「萬石嚴嫗」。《淵鑒類函》

人臣對君稱母爲「妾」。《戰國策》：匡章對齊威王曰：「臣非不能更葬先妾也。」陳沈炯表言：「臣母妾劉年八十有一，臣叔母妾丘七十有五。」《日知録》

凡與人言，稱彼父母皆加「尊」字。王羲之書稱彼之母與自稱己母同，不云尊字，今所非也。《顏氏家訓》

武后議父在爲母服三年喪，云：「母之於子，慈愛特深，推燥居濕，咽苦吐甘，恩斯極矣，理宜崇報。」《女世説》

駭沐國，父死則棄其母，言鬼妻不可與同居。《博物志》

瑯嶠俗，重母不重父。《臺海使槎録》

母或謂之「媓」。《方言》

蜀稱母曰「姐」。韻府群玉本《説文》

淮南謂母爲「社」。《淮南子》注　《集韻》：「淮南呼母爲媣。」

江淮間謂母曰「媞」。《法帖刊誤》

李賀學語時，呼太夫人爲「阿㜷」。《珍珠船》

齊人稱母曰「㜷」，吴人稱母曰「媣」，俗稱母曰「媽」。《記事珠》

娘、孃同，本少女稱，亦以稱母。《龍龕手鑑》

母亦可稱大人。范滂就獄，與母訣曰：「大人割不忍之恩」是也。《孔氏雜説》《雞肋編》曰：「柳宗元謂劉禹錫之母，亦曰：『無辭以白其大人。』」

康翊仁詩：「三日大人嫌。」《史記索隱》云：「古者，尊嫗爲大人。」《漢書》「宣元六王傳」：「大人，謂張博母也。」故《古詩》云：「三日斷五匹，大人故嫌遲。」《吟窗雜録》

應奉稱母爲家大人。《問辨録》

今人稱母爲北堂萱，蓋祖《伯兮》詩「焉得諼草，言樹之背」。諼草，令人忘憂；背，北堂也。北堂，幽陰之地，可以種萱。初未嘗言母也，不知何以相承爲母事。《野客叢書》

俗謂母爲萱堂。考之《詩》：「焉得諼草，言樹之背。」是爲君子行役而作，以忘憂解之，極通，於母有何干預？或引用樹萱事，則不可用《詩》注之北堂。《鼠璞》

世稱母爲北堂，又曰萱堂，蓋祖《毛詩》注。又韓愈云：「主婦治北堂，故母稱北堂。」《類博雜言》

舜母詣糴所，每還錢與米，問之子也，因抱歸。《類林》

鄭子産聘晉，道中心痛，遣人還家，問母起居。母曰：「吾忽心體不調，憶想汝耳。」郭頒《世語》

匡昕隱金華山。母病亡，昕奔還，號叫，母即蘇。《齊書》

李景莊老於場屋，每被黜，母輒撻其兄景讓。辛相以語主司，遂及第。《唐書》

孟昶降宋，其母李太后隨至京師。昶卒，母曰：「汝不能死社稷，貪生以至今日。吾所以忍死者，以汝在耳。今汝既死，吾靦生何爲？」因不食卒。《玉壺清話》

東坡知貢舉，李方淑下第，其母嘆曰：「蘇學士知貢舉，而汝不成名，復何望哉？」抑鬱而卒。《聞見雜録》

王子文遭論罷官，以母年高，託言得除以悦母意。母曰：「我已知之。汝父昔以諫諍忤時相，罷去國。今汝又如此，吾方以爲喜，汝復何憂！」《稗史》

昔有母子離別，母每見蠨蛸垂絲，子必至，故名「喜子」。子思母亦然，故號「喜母」。《未

齋雜釋》

馬某娶妾生子鐸，妻妒不容，以嫁同邑李氏，生子騏。後鐸、騏皆中狀元，是一母孕兩狀元也。《明奇事述》

世有「孃惜細兒」之語。《陟岵》詩云：「母曰：嗟！予季行役。」季，少子也。此正所謂孃惜細兒者。《甕牖閑評》

賈似道母兩國夫人，本賈涉之賤妾。涉爲萬安丞，似道在孕，不容於嫡，以情告縣宰。宰令其妻過丞廳，諸妾環侍，因語丞妻以「乏使令，欲借知事一妾」。丞妻云：「惟所擇用。」宰妻指似道之母，丞妻幸其去，欣然許之。即隨歸縣衙，而似道生。後改任，其母竟流落。及似道鎮維揚，子母方得聚會。《古杭雜記》

項明妻生一女而死，有巫能致亡者魂魄，項令召其妻至，項無所覩，女獨見之，真其母也，遂留止不去。母女共處一年，漸縮小如嬰兒，遂不見。《夷堅志》

湖廣布政司署中，一日從空墮婦女二人，自言母女也，爲黑面者驅來。官爲詢其家鄉，遞送還之。《曠園雜志》

魯有九子之寡母，臘日，謁父母家。謂諸子曰：「慎守房户，吾夕而反。」於是歸家。天陰還失早，至閭外而止，待夕而入。或問之，對曰：「與諸奴孺子期夕而反，恐其餔歠醉飽，人情公有也。」穆公聞之，賜號「母師」。《列女傳》

中牟宰佛肸叛，母當並坐，自請見襄子。問死故，襄子曰：「而失教，使至於叛。」母曰：「妾無罪。妾聞，子少則爲子，長則爲友。妾能爲君長子，君自擇以爲臣，此君之臣，非妾之子。君有暴臣，妾無暴子。」乃釋之。《列女傳》

范滂坐黨就捕，其母與訣曰：「汝今得與李、杜齊名，死亦何恨？」《晏元獻類要》

嚴延年治河南酷刑，號「屠伯」。母責罵之曰：「殺人立威名，豈爲人父母哉？天道神明，不可獨殺，我不意老見壯子被刑戮也。行矣，去汝東歸，掃除墓地耳。」遂去。歲餘，果敗。人謂東海有賢智之母。《何氏語林》

馬超叛漢，殺凉州刺史韋康。從事楊阜出見姜敘於歷城，與議討賊。敘母曰：「韋使君遇難，亦汝之負，但當速發，勿復顧我。人誰不死，死國，名芬。」因敕敘與阜參議，許諾。及超襲歷城，得敘母，母罵之曰：「汝背父弑君，天地豈久容汝，敢以面目視人乎？」超殺之。《容齋隨筆》參用《菁齋讀書編》。

季姜姓文氏，王敬伯夫人也。子博妻楊，博子遵婦張，皆服姑教，並有賢訓，號「三母堂」。《梓潼士女志》

劉琨殺令狐盛，其母責之曰：「汝不能駕御豪傑以恢遠略，而專除勝己，禍必及我。」孫伯符將殺魏騰，吳夫人曰：「汝新造江南，當優禮賢士。魏功曹在公盡規，汝今殺之，則人皆叛汝。」二母識度如一。《史測》

趙王使趙括爲將，其母請於王曰：「括必敗，請不從坐。」後果敗，王乃原其母。《史記》

劉真長小時，諸人比之袁羊，劉喜，還告其母。母有識鑒，曰：「此非汝比。」又有方之范汪者，劉復喜，母又不聽。後真長年德轉升，論者比之荀粲。《何氏語林》

甘寧厨下兒有罪，先投吕蒙，寧先許不殺，已還而殺之。蒙大怒，欲攻寧。蒙母曰：「至尊待汝如骨肉，何得以私怒戕大將？若寧死之日，至尊罪汝，則已脱優；假不問，法重恩深，於汝安乎？」蒙即時豁然，自至寧舟，呼曰：「老母待卿食。」遂同見母，歡宴竟日。《女世説》

王經仕至二千石，其母曰：「可以止矣！」經不能用，後爲尚書，以忠於魏主髦爲司馬昭所收，並及母。經泣語母曰：「不從母訓，致有今日。」母笑曰：「往所以止兒者，恐不得死所也。以此並命，我歡其義矣。」《漢晉春秋》

石虎少時，數彈人。石勒欲殺之，母曰：「快牛爲犢子時，多能破車，勒乃止。」《晉書·載記》

江淹年十二，孤貧，嘗採薪養母。於樵所得貂蟬一具，將鬻以供養，母曰：「此故汝休徵。汝才行若此，豈長貧賤？可留待得侍中著之。」後果如言。《女世説補》

房景伯守清河，貝丘人列子不孝，房母崔夫人曰：「小人未見禮數，但呼其母來，我與同居，其子置汝左右，令見汝事我，或應自改。」景伯從之。經二十餘日，其子叩頭流血，其母涕泣乞還。《廣仁類編》

許善心母范氏，博學有高節，常侍獨孤后講讀。及宇文化及弑逆，善心以不舞蹈遇害。范時九十二，不哭，撫柩曰：「能死國難，我有兒矣。」《夜燈管測》

王珪始隱居，與房玄齡、杜如晦善。母李氏嘗曰：「而必貴，然未知與遊何如人？試與偕來。」會玄齡等過其家，李闚，驚喜曰：「二客公輔才，汝貴不疑。」《剪桐載筆》

李長吉好爲詩，每命小奚奴跨驢，背一古錦囊，遇有所得，即書投囊中。及暮旋，太夫人使婢探囊出之，見所書多，輒曰：「是兒當嘔心斯已耳。」《是庵日記》

朱溫爲節度，置酒母王氏前，曰：「朱五經子爲節度使，無忝先人矣。」王惻然，良久曰：「汝能至此，可謂英特，然行義未必得如先人也。」《二酉彙删》

蘇軾母程氏，博通經史，課二子甚嚴。嘗讀《范滂傳》，慨然太息，軾請曰：「軾若爲滂，母許之否？」程曰：「吾獨不能爲滂母耶？」王宗稷《東坡先生年譜》

蘇子瞻僦宅於眉，二婢足忽陷地，視之，有板覆大甕，人謂下有宿藏物，子瞻母亟命以土塞之。《説儲》

吕公著作相，子希哲尚滯管庫。公著念以己故不試，嘆其屈。夫人聞之，笑曰：「亦未知其子矣。」《厥次瑣談》

姚忠肅公爲監察御史，太夫人有賢識，勗之曰：「爲國者忘其家，汝第盡力效忠，果不測，吾追踪陵母，死日猶生年也。」《輟耕録》

沈尚書絢主春闈，其母太夫人曰：「近日崔、李侍郎皆與同宗及第，若擬放誰？」絢曰：「莫踰沈先。」太夫人曰：「先早有聲價，科名不必在汝。我以沈儋孤單，鮮知者。汝若不愍，孰能見哀？」絢不敢違，遂放儋第。先後亦升上第。人服太夫人之朗悟。《迪吉録》

孟母三徙，擇鄰以教子。《列女傳》

孟子少時，問「東家殺豬何爲？」母曰：「欲啖汝！」既而悔曰：「欺之，是教之不信。」乃買豬肉食之。《韓詩外傳》

齊湣王失國，王孫賈從王，失王之處，其母曰：「汝朝出而晚來，則吾倚門而望；汝暮出而不還，則吾倚閭而望。汝今事王，不知王處，汝尚何歸？」賈乃入市，呼市人攻殺淖齒，求王子立之。《容齋隨筆》

陳嬰欲立爲王，嬰母謂嬰曰：「自我爲汝家婦，未嘗聞汝先古之有貴者。今暴得大名，不祥。不如有所屬，事成猶得封侯，事敗易以亡，非世所指名也。」《列女傳》《漢藝文志考證》：「曾鞏曰：『陳嬰母事，曹大家所益，非劉向書本。』然也。」

漢王擊項羽，王陵以兵屬漢王，項羽得陵母，置中軍，漢使至，則以陵母招陵。陵母私送使者，曰：「爲老妾語陵，善事漢王。漢王，長者也。無以老母故懷二心，言妾已死。」乃自刎。杜預《女記》《小學紺珠》曰：「二母者，陳嬰母、王陵母。見班彪《王命論》。」

雋不疑爲京兆尹，每行縣録囚還，母輒問：「有所平反，活幾何人？」不疑多所平反，母喜

笑，飲食言語異於他時。或無所活，母怒，爲之不食。《蘇氏家語》

張緬母劉氏，以父没家貧，葬禮有闕，遂終身不居正室，不隨子入官府。《梁書》

鍾會母張夫人，明於教訓。會年四歲受《孝經》，七歲誦《論語》，八歲誦《詩》，十歲誦《尚書》，十一誦《易》，十二誦《春秋左氏》、《國語》，十三誦《周禮》，十四誦成侯《易記》，十五入太學。謂會曰：「學猥則倦，倦則意怠。吾懼汝之怠，故以漸訓，汝今可以獨學矣。」《鍾會母傳》

吳質偶與客言人短長，母謝夫人屏間竊聽，怒，因杖之百，且曰：「愛其女者，必取三復白圭之士妻之。今獨産一子，孰與婿？急而出語忘親，吾行與若共觀金人耳。」泣不食。質從是謹默。《近世厚德録》

遼西太守趙苞母被劫，質以擊郡。苞見之，悲號。母遥呼其字曰：「威豪，人各有命，何得相顧以虧忠義？」進戰，母遂遇害。《女世説》

羊耽妻辛氏，毗之女，有才鑒。鍾會爲鎮西，請其子琇爲參軍，母曰：「軍旅之間可以濟者，惟仁恕乎？」後會果反，琇竟以道自全。《晉書》

陶侃貧時，冬日著敝葛。及貴，母恒於公服袖口内縫一片，曰：「汝當作佳官，勿忘著葛衫時也。」《世説新語補》

卞壺赴難，二子隨殁，母裴氏撫尸曰：「父爲忠臣，子爲孝子，夫何恨乎？」《三十國春秋》

王大司馬母魏夫人，性甚嚴。王年逾四十，少不如意，猶捶撻之。《顔氏家訓》

劉牢之先爲桓玄所害，及玄篡位，牢之姊子何無忌與劉裕謀討之。無忌夜於屏風裏草檄，其母以器覆燭，徐登梯，於屏風上密窺之，泣曰：「吾不及東海呂母明矣，汝能爲此，吾復何恨？」問所與同謀，曰：「劉裕。」母尤喜，因言「玄必敗，事必成」以勸之。《女世説》

皇甫謐得瓜果以進母，母投諸地，曰：「《孝經》稱：日用三牲之養，猶爲不孝。今爾年近三十，志不存教，心不入道，曾無少慰我心。」因流涕，謐遂伏史書。《玄晏春秋》

張鎰欲理盧樅，使免死，鎰當坐貶，恐爲母憂。問之，母曰：「兒無累於道，吾所安也。」遂直樅罪，鎰貶。《合壁事類》

杜泰姬，趙宣妻也。生七男七女，皆有令德。其教男、戒諸女婦，各有法也。《漢中士女志》

楊子拒妻者，劉懿公女也，字恭璞。有四男二女。拒早亡，教遵閨門，動有法則。長子元琮常出醉酒，母不見十日，因諸弟謝過，乃數責之曰：「汝爲敗首，何以師先諸弟？」《益都者舊傳》《漢中士女志》「拒」作「相」，「懿」作「巨」，「恭璞」作「泰瑛」。《華陽國志》「楊」作「鄭」。

陳文矩妻，李法之姊也，字穆姜。有二男，而前妻四子。文矩死，四子不孝。穆姜以義相導，四子悔過，並爲良士。《後漢書》

李景讓爲浙西觀察，杖殺一押衙，軍中欲爲變。景讓方視事，其母出坐廳事，立景讓於庭，責之曰：「天子付汝以方面，豈得妄殺，致一方如沸，非惟上負天子，且下愧先人矣。」命左右褫衣，坐之，欲撻其背。將佐皆泣請，久乃釋，軍中遂定。《何氏語林》

顔真卿少孤，母商躬加訓導，博極群書。《類説》

楊收幼孤，母親授經，悉通大義。《唐書》

元務光母盧氏寡居，諸子皆親自教授。《朝野類要》

柳仲郢幼嗜學，母嘗和熊膽丸，以助子勤。《唐書》

楊仲珍嘗請客，其母坐窗中窺客，罷，讓之曰：「吾視汝所交，皆不及己，此自損之道。」後復請客，皆耆德秀士，母喜。《緑窗談藪》

薛元曖卒，其妻林氏，洋之妹也。善屬文。有子四人俱幼，林氏訓導立名，並舉進士。《唐詩紀事》

德宗奔奉天，李惟簡將赴難，謀於母鄭氏。鄭氏曰：「爾不能效忠，我不子汝矣。而能死王事，我不朽矣。」乃斬關出。《分門故事》

張氏嘗從容訓子曰：「人有三成人：知畏懼成人，知羞恥成人，知艱難成人。」《竹下寤言》

趙武孟少遊獵，以所獲饋其母。母泣曰：「汝不好書而傲蕩，吾何望哉？」不爲食。《服膺録》

寇萊公少時，愛飛鷹走犬，太夫人每不勝怒，舉秤錘投之，中足流血，由是折節讀書。《寇萊

公遺事》

蘇易簡參知政事，母薛氏召入禁中，上問：「何以教子，成此令器？」母曰：「幼束以禮讓，長訓以詩書。」上曰：「真孟母也。」《宋史》

歐陽修母嘗以荻劃地爲字以教子。《歐陽公始末》

蘇軾生十年，父洵遊學四方，母程氏親授以書。《女世説》

程珦夫人侯氏，明道、伊川之母也。飲食，常置二子於座側教之。《宋史》

楊察母能文，教子甚嚴。察省試登科第二人，報者至，其母方臥，大怒，轉面向壁曰：「此兒辱我，乃爲人所壓。」及察歸，久不與語。其年廷對，果魁天下。《默記》

王義方爲御史，將欲劾奏匪人，問母，母曰：「汝能盡忠，吾雖死不恨。」《唐書》

桓彦範謀誅張易之，以白其母，母曰：「忠孝不兩全，先國後家可也。」《語林》

陳堯咨守荆南回，其母馮夫人問：「有何異政？」堯咨曰：「每以弓矢爲樂。」母曰：「汝父教汝以忠孝，今汝專務一夫之勇，豈汝父之志耶！」杖之，碎其金魚。《澠水燕談》

劉安世初除諫官，入白母，母曰：「諫官爲天子諍臣，汝父生平欲爲之而弗得，汝幸居此地，當捐身報國，正使得罪流放，無問遠近，我當從汝所之。」《説儲二集》

鄒浩初除諫官，恐貽親憂，欲固辭。母張氏曰：「兒能報國，無愧公論，我顧何憂！」《卮言餘録》

張浚欲論秦檜奸，恐爲母累，體至瘠。母怪問，以實對，母不應，惟誦浚父紹聖初對策曰：「臣寧言而死於斧鉞，不忍不言以負陛下」。浚遂决。《古列女直説》

吳元濟反，以董昌齡爲令，質其母楊氏。楊氏謂昌齡曰：「順死賢於逆生。汝去逆而吾死，乃孝子也；從逆而我生，乃戮我也。」昌齡遂歸國。《厚語》

張奎母宋氏，親教子讀書。客至，輒於窗聽之。客與其子論文學，則爲設餚饌；或諧謔，則不設也。《涑水記聞》

邢簡妻陳氏有六子，陳氏親教以經。後二子抱樸、抱質皆位宰相。《遼史》

虞集幼處干戈中，無書册可攜，母楊氏口授《論語》、《孟子》、《左氏傳》、歐蘇文，聞輒成誦。比還長沙，就外傅，始得刻本，則已盡讀諸經，通其大義。《蓬窗類記》

崔立之變，蒲察琦以死自誓。既至家，母方晝寢，驚寤，曰：「適夢三人潛伏梁間，故驚耳。」琦跪曰：「梁上人，鬼也。兒意在懸梁，阿母夢先見耳。」家人輩以老母存泣勸，母止之曰：「勿勸兒，所處是矣。」《女世説》

路仲顯母有賢行，教仲顯讀書。國初賦學家有類書名節事者新出，價數十金，母爲仲顯買此書，撙衣節食，累年而後致。戒仲顯言：「此書當置學舍中，必使同業者皆得觀之。」《中州集》

章文寶聘金氏，未成婚，納妾包氏，有妊，而文寶且死。金氏聞，堅請往視，文寶一見即逝。金氏撫妾守喪。妾生子綸，親教讀書，成進士，官禮部郎。景泰時，欲疏請復儲，恐貽母

憂，金氏曰：「汝能死諫，我無恨也。」疏上，杖幾死，錮詔獄。金氏怡然。《明語林》

朱成没於虜，其子隨征，獨返。見其母夫人，讓之曰：「汝父死於國難，汝隨征，何獨生還？豈利其子棄而不顧耶？」立命死之，以庶子襲其封。《客座新聞》

王融母謝氏教融書學。《齊書》

曾紆學詩，以母夫人魯國魏氏爲師。《空青先生集·孫仲益序》

陳祐少好學，家貧，母張氏嘗剪髮易書使讀之。《元史》

崔元暉爲軍校員外郎，母盧氏戒之曰：「兒子從宦，聞有人來云，貧乏不能自守，此是好消息；聞貨資充足，衣馬輕肥，此是惡消息。爾宜特加修潔，勿累吾此意也。」《職官分紀》

姚天福拜御史，其母戒之曰：「古稱公爾忘私，當罄所衷，以塞其職，勿以未亡人爲恤。俾我追蹤陵母，死之日猶生之年也。」《雕丘雜録》

鄭善果母崔氏，賢明曉政道。善果爲守，每理務，崔氏輒於障後察之。聞其剖斷合理，則大悦；若處事不允，母輒不食。善果由此厲己爲清吏。《珍珠囊》

楚將子發攻秦，絶糧，使人請於王，因歸問其母。母問，使者對曰：「士卒分菽豆而食，將軍芻豢黍粱。」子發破秦而歸，其母閉門不納，曰：「子非吾子也。」《列女傳》

有村人早出賣菜，拾得至元鈔十五錠，歸以奉母，母曰：「可急速送還。」子曰：「拾得之物，送還何人？」母曰：「但於原拾處俟候，定有失主來矣。」子遂依命攜往。頃間，果見尋鈔

者，便以付還。《輟耕録》

秦簡王能言，母陳妃以唐詩教之。《静志居詩話》

胡時忠仕南昌，虞氏訓之曰：「居官悔過，不如無過。待汝面頸發赤時，若人身家已破矣。」《啓禎野乘》

梁廷佐爲定安教諭，迎養其母馮氏。馮呼廷佐而語之曰：「汝忝爲人師，教與育皆汝事也。我手治絲葛，得絹布若干疋，並鬻我簪珥，買田於是邑，取其入以供單寒之子，則我之留此方者，較之貽爾子若孫爲大矣。」廷佐遵命，置腴田三百畝。諸生群感其德，爲馮建生祠，設位於内，額曰「食德祠」。《觚賸續編》

徐氏，耿庭柏母。《寄子》詩云：「家内平安報爾知，田園歲入有餘資。絲毫不用南中物，好作清官答聖時。」《漁洋詩話》〔一〕

僕固懷恩之子爲偏將所斬，懷恩告其母，母曰：「我戒汝勿反，今衆變，禍將及我。」提刀逐之，曰：「我爲國殺此賊。」《唐書》

全節婦者，安南賊帥齊亮之母也。夫死，以忠義教其子。不聽，遂絶之。自田而食，自紡而衣。詔褒之，賜以兩丁奉養。《唐紀》

〔一〕此條四庫全書本《漁洋詩話》未見，出於《池北偶談》卷十五「談藝五·耿夫人詩」。

師春姜者，魯師氏之母也。訓其女曰：「婦事夫，有君臣之尊，有父子之敬，有兄弟之道，有朋友之信，至寢席之交，然後有夫婦之際。」《列女傳》

趙母嫁女，女臨去，敕之曰：「慎勿爲好。」女曰：「不爲好，可爲惡耶？」母曰：「好尚不可爲，況惡乎？」《女世説》《淵鑒類函》按：「趙母，桐鄉令虞韙妻，潁川趙氏女也。」

牛僧孺早孤，母周氏冶蕩無檢，鄉里羞赧。《牛羊日曆》

民母，嫡母也。《漢書》注

王綽兄弟皆呼嫡母爲「家家」。《北齊書》

陸讓母馮氏，性仁愛。讓，其孼子也，坐贓當死。將就刑，馮氏蓬頭垢面詣朝堂，數讓罪，於是流涕嗚咽，親持杯粥勸讓食。既而上表求哀，詞情甚切。上愍然改容，遂免讓死。《蘇氏家語》

杜羔父卒，母非嫡，經亂，不知所之。後有老婦見羔，竊語人曰：「此少年狀類吾夫。」訊之，故羔母也，遂迎歸。《漢書》

宋朱巽妾劉氏有娠，爲嫡妒，不容，出嫁民間，生壽昌。數歲乃還父家，母子不相聞者五十年。壽昌入秦求之，避雨旅舍。見老婦冒雨抱薪而來投舍，嘆曰：「吾兒壽昌，安知母如此之苦乎？」壽昌前問，乃生母也，遂同歸。《蘇氏家語》《東都事略》謂：「壽昌生七歲，父出其母。」《東軒筆録》謂：「壽昌方在襁褓，而所生母被出。」

謝用母馬氏，苦於嫡，還其家，改適人。用長日夜籲天，求得其母。一日，宿田家，有寡婦相告以故，即馬氏也。涕泣迎婦。《東坡志林》

義繼母者，齊二子之母也。二子被罪，請殺少子。問之，對曰：「少者，妾之子。長者，前妻之子。其父疾且死，屬妾善視之。若忘夫之托，是欺死也。」齊王美其義，皆赦之。《列女傳》

郭丹後母爲鬻衣裝，與丹從師。《後漢書》

羊祜前母，孔融女。兄發初與祜同母兄弟俱病，祜母度不能兩存，乃專心於發，遂得濟也。《説原》

北齊殷外臣有子基、諶，皆已成人，而再娶王氏。基每拜見後母，感慕嗚咽，不能自持。王氏亦悽愴，不知所容。旬月求退，便以禮遣。《女世説補》

閔子騫爲後母所苦，以蘆花衣之，以代絮。父知之，欲出後母。子騫曰：「母在一子單，母去二子寒。」遂止。《孝子傳》

曾子後母遇之無恩，供養不衰。《家語》

馮豹年十二，後母惡之。夜臥，引刀斫之，正值其起，中被獲免。《東觀漢記》

龐參夫人疾前妻子，投於井中殺之，參免官。《後漢書》

王延後母以蒲麻與延貯衣。《晉書》

徐甲前妻許氏生一男，名鋕臼。許亡，甲改娶陳氏，志滅鋕臼。產男，因名鋕杵，欲以杵擣

曰也。《還冤記》

閻纘後母誣纘盗金，訟於有司。《駢志》

盧操繼母張氏，生三子，命操爲三子執勤。三子每出，操爲驅驢。《史系》

正德中，錦衣衛千户李雄西征陣没。遺孤五人，子二：曰承祖、曰亞奴；女三：曰桂英、曰玉英、曰桃英。諸子皆前妻所産，惟亞奴後妻焦氏生。焦欲圖親兒繼襲，令承祖往戰場尋父骸骨，覬其陷於非命，而承祖竟抱骨以歸。焦乃鴆死承祖，支解而埋之。又以桂英鬻豪家爲婢。玉英頗知典籍，年十六，伶仃窮迫，作《送春》詩云：「柴門寂莫鎖殘春，滿地榆錢不療貧。雲鬟霞裳伴泥土，野花何似一愁人。」又作《別燕》詩云：「新巢泥滿舊巢欹，泥滿疎簾欲掩遲。愁對呢喃終一別，畫堂依舊主人非。」焦指詩詞，謂有外通等情，俾舅焦榕執送錦衣衛，誣以姦淫不孝，擬凌遲。嘉靖四年夏，差太監審録罪囚，凡有事枉人冤，許行陳送。於是玉英具本，托其妹桃英賫奏訟冤，疏略云：「臣年十二遇皇上嗣位，遍選才人，府尹以臣應選，禮部憫臣孤弱，未諳侍御，發臣寧家。臣年十六，伶仃無倚，是以濫形吟詠，感諸身心，寄諸筆札，蓋有不得已而爲言者。奈何母恩雖廣，不察臣衷，但玩詩詞，以爲外通，拿送錦衣衛本官，誣臣姦淫不孝，擬剮罪。臣在獄日久，有欺臣孤弱而興不良之心者，臣撫膺大慟，獄中莫不驚惶。臣素不才，鄰里何無糾舉，乃以數句之詩尋風捉影，陷臣死罪。臣之死固無憾，十歳之弟毒藥鴆死，肢解埋棄，果何罪乎？臣母之罪，臣不敢言。「凱風」有詩，臣當自責。陛下俯察臣情，將臣詩句付有司委勘，有無淫姦實情，推詳臣母之心，盡在不言之表。則臣亡父母之靈亦可慰於地下矣。」有旨命三法司會勘，焦氏論斬，玉英着錦衣衛選良才作配焉。《名媛詩歸》

先世以來，庶母皆稱「支婆」。《家世舊聞》

五峰稱父妾爲「少母」。《朱子語録》

世傳孔子三世出妻，蓋本《檀弓》「孔氏不喪出母，自子思始」之説。竊以「出母」者，所生之母也。吕相《絶秦書》：「康公我之自出。」「出」之爲言「生」也明矣。其曰「子不喪出母」，蓋嫡母在堂，不得爲三年喪耳。《三餘録》

《檀弓》注云：「伯魚卒，其妻嫁於衛之庶氏。」以予論之，伯魚卒時年五十，妻年必與之相似，且上有聖人爲之翁，下有大賢爲之子，何得再嫁？《閑中今古録》

賈直孺母見棄於父，直孺貴，奉出母，與後母並處。《説儲》

吕蒙正父多内寵，與妻劉不睦，出之。劉誓不復嫁。及蒙正登仕，迎二親同堂異室，孝養倍至。《冬夜箋記》

張永德父穎，先娶馬氏，生永德，爲穎所出。及永德貴，建二堂，左繼母劉氏居之，右馬氏居之。劉氏卒，馬入謁，太宗嘉嘆，封莒國太夫人。《燕翼貽謀録》

駱統母改嫁，爲華歆小妻。《説頤》

保傅乳母

王獻之保母李如意，能爲文，善草書。《女世説補》

崑山徐氏有《晉王子敬保母甎志》。《曝書亭集》

蘇老泉之妾楊氏，名金蟬，爲子由保母。《東坡集》

則天后武氏撰《保傅乳母傳》七卷。《陝西通志》

義保者，魯孝公稱之保母臧氏也。初與其子入宫，養公子稱。伯御作亂，求公子稱，將殺之。義保乃衣其子以稱之衣，臥於稱之處，伯御殺之。義保遂抱稱以逃。十一年，周天子殺伯御，立稱爲孝公。《女俠傳》

慈母亦曰保母。母亡，父命他妾養己者。《合璧事類》

古者，傅母選無夫與子而曉習婦道者爲之。《三禮圖》

齊孟姬曰：「妾聞，妃后下堂，必從傅母。」《列女傳》

宋失火，伯姬以傅姆不在，不敢下堂。《春秋備忘續遺説》

戚姬以如意年幼，使內傅母趙嫗傳之。《西京雜記》

杜秋，金陵女也。年十五爲李錡妾。錡叛滅，入宫，有寵於景陵。穆宗即位，命秋爲皇子傅母。皇子壯，封漳王。王被罪，廢削，秋因賜歸故里。杜牧《杜秋傳》

漳王義母杜仲陽歸浙西，有詔存問。《西谿叢語》《南部新書》曰：「杜仲陽即杜秋也。」

武帝乳母當徙邊，入辭，先見郭舍人，爲泣下。舍人曰：「即入辭，去數還顧。」母如其言，舍人罵之曰：「咄！老女子，何不疾行。陛下已壯矣，寧尚須汝乳而活耶，尚何還顧？」於是帝憐焉。乃詔止無徙。《漢書》〔一〕

韓晉公有乳母通求外事，公欲殺之，密求顧況營救。況詣公，問之，公曰：「某守禮法，乳母犯之。」況曰：「公幼時，早起、夜臥即要乳母。今爲侯伯，焉用哉？誠宜殺也。」公遽捨之。《史遺》《野客叢書》曰：「顧況蓋用郭舍人之術。」

闞司倉家乳母鈕氏有一子，妻愛之，與其子均。忽一日，妻偶得林檎一蔕，戲與己子。乳母怒，因齧吻攘臂，再三反覆主人之子。一家驚怖，逐奪之。其子狀貌長短，正與乳母兒不下也。妻知其怪，謝之，鈕復手簸主人之子，始如舊矣。《酉陽雜俎》

韓愈乳母李氏，號正真，老於韓氏。《何之子》

晏元獻家老乳嫗燕婆，在晏氏數十年，一家頗加禮。既死，猶以時節祭之。嘗見夢曰：「冥間甚樂，但衰老，須人扶持，苦乏人耳。」其家爲畫二婦人焚之。又夢曰：「受賜多矣，奈軟弱不中用何。」其家嘆異，命匠爲厚紙格繪二美婢。他日又夢來謝曰：「新婢絕可人意，今不寂寞

〔一〕此條不見於《漢書》，出自《史記》卷一二六「滑稽列傳第六十六」。

矣。」明年寒食，家人上冢，復夢曰：「向所得婢，今又爲燕三誘去。」家人曰：「燕三，人也，安有是？」曰：「今亦來矣。」曰：「然則，當爲辨之，不難也。」明日相語，皆大笑。燕三，媪姪也，素不檢，媪死，不復往來，莫知其存亡。遣人訪之，果死矣。遂復畫二老者與之，又來致謝。蓋前後五夢，得二老婢而去。《旌異記》

米元章母嘗乳哺宫中。《楊誠齋詩話》

秦破魏，欲殺魏公子。公子乳母與公子俱逃，魏之故臣見之，曰：「吾聞，秦令有能得公子者，錫金千鎰；匿之者罪至夷。乳母倘言之，則可得千金；不言，則昆弟無類矣。」乳母曰：「吁！我不知公子處，知亦不言。」遂抱公子逃於深澤中。秦軍追射之，乳母以身爲公子蔽矢，着身數十，與公子死。《女俠傳》

獨孤武都謀殺王世充，事泄遇害。有子師仁三歲，遂被禁。乳母王蘭英請髡，鉗入保養。時方喪亂，蘭英乞丐攟拾，遇有所得，便歸食師仁，己惟啖土飲水而已。卒全師仁，歸唐。《女世説補》

高宗乳母盧氏，本杜才幹妻。才幹以謀逆誅，故盧没入宫中。帝既即位，封燕國夫人，品第一。《隋唐嘉話》

唐哀帝天祐二年，内出宣旨：「妳婆楊氏可賜號昭儀，妳婆王氏可封郡夫人，第二妳婆王氏先帝已封郡夫人，今准楊氏例改封。」中書門下奏曰：「後漢順帝封乳母宋氏爲出陽君，安帝封乳母王氏爲野王君，俱致地震。晉室中興，乳母阿蘇賜號保聖君。高齊陸令萱以乾阿妳授封郡君，尋亂制度。中宗神龍元年，封乳母于氏爲平恩郡夫人；景龍四年，封尚食高氏爲蓚國夫人。封爵之失始於此。後睿宗封玄宗乳母蔣氏爲吳國夫人，莫氏爲燕國夫人。歷載以來，寖爲訛弊。伏望賜楊氏號安聖君，王氏號福聖君，第二王氏號康聖君。」從之。《舊唐書》參用《册府元龜》。

武宗封皇太子乳母李氏爲壽國夫人。《續文獻通考》

明永樂中，封乳母馮氏爲保聖賢順夫人。列宗因爲成例，而奉聖夫人客氏遂擅權矣。《日知録》

益王稱疾，太宗召乳母問狀，乳母曰：「王本無疾，徒以姚坦拘束，不得自便耳。」帝曰：「王年少，必汝教之。」杖乳母。《綱鑒》

客氏者，光宗乳媪也。光宗少長，客氏先導之淫。客氏姿色妖媚，即中宫張皇后端麗非凡，客氏且能間之。客氏心喜魏忠賢之狡黠，先與之私通。蓋忠賢得奇術，生啖小兒腦，陽道復生。忠賢又引宦者魏朝共私客氏。熹宗於夜半特給客氏與魏忠賢爲妻，二人在帝左右，播弄非一。《看花行者談往》

王綽兄弟皆呼乳母爲姊姊。《北齊書》

國婆婆，上之乳母。《師友談記》

溫成皇后乳母賈氏，宮中謂之「賈婆婆」。賈昌朝連結之，謂之「姑姑」。《東坡志林》

大夫之子有食母，士之妻自養。《海録碎事》《事物紺珠》曰：「乳母曰食母。」

乾阿妳，高齊陸令萱也。《諸史掇零》

義山《雜纂·不稱意》「少阿妳」，少，去聲。《釋常談》

蘇軾之乳母任氏，名採蓮，工巧勤儉，至老不衰。乳姊八娘養視軾之子邁、迨、遇，皆有恩勞。《東皋雜記》

屬之乳姐，傅之潼母。《諸事拾遺》

中宗以皇后老乳母王氏嫁爲竇從一繼妻，封莒國夫人。俗謂乳母之婿曰「阿奢」，從一每謁見，自稱「翊聖皇后阿奢」。《六帖》

祖母諸母外祖母

太母，祖母也。元豐間稱曹太皇后爲太母，元祐中稱高太皇后爲太母，皆謂帝之祖母耳。元符中謂向太后爲太母，紹興中謂韋太后爲太母，則非也。《老學庵筆記》

江毸年十一始摴蒱，祖母爲説事，事有博弈破業廢身，於是棄五木，終身不以爲戲。《江毸別傳》

韓繪之守衡陽，遇桓氏難。其祖母殷氏撫屍哭曰：「汝父昔罷豫章，徵書朝至夕發。汝去郡

已數年，爲物不得動，遂及此難，夫復何言！」《閨閣語林》

《春秋》：「宋公子鮑美而艷，襄夫人欲通之，乃助之施。」是祖母欲淫其孫。《池北偶談》

薛播早孤，伯母林通經史，授諸子及播。《三十國春秋》

晉謝瞻幼孤，叔母撫育有恩，同於所生。《蘇氏家語》

杜預刺秦州，被誣，徵還。其叔母嚴氏戒之曰：「諺云：忍辱至三公卿。今辱矣，能忍之，公是卿坐。」《女世説》

皇甫謐少倦於學，所養叔母教之曰：「昔孟母以三徙成子，豈我居不卜隣，何爾魯之甚也！修身篤學，自汝得之，於我何有？」因對之流涕，謐乃感激受書。《閨閣語林》

嬸字，世母二字合呼也。《明道雜志》

宣帝賜外祖母號爲博平君。《漢書·外戚傳》

奩史卷十五

東吴王初桐于陽纂述
皖城余鵬年伯扶校刊

眷屬門二

女

衛子夫爲皇后，貴震天下。天下歌之曰：「生男無喜女無怒，君不見，衛子夫霸天下。」《東觀漢記》

武帝大採公卿女以充六宫，胡奮女選爲貴人。奮有一男，早亡。及聞女貴，哭曰：「老奴惟有二子，男入九地之下，女升九天之上。」《晉中興書》

王肅女於文義過目則識，祖朗異之，曰：「興吾家者，必此女矣！」王隱《晉書》

後周獨孤信三女俱爲后，各生周、隋、唐一朝天子。長生周武帝，次生隋煬帝，次生唐高祖。《獨異志》

張公直自九江守徵還，經廬山祠，女戲廟像。其妻夜夢神人致聘，覺，言於夫。至明，船引中流而不行。妻曰：「愛一女，合門受禍也。」公直遂令下女於江，其妻以其亡兄女代之，而船得進。尋公直知兄女，怒曰：「吾何面於當世也？」復下己女於水中。將渡，遥見二女於岸側，旁有一吏，曰：「廬君敬君之義，悉還二女。」《水經注》

楊貴妃寵盛，當時謠曰：「生女勿悲酸，生男勿喜歡。」又曰：「男不封侯女作妃，君看女却是門楣。」故《長恨歌》曰：「遂令天下母父心，不重生男重生女。」《長恨歌傳》

崔曙《試明堂火珠》詩有「曙後一星孤」之句。明年卒，惟一女名星星。始悟其讖也。《唐詩紀事》

郭子儀因河患禱於河伯，曰：「水患止，當以女奉妻。」已而河復故道，其女無疾而卒。子儀以其骨塑之於廟。《師友談記》

澄城九龍廟，廟止有一妃，相傳是馮瀛王女。司馬棫戲題詩曰：「身既事十主，女亦妃九龍。」《嬾真子》

《寄蔡氏女》者，王公之所作也。公以女妻蔡卞，此其所予之詞也。《朱子楚詞後語》

霸州戚彦廣省所親於濱州，留頗久。其長女蘇娘小疾在家，廣忽見一姝入户，乃蘇娘也。問何以來？曰：「得爹書，説危病困重。母憂惱，使我省視。」廣曰：「我不病，何曾發書？」女探懷取示，果手筆也。廣絶以爲異，置女房内，别設榻。迨旦，榻空無人，廣益驚慴。即日兼程還舍，女正懨懨，卧未起。扣以曩事，則了未知。《夷堅志》

吳興有女囚山，又曰女獄山。漢姚恢以柯田山水佳甚，謀居之。其女洩之於姻沈戎家，奪之。恢憤其女，賺女婦寧，因之苧溪之北山墟間。《圖經》

王仲言有女，爲父母憐愛。而所以惱其父者非一，因戲目之曰「摩爺夫人」。《夷堅志》

吳仁璧之女有《閑居》詩，云：「爲惜苔錢妨換砌，因憐山色旋開尊。」仁璧仙去，其後有人於羅浮、句曲諸山見其引一十歲許女子，驗是其女也。《雅言雜載》

鄭範溪女國色，蔣遵強委禽焉，鄭與夫人咸抱其女而泣。江陵曰：「範溪可謂涕出而女於吳。」《林居漫録》

徐達三女皆貴，一爲文皇后，一爲代簡王妃，一爲安惠王妃。《氏族博考》

屠長卿女湘靈，名瑶瑟，爲黄振古妻。而長卿子金樞娶沈君典女，字七襄。兩人皆能詩。湘靈既嫁，時與七襄倡和。長卿夫人亦諳篇什，故長卿有詩云：「封胡與遏末，婦總愛篇章。但有圖書篋，都無針綫箱。」又云：「姑婦驩相得，西園結伴行。分題花共笈，奪錦句先成。」一時美談也。萬曆庚子，七襄卒。未幾，湘靈亦卒。兩家彙刻其詩，曰《留香草》。而長卿篤信乩仙，其化女湘靈爲「祥雲洞主侍香仙子」，亦乩仙所傳也。《坙録》

蒲衣子王隼夫婦偕隱，結濠廬於西山之麓。有女瑶湘能詩，自稱逍遥居士，蒲衣爲刻《逍遥樓詩》。梁太史藥亭寄示瑶湘書云：「聞瑶湘讀書，余甚喜。余與汝祖、若翁交凡兩世矣，視汝一如己子，故甚望於汝之成也。余有女龍端，少汝一歲，頗聰慧。余授以詩，上口即能背誦。而余性懶，不能常授，以此，龍端之學不及汝。聞汝近讀漆園《南華》，又讀《禮經》，更讀《離騷》。余何時得來汝父西山，使汝將所讀書各誦一遍，俾我泠然稱善也。」《觚賸續編》

有一富翁女自幼聰俊，能作詩詞。父母欲擇一佳配，殊難其人。以致年十九而未嫁，終日抑鬱。一日見梧桐落葉，遂題詩其上云：「新桐初引人皆好，小頃婆娑秋轉到。何如早得賞心人，幾葉題詩相贈報。」父念其意，即擇一富厚者嫁之。《獪園》

官本雜劇段數，有《女生外向六幺》。《武林舊事》

諺曰：「盜不過五女門。」以女貧家故也。《陳蕃傳》

王樞密夫人，梅鼎臣女也。入謝慈壽宮，太后問：「夫人誰家子？」對曰：「梅鼎臣女。」太后曰：「是聖俞家乎？」《歸田録》

白興以女爲妻，其妻妒之。興怒，以妻爲婢。《前涼録》

趙魏之間，女謂之「嫁子」。《方言》

潘岳有《京陵女公子王氏哀辭》。《潘黄門集》

關中謂女兒爲「阿嬌」。《喻林》

青齊呼女曰「婄」。《修辭鑑衡》

俗謂女兒爲「賠錢貨」。《傳奇辨正》

奺，俗字，音大，女大及姊也。《桂海虞衡志》

粵中謂女末生曰「殢」。《觚賸》

安南俗，生女則喜，男則憂。蓋女貴於男也。《安南紀遊》

狪人生女，還之母家，曰：「一女來，一女去。」《峒谿纖志》

香山嶴在大海中，貴女而賤男。其家政女子操之，父死，女襲其業，男子則出嫁。《珠江奉使記》

淵明詩：「弱女雖非男，慰情良勝無。」《芥隱筆記》

白樂天詩：「行年欲四十，有女曰金鑾。」《長慶集》

杜詩：「嗟汝未嫁女，秉心鬱忡忡。防身動如律，竭力機杼中。」《鶴林玉露》曰：「朱文公欲集古語爲《女戒》，謂此四句可入『正静篇』。」

諺有「生女耳耳」之言。東坡詩：「平生無一女，誰復嘆耳耳。」《淵鑑類函》

北宫氏女嬰兒子者，齊人也。無兄弟而父母老，遂撤其環瑱，誓不適人，以奉養父母。師覺授《孝子傳》

孝女曹娥者，父爲水所淹，不得其尸。娥年十四，號慕思盱，乃投瓜於江曰：「父在此，瓜當沉。」一旬有七日，瓜偶沉，遂自投江而死。《會稽典録》

先尼和死湍灘，尸喪不得。女絡，年二十五，生二兒矣。分金珠作二錦囊，繫兒頭下，自乘小舟至父没所哀哭，自沉。後六日，與父屍俱出。《華國陽志》《搜神記》：「叔先泥和女，名雄」，

《太平御覽》引《耆舊傳》：「泥和氏，名先雄」，《范書》及《困學紀聞》皆作「叔先雄」，皆誤。何焯曰：「女而名雄，無義理。」

羊緝之女佩在，母亡，不飲食，三日而死。鄉里號曰「女表」。《粧樓記》

孔融被害時，有女七歲，寄住他舍。曹操收之，女曰：「若死而有知，得見父母，豈非至願！」延頸就刑。《野客叢書》

解結爲孫秀所害，女適裴氏，明日當嫁，裴欲認活之，女泣曰：「吾女也，安識夫家。吾家既若此，與生而别，寧死而偕耳。」亦坐死。《蒙泉雜言》

王子雅有三女無男，家累千金。父没當葬，三女各出錢五百萬。一女築墓，二女各建石樓。石質青緑，光可以鑑，窮功綺刻，妙絶人工。《翼學編言》

孝女郁，字叔異。五歲，母不能食，郁亦不肯食。故字曰「異」也。《東觀漢記》

昔人有九子，父死不能葬，一女編荆爲棺。《古今記》《孝苑》同。

七女池。昔有人無男而養七女，父亡，七女負土葬父，取土之處成池，號「七女池」。《水經注》

饒娥，饒人，饒姓，饒名。父溺死，娥走哭水上，三日不食，耳鼻流血死。明日屍出，黿魚鼉蛟浮死萬數。《柳州集》

高愍女名妹妹，生七歲，父彦昭以濮陽城歸天子，母兄皆死。母憐妹妹，請免死爲婢。妹妹

不欲，曰：「生而受辱，不如死。母兄皆不免，何獨生爲？」遂就刑。《李協律集》

昔有夫婦生五女而無男，父母亡，五女殯葬周備，同日自縊。土人爲築五墓，號「五女墩」。《許州志》

夏侯碎金適劉寂，已生二女。會父長雲喪明，碎金求與寂絶，歸侍父疾。父亡，負土作冢，廬其左。《女世説補》

安重榮誣賈章反，殺之，欲宥其幼女，女泣曰：「父死，我忍獨生乎？」遂請死。《山樵暇語》

錢塘陳孝女，遭兵火無宅，隨父依李知事家。届春，女請往母墓，悲極哽咽。父勉之還，則泣告曰：「比聞李氏將北歸，吾父女孤貧，勢必偕往。父耄女單，間關南北，何日再至母墓，俾緑楊紙錢年年如故乎？」言與淚俱。俄大慟，仆地殞。《槐林漫録》

吕仲洙病殆，其女良子與妹細良焚香祝天，請以身代。次日，父瘳。真德秀表其居曰「懿孝」。《廣輿記》

有孝女，父爲蟒所吞，女哭之，願見父屍同死。俄頃，大雷電擊蟒，墮女前。腹裂，見父屍，女觸石死。《明史》

丁季淵婦張夫人，以親染風疾死，終身不言風。《今世説》

齊景公禁傷槐，婧父醉犯之，婧乃造晏子之門請曰：「以槐之故殺婧之父，恐隣國聞之，謂

君愛樹而賤人也。」晏子言於景公，廢傷槐之令。《晏子》

淳于意無男，坐法當刑，其幼女緹縈上書，請入身爲官婢，以贖父罪。天子憐其意，爲除肉刑。《漢書》

楊姬生自寒素，父坐獄，時有尚書告歸，姬乃邀道訟父冤。言語慷慨，尚書愍之，爲出其父。《華陽國志》

趙璘犯罪，有女請隨父死，詔哀之，兼赦父死。《説儲》

孝女諸娥，父被誣，罹死罪。娥方八歲，與舅北走京師，訴父冤。時有令，冤者非卧釘板勿與勘問。娥轉輾其上，幾斃。事乃聞，勘之，父免，娥重傷卒。《山陰縣志》

則天后武氏撰《孝女傳》二十卷。《陝西通志》

諸葛恢小女與謝哀兒婚，於是王右軍往謝家看新婦。威儀端詳，容服光整，猶有恢之遺法。《世説新語》

王皇后諱靈賓，幼而柔明淑德。叔父見之，曰：「吾家女師也。」《梁書》

愍懷太子妃，太尉王衍女，字惠風。太子廢，衍請絶婚。後劉曜陷洛陽，以惠風賜其下將。惠風拔劍拒曰：「吾太尉之女，太子之妃，誓不爲逆胡辱。」遂害之。《晉書》

西秦文昭王滅南凉，納其主景王女爲后。已鴆景王，景王不治死。后密謂其弟虎臺曰：「秦滅吾國，本怨偶，非好逑也。况先王之薨，又非天命。遺言不治，欲完卵於覆巢下也？爲人子

女，可婢僕讐而置冥痛於弗雪乎？」遂相與謀殺王，不成，死。《十六國春秋》

鄭氏女有美色。父爲江外官，維舟江渚。群偷奄至，即以金幣恣其運取。賊一不犯，曰：「但得侍御小娘子足矣。」骨肉相顧，不知所答，女欣然請行。賊即具小舟載去。女曰：「君雖爲偷，得無所居與親屬乎？吾衣冠子，既爲汝妻，豈以無禮見逼？若達汝所止，一會親族，以托好逑足矣。」賊見其詞順，不疑。尋赴江死。《玉泉子真録》

趙主劉曜以靳準弑逆，族其家。獨見靳康女美，將納之，女曰：「陛下既誅其父母矣，忍使闔門伏鑕而一女乘軒？且逆人之誅，尚洿宮伐樹，况其毛裏乎？」號泣請死。曜傷之，免康一子。《女世説》

王廣女美姿容，慷慨有丈夫節。廣爲梅芳所殺，女年十五，芳納之。於闇室中擊芳，不中，乃自殺。《華陽國志》

竇毅之女，周襄陽公主出。聞隋受周禪，自投堂下，撫膺太息曰：「恨我不爲男子，救舅氏之難。」毅及襄陽公主掩其口，曰：「勿妄言，滅吾族。」毅由是奇之。及長，適李淵。《陳紀》

任夢臣臥病不起，家徒四壁。二女賢甚，趙清獻公以俸助之，二女辭不受，曰：「豈敢污先君清德。」《語林》

崔造相國將退位，親厚皆勉之。長女賢，知書，獨勸相國。遂决退。《幽閑鼓吹》

曹御史修古無子，以建言謫知興化。暴卒，貧不能歸葬，賓佐賻錢五十萬，母將受，其女白母曰：「先人忠節，不幸謫死，無煩受錢以凂清德。」賻者復請爲嫁女費，女復泣曰：「用錢於喪，尚不敢取。今欲備嫁，是使吾幸父喪而自醜也。」母遂不受。《女世說》

浦城徐嗣源之女，名彩鸞，略通經史。青田賊至，持刀欲害嗣源，女前曰：「此吾父也，寧殺我。」賊舍父而止，女令父速去。賊拘女至桂林橋，女拾炭題詩壁間，乃厲聲罵賊，投水死。《元史》

淮寇破蕪湖縣，欲殺詹氏女父兄。女趨前拜曰：「妾雖窶陋，願執巾帚以事將軍。」賊釋父兄縛，女麾手使亟去。「無顧我，我得侍將軍，何憾！」遂隨賊行數里，過市東橋，躍身入水。《女世說》

劉氏二女，長曰真，年十九，次曰孫，年七，皆未許嫁。陳友諒兵至，其母曰：「城或陷，置汝何所？」二女曰：「寧死不辱父母也。」城陷，二女自縊，其婢鄭奴亦縊。《三朝野史》

范氏二女幼好讀書，及適人而俱寡。二女同守節，築高垣，圍田十畝，穿井其中，爲屋三楹以居。汲井灌田三十年。自爲塋於屋後，及卒，竟合葬焉。《會稽志》

節娥，貧倡郝氏女也。生數歲，鬻於趙氏爲養女。既長而艷，郝復奪之，女曰：「願業蠶織，以奉甘旨，誓無污我。」俄有少年厚利授郝，郝百計誘娥，且欲强之。娥投河而死。《樂善録》

霸州女子李哥，其母一枝梅，倡也。哥年十二三時，母教之歌舞，哥泣曰：「女率有工，緊我獨爲此乎？」母告以業不可廢。遂不粉澤，所歌多仙曲道情。有召見者，必凝立筵前，目不流盼，與之酒，弗飲。孟津縣令厚賂其母，夜抵舍，欲私之。哥懷利刃閉臥內，罵曰：「汝職在牧民，而狗彘之不若。不急去，吾先殺汝，而後自殺。」令驚走。時監州聞其賢，聘爲子婦，猶處女也。《彈園雜志》

韓汝慶死，其妻屈安人亦没。有女巽，痛其父母繼亡，父集既梓，而母詩不傳，以書詒康太史之女，爲母詩乞序。其詞酸楚，願籍皮爲楮，削骨代穎，以傳母集。太史感而爲之序。《玉壺冰》

許穆夫人爲齊聘，將予，許托傅母言於君懿公曰：「諸侯有女，所以苞苴玩弄，繫援大國。若舍大與小，一旦難起驅馳，孰與慮社稷？」不從，果罹狄禍。《女世説補》

王章爲王鳳所陷下獄，妻子皆收。章小女年十二，夜起號哭曰：「每日獄上呼囚，嘗至九，今八而止。我家君素剛烈，先列者必我家君也。」及明問之，果章死矣。《漢書》

周顗母李氏，名絡秀。少時在室，顗父浚行獵遇雨，而至絡秀之家。會秀父兄不在，秀與一婢於内宰猪羊，具數十人饌。事事精辦而不聞人聲。浚覘之，獨一女，甚美，因求爲妾。其父兄不許，絡秀曰：「門户殄瘁，何惜一女！若連貴族，將來庶有大益。」遂許之。生顗，等及長，絡秀謂之曰：「我屈節爲汝家妾，門户計耳。汝不與我家爲親，吾亦何惜餘年？」顗等從命。《晉書》

譙縱叛晉，自稱成都王。兵敗，將出走，先辭其墓。縱女謂曰：「走必不免，祇取辱焉。等死，死於先人之墓可也。」縱不從而走，卒自縊。《女世説》

謝晦被誅，其女爲彭城王義康妃，聰明有才貌，被髮徒跣赴訣曰：「阿父大丈夫，當横屍戰塲，奈何狼籍都市？」言訖叫絶，行人爲落淚。《野航史話》

吉懋以事脅崔敬，娶其女爲子瓊妻，一日，花車卒至門，敬妻鄭氏抱女大哭，女堅卧不起。其小女白母曰：「父有急難，殺身解救。設令爲婢，尚不合辭。姓望之門，何足爲恥？姊若不可，兒自當之。」遂登車去。《閨閣語林》

李重，中夏名士。其女高明，重每咨焉。《何氏語林》

羊耽妻辛氏憲英，辛毗女也，有才鑒。魏文立爲太子，抱毗項曰：「知我喜否？」毗以告憲英，英曰：「太子，代君主社稷者也。代君不可不慼，主國不可不懼，宜慼而喜，何以能久！魏其不昌乎？」《何氏語林》

居士將入滅，謂女靈照曰：「視日早晚，及午以報。」靈照出户，遽報曰：「日已中矣，而有蝕焉，可試暫觀。」居士避席臨窗，靈照乃據榻趺坐而逝。居士回見，笑曰：「吾女機鋒捷矣。」《龐居士語録》

女子以死殉未嫁之夫，是過中失正之行。《東谷贅言》

女子未嫁人而守節，歸熙甫著論非之。《雨航雜録》　朱錫鬯曰：「未嫁守節，雖過乎禮，亦合乎從一之義。」

項貞女字周應，聞周病瘵，謂乳媼曰：「未嫁而夫亡，當奈何？」曰：「未成婦，改字無害。」女正容曰：「昔賢以一劍許人，猶不忍負，况身乎？」訃聞，遂自經。《祐山雜記》

羅勤女靜，與同縣朱曠結婚，禮未成，勤遇疫疾，曠觸冒經營，尋病亡。靜感其義，誓不嫁。有楊祚者，多將人衆，自往納幣，逼出見。靜曰：「實感朱曠爲妾父死，是以託身亡者，自誓不貳。辛苦之人，願君哀而舍之。如其不然，請守以死。」祚乃去。《三餘録》

宋史平章彌遠，家於東湖。有女才色雙絶，自言世間男子無可與匹。若遇衛玉人之貌，兼元才子之文，則嫁，否則寧以處子潔終耳。於東湖建一亭，日浣粧其上，脂粉所流，人題曰「香塘」，竟不嫁老。《剪燈新話》

李搔妹法行，幼好道，自誓不嫁，遂爲尼。逢屠牽牛，脱衣求贖。雉兔馴狎，入其山居房室。《萬善同歸集》

元紹興路一女，年及笄，守志不嫁。後父母逼嫁之，定情之夕，題詩壁上，有「洞房花燭休休，清風明月皎皎」之句。書訖，擲筆而逝。《樗林三筆》

吳王爲太子聘齊女，女思齊，日夜泣，因病。闔閭乃起北門，曰「望齊門」，令女往遊其上。女思不止，病益甚，乃至殂落。女曰：「令死者有知，必葬我虞山之巔，以望齊國。」闔閭傷之，乃如其言。《吳越春秋》

越臺，相傳越王女嫁於此，懷土思歸，築臺居之。《建康志》

女思山，漢來歙曾孫女嫁爲張德子婦，隨夫還至此山南，望其父母，思慕而死，遂葬焉。《襄陽府志》

蜀王妃不習水土，欲去，王作《東平之歌》以樂之。《蜀本紀》

蜀王妃思其父母，歸寧，王製《歸邪之曲》。《蜀都碎事》

吳安持妻蓬萊縣君王氏，荆公女也。《寄父》詩云：「西風不入小窗紗，秋意應憐我憶家。極目江山千萬恨，依然和淚看黃花。」荆公以《楞嚴經釋》付之，並和以詩曰：「青燈一點映窗紗，好誦楞嚴莫念家。能了諸緣如夢幻，世間惟有妙蓮花。」《冷齋夜話》《隱居詩話》「持」作「特」，「依然」作「依前」。

齊湣王被殺，其子法章爲莒太史敫家傭。敫女奇法章狀貌，因與私焉。及法章爲王，以太史敫女爲王后。敫曰：「女無媒而嫁，污吾世矣！」終身不覿君王后。《類書纂要》

《齊諧記》有失女零丁。零丁，今之尋人招子也。《天禄識餘》

闔閭女怨王先食蒸魚，乃自殺，葬閶門外。其女化爲白鶴，舞於吳市。後陷成湖，今號「女墳湖」。《吳越春秋》

蜀王女年二十亡，王哀悼，不忍言二十。《華陽國志》

同昌公主之喪，懿宗與郭淑妃悼念不已。李可及爲造《嘆百年舞曲》，詞語悽惻，聞者流

涕。《唐會要》

長洲杜子紆次女，年甫十四，日與其母刺繡水亭。母忽夢一少年郎君，頂金冠，衣緋袍，升堂自通曰：「某震澤龍王幼子也，與夫人次女有緣，特來就婚。」婦曰：「我女許字吴氏，無更嫁之理。」少年大怒曰：「若賴我昏也，爾女終不能爲吴氏媳婦。」驚寤。至五月朔，女曉粧初罷，偕侍兒詣亭前，摘海榴飾鬢。瞥見少年從池中躍出，挾之投水。侍兒急呼主母並僕人撈救，已沉水底，不復生矣。婦悲號籲天，夜夢少年來謝曰：「爾女已得佳婿，奚哭爲？」《聞見略》

葉氏女生而知書。及笄，常注目天際，如有所思。一日晨起嚴粧飾，趨父母前禮拜，若將遠離者。詰之無語，但頻視日景。及午，忽入室闔户，跏趺西向坐，手結三昧印，舉體香如芳蘭。母入視之，已化去矣。《居易録》

葉紹袁延泐庵大師招亡女小鸞至，問鸞死時是何光景？何人邀往？鸞云：「去時但見童面如玉，女面如珠，紫金幢，赤珊瑚節，大紅流蘇結爲臺閣。青猊駕橋，赤虬驂乘。黄雲蓋頂，青雲捧足，紅雲開路，白雲護身。爾時殊樂，不知苦也。」《續窈聞》

曹植《金瓠哀辭序》：「金瓠，予之首女，雖未能言，固已授色知心矣！生十九旬而夭折。」《曹子建集》

潘岳有《金鹿哀辭》。金鹿，潘岳女也。《唐類函》

潘岳《任澤蘭哀辭》：「澤蘭者，任子咸之女也。涉三齡而殞，遂爲其母作哀辭。」《潘黄

門集》

後主穆后名舍利，母名輕霄，女侍中陸太姬養以爲女。后以陸爲母，更不睬輕霄。《北齊書》

慈聖光獻皇后養女范觀音，得幸仁宗，溫成患之。會歲大旱，仁宗祈雨弗應，心竊憂懼。溫成養母賈婆婆陰謂丞相，請出宫人以弭災變。上從之。溫成乃曰：「上非出所親厚者，莫能感天。」意首出其養女，以率六宫。范氏遂被出。《春明退朝録》

盧義娥，名桂香，幼鬻吳愛衆爲養女。愛衆母盧有姪三才，依姑餬口，愛衆僕御之。一日，愛衆與妻李對案食，三才入，愛衆叱之，三才掣腰間匕首刺愛衆死。娥持賊裾大呼，賊斫其頭，血淋淋下，娥持裾如故。賊惶急，曳至衢。娥呼擒賊不休，賊斷其指，乃去。娥竟死。衢中大驚，市人邏者糾衆擒之。娥時年十歲。張鶴鳴《義娥傳略》

俗稱養女者爲「養疲馬」。《筠廊二筆》

周令後妻攜三女，周撫之如己女。《洛陽縉紳舊聞記》

姪女孫女姪孫女外孫女

謝道韞，安之姪女。桓玄問道韞曰：「太傅東山二十餘年，遂復不終，其理云何？」謝答曰：「亡叔先正以無用爲心，顯隱爲優劣，始末正當動靜之異耳。」《几上言》

王世充稱帝東都，以兄女妻楊慶。及世充將敗，慶欲將妻歸唐。妻曰：「國家以妾奉箕帚於公，欲申厚意，結公心耳。今家國阽危，不顧婚姻，孤負付屬，非妾所能責公也。妾若至長安，公家一婢耳。願送還東都，君之惠也。」慶不許，妻沐浴靚粧，仰藥死。《女世説》

白居易見小姪女臈娘製衣，寄詩獎其早聰。《香山集》

韋后姪女韋十娘，封郡夫人。《三老堂雜志》

韓侂胄母，憲聖女弟，其妻又憲聖女姪也。《紹興行禮記》

朱淑真，海寧人，文公姪女。《四朝詩集》

李白卒後，范傳正訪其後裔，惟二孫女嫁爲民妻，進止仍有風範。泣曰：「先祖志在青山，頃葬東麓，非素志也。若逝者有知，恐魂魄猶繞青山耳。」《彰明逸事》

陳了翁問家人曰：「並坐不横肱，何也？」其孫女方七歲，答曰：「恐妨同坐者。」《獨醒雜志》

邵士梅自記前生爲棲霞處士，生四子，及卒，值四子皆出，獨孫女垂涕送訣。後適棲霞，尋其故居，四子並已物故，惟孫女孀居，髮且白矣。邵與叙前生及没時景狀，悉符，因解金賙之。《觚賸》

宋度宗全后，乃理宗母姪孫女。一日隨入宫，理宗問曰：「爾父昭孫昔没王事，念之可哀。」后對曰：「妾父可念，淮湖之民尤可念也。」理宗異之，曰：「全氏女言辭甚令，宜配冢嗣。」《女世説》

劉瑾愛曹雄之子謐，以姪孫女妻之。《中官考》

鄭生應舉上京，投宿西郊。一老母問鄭婚未，以外孫女柳姓配之，夕成禮。數月，姑命鄭生將婦歸柳家。鄭至，柳氏舉家驚愕。視之，與女無異。既下車，冉冉行庭中，內女聞之出，兩女忽合爲一體。窮其事，乃是女之外祖母先亡，而嫁外孫女之魂焉。《靈怪録》

米元章以女妻段拂。《軒渠録》

女婿

東齊之間，婿謂之「倩」。《方言》

昭德諸晁謂婿爲「借倩」之「倩」，近世方訛爲「倩盼」之「倩」。予幼小不能叩所出，至今悔之。《老學庵筆記》

孫文英與李元禮俱娶桓叔元女，時人謂桓家兩女俱乘龍，言得婿如龍也。《楚國先賢傳》　張希良曰：「《神仙拾遺記》：『弄玉乘鳳，蕭史乘龍。』此女婿乘龍之原始也。」

樂廣謂之「水鏡女婿」，衛玠時號「玉人」，故曰：「婦翁冰清，女婿玉潤。」《世説》

郭元振少時美風姿，張嘉欲納爲婿。令五女各持一絲幔前，使郭牽之，得者爲婿。遂牽一紅絲，得第三女，大有姿色。《開元天寶遺事》

廣俗，婿未見妻之父母，先飲一杯，曰「盪風杯」。《番禺記》

陸鵬尚安平公主，即東萊王女也。魏孝武謂東萊王曰：「阿翁真得好婿。」《周書》

郭瑀有女，欲爲覓一快婿，遂以妻劉延明。《何氏語林》

權德輿女妻獨孤郁，憲宗曰：「德輿乃有佳婿。」《國史補》

柳開過錢供奉家，見壁繪一婦人像甚美。詰之，知爲供奉女弟，遂强聘爲繼室。時供奉父奉朝請在京，聞之怒，以劫女奏。仁宗曰：「柳開，奇傑士。卿得佳婿矣！朕爲媒可乎？」供奉父拜謝。《女世説》

贅婿，由來已久。賈誼《治安策》：「秦人家貧子，壯則出贅。」又《史記》：「淳于髡，齊之贅婿也。」《七修類稿》

馮布少時贅於孫氏，其外父有煩瑣事，輒曰：「俾布代之。」至今吳中以贅婿爲「布代」。《三餘帖》

世稱贅婿爲「布袋」，謂如身入布袋，氣不得出也。又云：人家有女無子，恐世代自此而絶，不肯出嫁，招婿以補其世代。《猗覺寮雜疏》

俗呼「補代」爲野猫，謂銜妻而去也。《潛居録》

秦會之以孫女嫁郭知運，自答聘書，有「作贅」字樣。夫人欲去之，秦公曰：「必如此乃束縛得定。」《老學庵筆記》

番重生女，贅婿於家，謂之「有賺」。《番社采風圖》

同門之婿爲友婿。《漢書》注

兩婿相謂爲亞，今呼「僚婿」，又呼「連衿」、「連袂」。《嬾真子録》

喬公二女皆國色，孫策納大喬，周瑜納小喬。策從容戲瑜曰：「喬公二女，得吾二人作婿，亦足爲歡。」《江表傳》

蕭嵩與陸象先爲僚婿，人謂「陸郎位極人臣，不如蕭郎一門盡貴」。《事文類聚》

西方謂亡女婿爲「丘婿」。丘，空也。《漢書》注

奩史卷十六

東吴王初桐于陽纂述
全椒金兆燕棕亭校刊

眷屬門三

姊妹姑

宋后姊妹皆有才能令色。永平末，俱選入宫，配皇太子，皆有寵。太子即位，姊妹並爲貴人。《續漢書》

袁隗娶馬融女，隗曰：「姊未適，妹先行，可乎？」對曰：「妾姊高行，家君庶堯配舜，孔子妻公冶長之義，故躊躇。不似鄙薄，苟然而已。」隗默然慙。《何氏語林》

謝遏絶重其姊，張元嘗稱其妹。有濟尼者，並遊兩家。人問其優劣，答曰：「王夫人神情散朗，故有林下風氣；顧家婦清心玉映，自是閨房之秀。」《世説新語》

鄭皇后雖貴幸，面恒有憂色。中宗問其故，對曰：「妾有二妹未出。」中宗從容與劉隗言之，皆得佳對。《晉中興書》

段儀二女皆婉惠，有志操。姊嘗謂妹曰：「我終不作凡人妻。」妹曰：「我亦不爲庸夫婦。」鄰人聞而笑之。後慕容垂納姊，其弟德亦納妹，姊妹俱爲皇后。《後燕録》

宋廷芬五女，長若莘，次若昭、若倫、若憲、若荀，若莘誨諸妹如嚴師。《因話録》

元載拜中書，妻王韞秀《寄諸姊妹》詩云：「笄年解笑鳴機婦，恥見蘇秦富貴時。」《詩話類編》

宣和辛丑，官軍捕賊過縉雲。陳氏二女被執，揮刃於旁，逼污之。長女不爲動，掠髮伸頸，請受刃，官軍斫之。次女竟污焉。後有諗之者，曰：「若獨不能爲姊所爲乎？」次女慘然，連言曰「難！難！」《龍川文集》

徐延龍二女，長曰淑英，次曰德英，皆善屬文。女紅之外，未嘗釋卷。德英著《建文紀》、《孟母仉氏贊》及《悼志賦》，淑英有《貞蕤集》。《莆田志》

許阿秦，竹隱長女。竹隱詩：「憑他道韞誇風絮，爭似儂家有阿秦。」阿秦與妹阿蕁、阿蘇、阿芬唱和爲樂。《淑秀集》

劉氏二女爲倭所掠，先取其姊，姊厲聲曰：「我名家女也，肯污賊乎？」倭笑慰之曰：「若從我，當詢父母歸汝。」女曰：「父母未可知，此時尚論歸耶？」倭尚撫背作款曲狀，女怒，大罵。時黄昏，倭方縱火，女即赴火死。已復侵其妹，妹又大罵，倭露刃脅之，不爲動，曰：「欲殺即殺。」倭欲強犯之，女紿曰：「吾固願從，俟姊骨燼乃可，否則不忍也。」倭喜負薪益火，

火熾，女又赴火死。《瓊臺外紀》

沙才、沙嫩姊妹齊名，有「二趙二酉」之目。《板橋雜記》

周侍郎有《尋姊妹帖》。《放翁題跋》

哈烈婚室，多以姊妹爲至親。《西域志》

女嬃，屈原姊也。楚人謂姊曰「嬃」。袁山松云：「屈原姊聞屈原放逐，來歸，令自寬。故《離騷》云：『女嬃之嬋媛兮，申申其詈予。』」《合璧事類》《荆州圖經》：「姊歸岸，因屈原姊名。」

公乘子皮族人死，其姊泣之悲，子皮止姊曰：「安之。吾行嫁姊，已過時。」不復言。後魯君欲相子皮，姊曰：「臨喪言嫁，不習禮也；過時不言，不達情也。子內不習禮，而外不達情，爲相必敗。」後如言。《雕丘雜録》

聶政爲嚴仲子報仇，刺韓相俠累，因自皮面、决眼以死。暴尸，懸金購問，無知者。其姊嫈聞之，曰：「其吾弟與？」乃如韓市，而死者果政。伏尸哭曰：「是軹深井里聶政也。以妾在故，重自刑以絶從。妾奈何畏没身之誅，滅賢弟之名。」乃呼天悲哀而死政側。《女世説》

漢光武初起義，兵敗，單馬走。遇女弟伯姬，與共騎而奔。前行復見姊元，趣令上馬，元以手撝曰：「行矣，不能相救，無爲兩没也。」《女世説》

李固爲梁冀所害，女文姬乃以弟燮匿於父門生王成，亡命徐州，涕泣送之。謂成曰：「託君

以六尺之孤，若李氏得嗣，君之名義，參於程、杵矣。」久之遇赦，燮得還，姊弟相見，悲感路人。《漢中士女志》

梁冀害李固，固子燮以先遁得免。及冀誅，還里，其姊文姬戒之曰：「先公正直，爲漢忠臣，而遇梁冀肆虐，血食幾絶。今弟辛而得濟，宜杜絶衆人，勿妄往來，慎無一言加於梁氏。加梁氏則連主上，禍重至矣，惟引咎而已。」燮謹從其誨。《女世説》

賈逵年五歲，其姊聞隣家讀書，日日抱逵就籬聽之。逵年十歲，乃暗誦六經，父曰：「吾未嘗教汝，何得致然？」答曰：「姊嘗抱於籬邊，聽隣家讀書也。」《拾遺記》

郝子廉過姊家飯，密留五十錢置席下而去。《風俗通》

沐並過姊，姊爲殺雞炊黍而不留。《魏志》注

王羲之郗夫人謂二弟愔曇曰：「王家見二謝，傾筐倒庋；見汝輩來，平平耳。汝可無煩復往。」《世説》

王凝之謝夫人嘗語弟元曰：「汝何以都不復進，爲是塵務經心，抑天分有限？」《閨閣語林》

彭城王義康，有罪放逐。會稽公主，姊也。嘗與帝宴洽，中席，起拜流涕曰：「車子恐不爲陛下取容。」車子，義康小字也。帝因封餘酒寄義康，曰：「昨與會稽姊飲樂，憶弟，故附所飲酒往。」遂宥之。《教坊記》

駱統八歲時，減飲食以飼飢者。其姊見統，甚哀，曰：「何不告我，而乃自苦？」以私粟與

統。《藻軒閑録》

長廣橋者，宋武帝姊昔賣鈔糴米還，橋小不敢過，無船得渡。日晚，宋帝大飢，久方見姊負米還，乃謂姊曰：「若異日富貴，當廣此橋。」遂爲名也。《梁典》

劉梅女教弟讀書，親正句讀。《北史》

苻堅滅燕，慕容沖姊清河公主，年十四，有殊色，堅納之。沖年十二，亦有龍陽之姿，堅又幸之。姊弟專寵，長安歌之曰：「一雌復一雄，雙飛入紫宫。」《北史》

張巡姊嫁陸氏，軍中號「陸家姑」。《韻學事類》

李勣姊病，嘗自爲粥，而燎其鬢。《唐書》

李長吉姊嫁王氏者，語長吉事最備。《李義山文集》

温庭筠有過，爲留後楊勗笞逐，卒不登第。其姊爲趙顓妻，每切齒於勗。一日，勗過顓廳，温氏出廳，前執勗袖，大慟，牢不可解。且數曰：「若阱吾弟。吾弟年少宴遊，恒情耳，奈何以一眚笞之，致凌霄遠翮，永摧糞壤乎？」復大哭，久乃解。勗以此憤訝致隕。《玉泉子》

女子張雨早喪父母，年五十不肯嫁，留養孤弟二人，教其學問，各得通經。《蘇氏家語》

成國夫人王氏，宣宗皇后之姊。權勢薫天，出入宫掖無時度，号「自在夫人」。《歸潛志》

庚倬爲兵曹，常輟己饌，以餉其寡姊。《因話録》

江伯欲嫁寡姊，姊引鎌自割，伯因前救姊，觸鎌傷姊，遂亡。《世說新語》〔一〕

婦人以姐爲稱。《說文》曰：「媎字，或作姐。」近世稱女兄爲姐，蓋尊之也。按魏繁欽與文帝牋曰：「左騏史納謇姐名倡。」李善注云：「其史納謇姐，蓋當時樂人。」以是知婦人之稱姐，漢、魏時已然矣。《能改齋漫録》

《易》：「歸妹以須。」注云：「有才智之稱。」天文有須女，屈原之姊名女須。《鄭志》《詩》孔穎達疏引此。

瞽瞍與象每欲殺舜，其妹婐首每爲之解。婐，或作嫘。《列女傳》：「舜女弟繫，與二嫂諧。」《路史》注

舜妹名敤手。《通鑑綱目》注

舜妹嫘嘗脱舜於瞍、象之害。《客中閑集》

介子推妹介山氏，恥兄要君，積薪自焚。後人建「妒女祠」。《遺山集》

吳王闔閭葬其妹，殉以美女、珍寶、異劍，窮江南之富。未及十年，雕雲覆於溪谷，美女遊於塚上，白鵠翔於林中，白虎嘯於山側。《拾遺記》

李延年與女弟俱幸武帝，時人語曰：「一雌復一雄，雙飛入紫宮。」《漢書》

〔一〕　此條《世說新語》未見。據《太平御覽》卷五一七「宗親七・姊妹・秦彭」出自汪文臺輯失名氏《後漢書》。

班超在西域久，其妹昭爲上書，帝徵超還。謝承《後漢書》

先主入蜀，權遣船迎妹。妹回，至焦磯溺水而死。今人呼爲「焦磯娘娘」。《誠齋雜記》《山谷集》：「梟磯有靈澤夫人廟，即孫夫人。」

左芬，左思之妹也。思有《贈妹詩》，芬輒答焉。《事文玉屑》

鮑令暉歌詩清巧，擬古尤勝。照嘗答孝武曰：「臣妹才自亞於左芬，臣才不及太冲耳。」《詩品》

《六朝小詩》有「蕙芳亦嬌小」，不知蕙芳何女子。及讀《太冲集》，《嬌女詩》云：「其妹字蕙芳」，乃知出此。《少室山房詩藪》

《香奩集》云：「後魏時，相州人作《李波小妹歌》，疑其未備，因補之。」韓偓所補，似言閨房之意，大非其實。《北史》：「廣平人李波，宗族強盛，殘掠不已，公私成患。百姓語云：『李波小妹字雍容，褰裾逐馬如捲蓬，左射右射必疊雙。婦女尚如此，男子安可逢！』」《西谿叢語》

顔延之之妹適劉憲之，理家勤而精内外諸務，一不諳之，盡皆廢閣。《詞叢類摘》

劉孝綽諸妹，文彩艷質，甚於神人也。蕭韶《太清記》

劉孝標三妹並有才學，二妹令嫻文尤清拔。《彤管集》

鮑照嘗有《登大雷岸與妹書》。《西浮籍》

畢構初丁繼母憂，兩妹在襁褓，親乳之，乳爲之出。及亡，二妹皆慟絶，且言曰：「昔人謂『母兮鞠我』，今吾兄代乳，猶母也。欲酬劬勞，應從慈服。」遂終三年。《女世説》

關圖妹有文學，善書札。圖嘗語同僚曰：「某家有一進士，所恨不櫛耳。」《南楚新聞》

世傳蘇子瞻有小妹，嫁爲秦淮海之妻。按《墨莊漫録》云：「延安夫人，蘇丞相子容内也，有詞行於世。或以爲東坡女弟適柳子玉者所作，非也。」《菊坡叢話》云：「老蘇先生之女，適其母兄程璿之子之才。」然則子瞻二妹，一適柳一適程，非秦淮海。《懷秋集》《侯鯖録》：「延安夫人有《寄季玉妹詞》。」

晁以道致仕而復起，其女弟四娘誚之。《珊瑚鈎詩話》

宋宗慤有妹名鍾馗。《夢溪筆談》《續博物志》作「鍾葵」。

吴寅夫嘗室其少妹，且與生子。《輟耕録》

文信公《寄妹詩》後書云：「可將此詩呈嫂氏，歸之天命。仍語靚粧、璚英，不曾周旋得，毋怨毋怨。徐妳以下，皆可道達吾此意。令柳女、環女好做人，爹爹管不得。淚下哽咽哽咽。兄天祥書達百五賢妹。」《鐵網珊瑚》《吴文正公集跋》：「文丞相與妹書，觀此爲之流涕。」《文山全集》：「空坑之敗，夫人與柳小孃、環小孃、顔孺人、黄孺人俱被俘。」

秦彭欲嫁寡妹，寡妹不嫁，引鎌自害。《東觀漢記》

楚人稱妹曰「阿娟」。《事物紺珠》

周文矩有《鍾馗小妹圖》。《宣和畫譜》《蠶尾續集》：「吴道子有《鍾馗小妹圖》。」

楊慎有《鍾馗嫁妹圖記》。《升庵外集》

虞延有從女弟，年在孩乳，其母不能活之，棄於溝中。延爲收養，遂至成人。《合璧事類》

趙岐娶馬融從妹。融嘗至其家，與從妹宴飲。《白帖》

淮南王安生子遷，爲太子，娶皇太后外孫修成君女爲太子妃。服虔曰：「武帝外姊之女也。」應劭曰：「修成君，皇太后先適金氏所生之女也。」《言鯖》

漢武帝母王太后微時，爲金王孫婦，生女，在長陵小市。武帝立，自駕迎之，直至其門。家人驚恐，女逃匿。扶將出拜，帝下車泣曰：「大姊何藏之深也！」載至長樂宫，與俱謁太后。《東坡詩注》

《左傳》：「聲伯嫁外妹管于奚之女于施孝伯。」注：「外妹爲同母異父妹也。」《春秋左傳評注測義》

烈女竇桂娘，既以才色在李希烈側，乃與陳先奇妻相往來，以姊妹敘齒。《樊川集》

初，韋太后與喬貴妃相結爲姊妹，而貴妃先遭遇，遂薦太后亦得幸。後徽宗北狩，二人皆從。及高宗立，迎母還。貴妃舉酒酌送曰：「姊姊此歸見兒，即爲皇太后矣，宜善自保重。妹妹永無還期，終淪骸朔漠，冀魂遊故鄉耳。」大慟而别。《三朝北盟會編》

董心葵與劉允各内室而合外户，兩家内人結爲姊妹歡。《看花行者談往》

南京舊院有色藝俱優者，或二十姓、三十姓，結爲手帕姊妹。《板橋雜記》

范丹候姊姊飯之，以姊夫不德，留錢百文。《風俗通》

王羲之娶郗鑒女，愔又羲之姊夫。《王氏譜》

平湖朱炳少女，年十六，炳卒。女之姊夫謀欲私之，强附同居，數挑之以言。女遂縊父柩旁。《浙江通志》

妹婿曰「娟婿」。《公羊傳》

趙岐爲妹婿之故，屈志於馬融。《三輔决録》

袁彦道有二妹，一適殷淵源，一適謝仁祖。語桓宣武曰：「恨不更有一人配卿。」《世説》

王詢曰：「惟覺妹夫疏於婦弟。」《續釋常談》

女謂姊妹之夫曰「私」。莊姜，「譚公維私」是也。《爾雅》：「姊妹之夫爲甥。」今無此稱矣。《三餘帖》

魯人之僕有姑，修玄女術得道，白日上昇。一日降於泰山，召僕飲，極歡。臨别，贈以金矢，韞而寶焉，因以「金僕姑」名之。自後魯之良矢皆名「金僕姑」。《膠葛》

齊桓公好色，姑姊妹有不嫁者。《春秋外傳拾遺》

齊師攻魯，至郊，見一婦人棄所生子，抱兄子逃。齊將問之，對曰：「子於母，私愛也；姪從姑，公義也。若背公向私，謂義何？」齊軍曰：「郊野婦人猶持節行，况朝廷乎？」遂回。魯

君旌其門，號曰「義姑」。《列女傳》

梁宣節姑之室失火，兄子與己子在內，入取兄子，輒得其子。及火盛，不復得入，赴火而死。《列女傳》

吕太后崩，上將軍吕禄出遊獵，過其姑吕嬃。嬃大怒，曰：「若爲將而棄軍，吕氏今無種矣。」乃悉出珠玉、寶器散堂下，曰：「無爲他人守也。」《女世説》

王爽曰：「亡姑亡姊，伉儷二宮。」《世説》《中興書》曰：「王蒙女，諱穆之，爲哀帝皇后。王藴女，諱法惠，爲孝武皇后。」

柏文林姑，是楊司空夫人。文林父卒，姑赴哀，止於傳舍，整粧而入。文林心非之。《語林》

譚詞有《秦叔寶見姑娘》。《板橋雜記》

元載妻王韞秀，既貴，每分衣服、器飾於他人，惟不及太原之骨肉。且曰：「兒非不禮於姑姊妹，其奈當時見辱乎？」《芻詢録存徵》

張士遜幼養於姑，仁宗封南安郡君。《東都事略》

山谷有《題徐氏姑壽梅亭詩》。《山谷集》

謝敬妻許氏死而復蘇，云：「冥間曾見沈丈。」沈丈者，其姑夫沈光也。南間人呼姑姨夫爲「丈」。《法苑珠林》

蔡邕書集，呼其姑、女爲「家姑」、「家姊」。《顔氏家訓》

奩史卷十七

東吳王初桐于陽纂述
津門吳人驥念湖校刊

眷屬門四

姑婦

漢廣川王爲幸姬陶望卿作歌云：「背尊章。」尊章，猶言舅姑。今關中呼舅姑爲「鐘」。鐘者，章聲之轉。《天香樓偶得》

《玉篇》：「夫之父母曰嫜。」杜詩乃云「拜姑嫜何耶」。《侯鯖録》

婦稱公曰「阿翁」，稱姑曰「阿家」。《群碎録》《野客叢書》：「范蔚宗妻云：阿家莫憶。」

江浙婦人謂舅爲「官」，謂姑爲「家」。《南唐書》注

舅姑在於他國者，婦以名紙遠申參奉之儀。近代皆以絹囊緘之。至於婦來面謁舅姑，合申投刺之禮，不宜表以絹囊。《李氏刊誤》

北間風俗，婦呼舅爲「大人」。《顔氏家訓》

張説女嫁盧氏。女常爲其舅求官，説不語，但指搘床龜示之。歸告其夫曰：「舅得詹事矣。」《何氏語林》

崔樞夫人，是李西平女。西平生日大宴，有小婢附崔夫人耳語。王問何事，夫人言：「大家昨夜小不安，適使人往候。」王怒曰：「豈有阿家體候不安，不檢校湯藥，而與父作生日？」遽遣走檐子歸。《語林》

李晟正歲，崔氏女歸寧，責曰：「爾有家而姑在堂，婦當治酒食，且以供賓客。」却之，不得進。《冬夜箋記》

漢律：「婦告威姑。」威姑，姑也。婦稱姑爲「威姑」。《説文長箋》

鄭義宗妻盧氏，事姑孝。嘗有盜夜入家，盧冒白刃往至姑室，爲賊捶擊幾死。賊去，家人問：「何不懼？」答曰：「姑也，而可委棄乎？萬一危禍，豈宜獨生？」《舊唐書》

方京，字彩林，金綎室。《示長媳楊珊珊》詩云：「十年爲婦蓼莪餘，蔬水家風樂自如。宛似舉場勤苦士，粧成惟對古人書。」珊珊，字佩聲。《番禺新志》

宋理宗時，潭州李屠妻博通經史，自教其子應龍讀書，李屠常加咄啐。應龍年十七，請舉，屠不許，妻密與錢令行。三日，至某村，日暮無旅店，見一大宅，問爲鄭通判家，遂入求宿。有老門子入覆太安人，太安人曰：「既是赴省官人，請入書齋宿。」太安人一見應龍，詳問姓名，盛設酒饌，終坐。視口中常作咄咄怪聲，應龍莫曉。酒罷出齋，帷帳甚整。次早，送關子一千貫，囑曰：「回途千萬再來。」應龍中第，授澧州教授。回途，復至太安人家，款延數日。曰：「官人酷似亡兒。吾兒仕廣州通判，任滿罷歸，全家爲寇所殺，惟老身在家免死耳。吾家薄有田産，雖立宗人子爲後，今見官人，如再見吾兒，令人不能捨依。若能來此，當分家産一半相與。」應龍辭有父母，曰：「可與父母俱來。」應龍姑諾之，太安人痛哭而别。應龍到家，李屠偶出，亟以告母。母垂淚曰：「是即汝祖母也。汝父全家爲寇所殺，惟留我在。時汝在我腹中五月餘矣。今日之父，即寇也。」應龍大感痛，往告制置。密遣人取太安人來。乃以應龍新除，並請其父母會宴。母至，入内見太安人，相對大哭且喜。以李屠付獄，推勘具得其情，籍其家而戮之。令其母子與太安人俱歸，仍申朝爲應龍改姓鄭氏。《江湖紀聞》《夷堅續志》所載趙安人事與此相同。

《莊子》：「婦姑勃磎。」勃磎，鬬爭也。楊慎《六書索隱》

婦姑鬬諍，取石重六十斤埋門外，即罷。《雜五行志》

趙鳳女適馮道之子，爲道夫人譴罵。趙令婢來訴，道不答。及去，但云：「傳語親家翁，今日好雪。」《蘇氏開談録》

孟子娶婦，入室，其婦袒而在内，孟子不悦，還去不入。婦辭孟母求去，曰：「妾聞夫婦之道，私室不與焉。今妾竊情在室，而夫子見妾，勃然不悦，是客妾也，請歸於父母。」姑召子，謂之曰：「禮，將上堂，聲必揚，所以戒人；將入户，視必下，恐見人之過。今子不察於禮而責

於妻，不亦遠乎？」孟子遂留其婦，謝之。《列女傳》

鄧元義妻李，爲姑所憎，閉置空室，羸露日困，然終無怨色。舅憐之，遣歸更嫁。其子朗得母書，不答；與衣，輒焚之。母乃至親家李氏堂上，以他辭召朗，語之曰：「我爲汝家棄，幾死。聞而父語人云：『家夫人遇之實酷，本自相負。』夫憐猶舅，汝意云何？我何負姑棄，兒又棄耶？」遂絶。《汝南記》

唐氏女適朱姓，夫早卒。姑與富商通，見婦貌，悦之，密以金賂姑。姑誨婦與淫，弗聽。迫之弗從，杖之，至加炮烙，終拒焉。姑以不孝訟於郡。郡亦以商人賂加婦以法，觀者咸冤之，欲婦言其故。婦曰：「若爾，妾幸全，無如陷姑以惡何？」遂死於梅樹下。《稗史彙編》

張貞女嫁汪客子。客妻汪嫗多與人私，諸惡少往往相攜入嫗家飲酒。及客子娶婦，嫗令遍拜之，貞女不肯。一日，嫗與惡少同浴，呼婦提湯。見男子，驚走，嫗遂百端凌辱之。惡少中有胡巖最桀黠，乃與嫗謀。遣其子入縣書獄，巖等登樓縱飲，因共呼貞女，貞女不應，巖從後攫其金梭，貞女折梭擲地，嫗以己梭與之，又折其梭。頃之，巖徑入犯貞女。貞女大呼「殺人！」以杵擊巖。巖怒，走出。貞女自投於地，哭聲竟夜不絶。巖與嫗恐事泄，縶諸床足，椎斧交下，斃焉。鄰里報官，諸惡少以次受刑，嫗死於獄。《歸太僕集》

耿志染病月餘，其媳侍奉湯藥，旦夕惟謹，翁病尋愈。姑疑翁之有私於媳也。夜乘子出，戴翁帽服，徑至媳臥榻調之。媳大詬罵，刳破其面，遂披衣，徒步還家，訴諸父母，潛自縊死。

詰旦，父至婿家，翁儼然出迎，而面無損。父大駭，密語曰：「吾女昨暮歸，言翁之不仁，破其面，已自縊死。而翁面無傷，何也？」翁沉吟曰：「怪！予婦之稱疾不起也。」至榻呼之，則以被蒙頭而拒翁。翁挽之起，面無完膚矣。訟之官，竟死於獄。《資麈新聞》

《爾雅》：「婦謂夫之庶母爲少姑。」《朱子語録》

陝婦嫠居，事叔姑甚謹。叔姑死，女誣殺其母，有司誅之。境内三年不雨，太守祭其墓，大雨。《項氏六帖》《野客叢書》東海孝婦與此同。

徐幼芬與叔姑季靜姎夫人迭有唱和。《詩觀初集》

古樂府所述「三婦」，是對舅姑之稱。末云：「丈人且安坐，調絃未遽央。」古者，婦事舅姑，與兒女無異。《顔氏家訓》

班昭年七十餘卒，所著賦、頌、銘、誄、書、論、疏、令凡十六篇，子婦丁氏爲撰集之，又作《大家贊》。《蘇氏家語》

禮修，趙嵩妻，張氏女也。姑酷惡，遇之不以禮，修終無愠色。姑卒感悟，更慈愛之。後姑病，女來省疾，姑却之，曰：「我死，固當絶於賢婦手中。」《漢中士女志》

盗有欲犯樂羊子妻者，乃先劫其姑。妻聞，操刀而出。盗曰：「從我可全，不從則殺姑。」妻遂自刎，盗亦不殺其姑。太守聞而禮葬之，曰「貞義」。《後漢書》

長孫嫗無齒，其婦唐氏每日乳姑。姑疾篤，宣言曰：「我無以報新婦恩，但願汝婦如予婦孝

也。」《女世說》

魏徵寢疾，上領幼女，曰：「卿强開眼，認取新婦。」《芝田録》

女子何侍爲許遠妻。侍父何陽從遠假求，不悉如意，陽數罵詈。遠謂侍：「汝翁復罵，吾必揣之。」侍曰：「共作夫婦，奈何相辱？揣我翁者，搏若母矣！」其後陽復罵，遠遂揣之，侍因上堂搏姑。《風俗通》

有婦性狠戾，教其夫殺母。夫即用婦語，將母至曠野。將欲加害，忽霹靂殺其兒，母即還家。婦謂是夫，迎問：「殺未？」姑言：「霹靂殺之矣。」《雜寶藏經》

羅鬼之俗，新婦見舅姑，裸而進盥，謂之「奉堂」。《峒谿纖志》

青徐人稱長婦曰「稹」，荆豫人稱長婦曰「熟」。《釋名》

粵中謂新婦曰「心抱」。《觚賸》

女子胡貴真生時，父母欲不舉，有曾母收爲養媳。甫長，女父奪爲富家配，女遂縊死。《江西通志》

奩史卷十八

東吴王初桐于陽纂述
興化任大椿子田校刊

眷屬門五

娣姒姑嫂叔嫂弟婦

世疑娣姒之名，皆以兄妻呼弟婦爲娣，弟妻呼兄妻爲姒。《公羊傳》曰：「娣者，弟也。」以弟解娣，自然以長解姒。長謂身之年長，非夫之年長也。《左傳》：穆姜謂聲伯之母爲姒，叔向之嫂謂叔向之妻爲姒。二者皆呼夫弟之妻爲姒，豈計夫之長幼乎？邢昺《爾雅疏》

《前漢·郊祀志》：「長陵女子以乳死，見神於先後宛若。」孟康曰：「兄弟妻相先後。」師古曰：「古謂之娣姒，今關中呼爲先後，吳楚呼爲妯娌。」《天香樓偶得》

古者稱姒亦曰嫂。張負以女孫事陳平，戒曰：「汝事兄伯當如父，事嫂當如母。」《金壘子》

吕氏舊俗，母母受嬸嬸房婢拜；嬸嬸見母母房婢跪，即答拜。母母呼嬸嬸房婢，並斥其名；嬸嬸呼母母房婢稍老成親近者，則並以姐稱之。《紫微雜記》

王昶娶鍾氏女，其弟湛娶郝氏女。鍾、郝爲娣姒，雅相親重。東海家內則郝夫人之法，京陵家內範鍾夫人之禮。《世説新語》

唐高宗太后以薛顗妻蕭氏、薛緒妻成氏非貴族，欲出之，曰：「我女豈可與田舍女爲妯娌邪！」《通鑑》

竇尚書夫人孔氏性嚴，右丞夫人傾背，即一房列五榻，自孔夫人而下五房妯娌，皆同寢處。《丁晉公談録》

李光進弟光顏先娶，而母委以家事。及光進娶，母已亡，弟婦封貲貯，納管籥於姒。光進命返之，曰：「娣逮事姑，且嘗命主家事，不可改。」《楮記室》

崔休長子聘盧尚之長女，又爲次子求其次女，曰：「欲令姊妹妯娌。」尚之感其義，同日成婚。《蕉窗雜録》

郭逸有二女，長女妻崔浩，次女復妻其弟。《詩》曰：「兄弟婚姻，無胥遠矣。」《是庵日記》

朱滔先與朱瑾結兄弟好，後起兵相攻。破瑾，納其妻以歸。滔婦張氏迎於封丘，瑾妻再拜，張亦拜，悽然泣下。曰：「兖鄆與司空同姓之國，昆仲間以小故興干戈，而使吾姒至此。若不幸汴州失守，妾亦如此矣。」言已又泣。滔感動，送瑾妻爲尼。《女世説》

妻稱夫之姊妹曰姑，古人直稱嫂妹。《漢書》：敬武長公主曰：「嫂何與取妹？」曹大家

《女誡》亦稱嫂妹。《金壘子》

弟婦稱夫之姊曰「女㚤」。《搜採異聞録》

班昭女妹曹豐生，亦有才惠。女妹，昭婿之妹也。《漢雋》

夫之女弟爲女妹，亦曰「小姑」。《廣修詞指南》

魏甄夫人中兄儼早亡，母性嚴，待諸婦有常。夫人在家時，常諫曰：「嫂年少守節，待之當如婦，愛之當如女。」母感其言，爲流涕。《閨閣語林》

鄒媖前母生一子，娶妻荆氏，爲媖母所惡，飲食不給。媖私以己食繼之，母責媖，媖跽而泣曰：「女他日不爲人婦耶？有姑若是，吾母樂乎？奈何令嫂氏二親日蹙憂女之眉耶？」其母亦稍止。《女世説補》

尹紉榮嫁劉晉仲，與晉仲妹文玉相酬和。《山樵暇語》

周聞妻方氏，幼能文。聞有妹庚，亦知書。姑嫂常相酬答，有《羹繡集》行於世。《甫田人物志》

成化初，上元民女張妙清，與兄嫂陳氏居，壁相連。一日兄與嫂狎，女窺見心動，俟兄出，呼嫂同寢。問狀，且效爲之，遂有孕。其夫家以聞於官，驗之，仍是處女。及生子，官令嫂育之，女仍歸夫。《耳談》

庶女，齊之少寡婦也。無子，不嫁，事姑謹敬。姑女利母財，殺母，以誣寡婦。婦冤結叫

天，天爲作雷電，下擊景公之臺。《淮南子》

謝朗總角時，新病起，體未堪勞。偶在叔安坐，與林道人講論，遂至相苦。母王夫人壁後聽之，再遣信令還，而安留之。王夫人因自出云：「新婦少遭家難，一生所寄，惟在此兒。」因流涕抱兒婦。安語同坐曰：「家嫂辭情慷慨，致可傳述。」《閨閣語林》

顔含事嫂繁氏甚謹。嫂病困，須得蚺蛇膽爲藥。俄而青鴻飛至，得膽。藥成，嫂病即愈。《晉中興書》

孫棘母臨亡，以小兒薩屬棘，特深友愛。大明五年，募軍後期，棘、薩爭死。妻許氏遥屬棘曰：「君當門户，豈可委罪小郎！且大家臨終，以小郎屬君，竟未有子息。君已二兒，死復何恨！」宋躬《孝子傳》

丘旭家貧，無進取意。秋試將邇，寡嫂劉氏敬問行期，旭以匱乏告。嫂曰：「若得小郎書錦，雖孤兒可鬻，餘非所惜也！」罄囊遺之，登第一。《女世説》

章氏昆弟皆無子，其兄先抱育族人子，未幾得一子，弟因乞兄所抱者，嫂曰：「未有子而抱之，甫得子而棄之，人謂我何？」弟請不已，嫂曰：「必不得已，寧以吾新生與之。」《海涵萬象録》

陳平嫂嫉平不視家産，曰：「有叔如此，不如無。」《史記》

王衍妻郭氏，性貪鄙，令婢於路擔糞。衍弟澄諫之，郭大怒曰：「昔夫人臨終，以小郎囑新

婦，不以新婦囑小郎。」因捉其衣裾，欲杖之。澄踰窗而走。《世説新語》

汝敦兄弟共居，有父母時財物，嫂心欲得之。敦妻勸敦盡讓田宅、奴婢與兄弟，出別居。敦後耕田得金器，妻勸送與兄，夫妻共往。嫂性嗇，見金器，又欲留之，兄因感悟，即去妻。《華陽國志》

《漢書》有「丘嫂」。應劭曰：「丘氏女也。」孟康曰：「丘，空也。兄亡空有嫂也。」晉灼曰：「丘，大也。大嫂，長嫂也。」《兩漢筆記》

有豪家造樓，占踰其嫠嫂地基。嫠婦吞聲忍氣，旦夕焚香籲天。一夜雷電風雨，移其樓，空其地以歸嫠婦，不失尺寸。《瑣綴録》

澆淫通其嫂女岐，少康滅澆，得女岐斬之。《路史》

婦呼夫之兄爲伯，見《陳平傳》。又《爾雅》：「婦稱夫之兄爲兄公。」又《玉篇》：「妐字，音鍾。」注云：「夫之兄也。」《容齋隨筆》

婦稱夫之兄曰「兄忪」，《逸雅》竟稱曰「公」。《雲谷臥餘》

李濤弟澣娶婦竇氏，出參，濤答拜。澣曰：「新婦參阿伯，豈有答禮？」《五代史補》

呂汲公在相位，其兄進伯自外郡還，坐東府堂上。夫人自廊下階趨參，以二婢掖侍而前。進伯遽曰：「宰相夫人不須拜。」汲公解其意，叱二婢使去，而夫人獨拜於赤日中，盡禮而退，進伯略不顧勞。《閑燕常談》

朱明與弟同居，弟妻欲棄兄異室，明以金帛盡給與弟，惟餘空宅。忽一夕狂風驟雨，悉吹財帛還歸明宅。弟與妻羞見鄉里，自盡。明乃捨宅爲寺。《吴地記》

姑蘇馮氏兄弟三人甚相愛。其季娶婦未逾年，輒諷其夫使分異。夫怒曰：「吾家同居三世矣，汝欲敗吾素業耶？」婦乃不復言。其仲每對親戚切齒，謂：「此婦必破吾家。」一日，其婦向夫悲泣求去。詰之，不答。固問之，始收淚曰：「妾父母以君家兄弟篤於友義，故以妾歸君。今仲常欲私我，我不敢從，每恚怒，欲令君逐妾。向勸君别居，其實慮此。使妾不幸爲仲所污，縱君含恥能忍，妾亦何面目以見親戚乎？」因泣不止。季怒，遂逼其兄析居，而孝友衰焉。《虚谷閑抄》

唐太宗寵巢玉妃，是妻弟婦也。《孔氏雜説》

氾固推家財百萬與寡弟婦。《燉煌新録》

親戚

周季貞，班昭姊之子也。喪婦，作《問神》，其姨難之。《三輔决録》

武后姊韓國夫人早寡，出入禁中，一女國姝，帝皆寵之。韓國卒，女封魏國夫人。后忌甚，遂毒殺之。《唐書》

狄梁公爲相，有姨盧氏居午橋。姨生一子，未嘗來都城。公因休沐，候姨安否。因問表弟有

何樂願，悉力從其欲。姨曰：「相爾自貴耳。吾止有一子，不欲令事女主。」公大慙而退。《松窗雜録》

《稗史彙編》曰：「狄文惠姨與姚公靖姊正復相似。姚姊云：『安有作和尚不了是好人者。』」

元微之作《姨母鄭氏墓銘》，蓋鄭濟女，崔鵬妻也。崔氏譜同。白樂天作《元微之母鄭氏誌》亦言鄭濟女。則鶯鶯乃崔鵬之女，於微之爲中表兄妹。傳奇鶯鶯事，特托張生以避就耳。《傳奇辨正》

彭伉妻，湛賁之姨母也。伉舉進士，賀宴皆官人、名流。湛至，命飯於後閣，湛無難色。姨母責之，湛感其言，孜孜學業。未數歲，登第。《宜春傳信録》

高祖生而皇妣殂，無由得乳，高祖從母乳之。《宋史》

山谷姨母李氏崇德君，善墨竹。《山谷集》

俗云：「姨娘懷裏，聞得娘香。」元裕之《哭姨母西君》詩：「姨娘懷裏阿娘香。」《書影》

符承祖用事，親姻爭附。其姨母楊氏謂姊曰：「姊雖有一時之榮，不若妹有無憂之樂。」姊與之衣服，多不受。承祖遣人迎之，厲志不起。強輦車上，則大哭。言：「爾欲殺我！」由是符氏內外皆號「癡姨」。後獨不及禍。《女世説》

袁聿修爲姨丈人所賞。蓋今之姨夫也。《名句文身表異録》

女伶謝阿蠻善舞，玄宗令按新曲，時貴妃女弟秦國夫人端坐觀之。曲罷，上戲曰：「阿瞞樂籍，今日幸得供奉夫人，請一纏頭。」秦國曰：「豈有大唐天子阿姨無錢用耶？」遂出三百萬爲

一局焉。《楊妃外傳》

崔繪妻盧氏美而寡，歸父母家。適女兄嫁李思冲亦夭。時思冲爲工部侍郎，請於武后，求氏爲繼室，敕許之。氏不可，曰：「吾柏舟久砥，詎肯靦上別船？且非他人，而姊夫。羞哉！其以雁行作魚貫也。寧没官家爲婢耳。」遂巇面斷髮，逃還繪舍。武后亦不奪。《女世説補》

古杭趙妻黎氏，攜二女觀燈。叢雜中，少女爲惡少掠去，賣臨清擅長青樓，號「賽濤」，以詞翰能賽薛濤也。長女歸周子文。子文爲吏，赴京，過臨清，見賽濤貌肖其妻，因宿焉。詰之，告其故。訟之官，攜歸。父母即以賽濤歸子文。有《曲江鶯囀集》，皆賽濤詩詞也。《摭遺新説》

虞鳳娘姊嫁徐明輝而卒。明輝聞鳳娘賢，懇其父，欲聘爲繼室。女泣謂父母曰：「兄弟未嘗同妻，即姊妹可知？」父執不聽，女絶口不言，自經死。《義烏人物志》

方梧坡之父無子，偶妻之妹來省其姊，私之，有娠。妻乃爲作産蓐狀，生梧坡。厚貲裝以嫁其妹。《雪舟脞語》

兖州有贅婿，與妻妹私通事露，二人曰：「吾當共詣岱嶺，質諸神。如果有私，願受誅殛。」祝訖下山，各以爲謾衆而已，神固何知？行至山半，趨林薄僻處行淫焉。久而不歸，家人覓之，則皆死矣。而其二陰根交接，粘着不解。蓋神譴之，以示衆也。《浮物》

庾翼婦母阮與女上安陵城樓，阮語女：「聞庾郎能騎，何由得見？」婦告翼，翼便於道盤馬。《世説》《庾氏譜》曰：「翼妻字静女。」《劉氏譜》曰：「綏妻字幼娥。」即阮也。

柳子厚有《祭獨孤氏丈母文》，稱妻母也。若韓滉稱劉元佐母爲丈母。是又爲女人尊者之通稱。《柳南隨筆》

張延賞選婿，無可意者。其妻苗夫人賢而知人，特選韋皋。曰：「此人貴鮮儔。」遂妻之。皋性疏曠，不拘細行，延賞竊悔，由是輕慢之，惟夫人待之益厚。皋因辭東遊，張氏罄奩具以治行。延賞幸其去，以七馱物爲贐。皋行翌日，悉還之，惟留奩物及書册而已。後五年，皋擁節旄，會德宗幸奉天，持節西川，替延賞，乃改姓名作韓翶，人莫敢言。至天回驛，去府三十里。人有報曰：「替相公者韋皋，非韓翶。」夫人苗氏曰：「必韋郎也。」延賞曰：「天下姓名同者甚衆，彼韋生必填溝壑，豈能乘吾位乎？」及入州，方知不誤。延賞慚懼，自西門潛逃。皋入見夫人，禮奉過布衣之日。《唐宋遺史》

章淳父俞早歲無行，妻母楊氏早寡，俞與之通。已而生子，即淳也，紹聖中爲相。所謂燕國夫人墓獨處而無祔者，即楊氏也。《揮麈餘話》

丈母，裴松之《三國志注》已有此稱。《香祖筆記》

丈母爲泰水。《神仙傳》《蓉槎蠡説》曰：「俗呼妻父爲嶽丈，以泰山有丈人峰也。而呼妻母爲泰水，何耶？」

楚稱妻母曰「母姼」。《揚子》

岳母曰「姱」。《臨潼縣志》

舅之子爲內兄弟，姑之子爲外兄弟。今人以妻兄弟爲內兄弟，蓋沿李獻吉之誤。《柳南隨筆》《爾雅》：「妻之舅弟曰甥。」今無此稱。《香祖筆記》

楊后母趙氏早卒，依舅家，舅母愛乳之。《晉書》

「妗」字，舅母二字合呼也。《明道雜志》

鄧攸娶一妾，甚寵愛。歷年後，詢其所由，妾具説父母姓名，乃攸之甥女也。攸哀恨。《世説新語》

范陽盧子夢至崔家，娘子姓盧，乃盧子再從姑也。姑以外甥女鄭氏與盧子成婚。《夢遊録》

歐公甥女適張氏，夫死，攜孤女歸父家，嫁公族子晟。晟之官，至宿州，赴郡晏，歸而失其舟，至京師捕得之。開封府勘，乃梢人與晟妾通，妻知而欲笞之，反爲妾誘，並與梢人通。府尹承當路風旨，令張氏引公以自解。獄奏，仁宗大駭，遣中使王昭明監勘，而張氏反異，公遂得明白。猶坐以張氏奩具買田，作歐陽户名，出知滁州。《行營雜録》

劉表欲以妻妹蔡氏女妻桓楷，楷不受。《三國志》

徐司寇以女內姪字王協一，盛奩嫁焉。《觚賸》

陳潔，字瀣心，歸屠氏，有《題外姪女屠瑤芳像詞》。《林下詞選》

女師爲戊姆。《漢書》注

馮淑安，字靜君，夫死，爲女師以自給。《大名府志》

黄媛介適楊元勳，夫婦偕游江湖，爲閨塾師以終。有《湖上草》。《檇李詩繫》

慈溪姚母能詩，出外爲女傅。某相國以千金聘教女公子。《隨園詩話》

奩史卷十九

東吳王初桐于陽纂述
曲阿劉奎年雲石校刊

妾婢門一

妾

邵文莊云：「妾有媵有卜。卜而妾者，不待六禮，故謂之奔。」按：天文有織女，主貴女；須女，主賤女。貴女，嫡也；賤女，諸侯之副宫九媵，大夫之側室三婦也。《禮》所謂「買妾奔」，則爲妾皆不備禮之謂也。《説文》：「妾字從辛。」女之有罪者爲人妾。此秦法，非周制。《周禮》有「女奚」之條，乃劉歆附會以欺王莽者，殆不可信。妾字從辛，亦秦篆，非古篆也。《丹鉛總録》

漢魏故事，妾見夫人，夫人不答拜。摯虞曰：「妾事女君，如婦事姑，宜不答拜。」《晉書》

桀死，子獯粥妻桀之衆妾。《括地圖》

管氏有三歸，娶三姓女爲妾，因爲臺以居之。《古史考》

管仲妾名婧。桓公使管仲迎寧戚，戚曰：「浩浩乎白水。」管仲不知所謂，婧曰：「古有白水之詩，曰：『浩浩白水，儵儵之魚。君來召我，我將安居。國家未定，從我焉如。』此寧戚之欲仕也。」《女世説》《管子》注：「水魚，喻人配偶，寧有伉儷之思。」

衛有惡人曰哀駘它，婦人見之，請於父母曰：「與爲人妻，寧爲夫子妾者，數十而未止也。」《莊子》

蘧氏之女爲僖子之妾，納泉丘女以副助之。《左國腴詞》

齊惠公妾曰蕭同叔子。《小字録》

或問：「孔子有妾乎？」觀《孔蘩》曰：「夫子妻不服綵，妾不衣帛。」然則孔子亦有妾矣。《瑯琊曼衍》

胡姬者，齊景公之妾也。《左傳》注

春申君有妾曰余。《補侍兒小名録》

隨清娛，司馬遷侍妾，趙之平原人，年十七事遷。遷遊名山，必以清娛自隨。遷故，亦憂傷，尋故。褚遂良撰《隨清娛墓誌銘》

石崇有妾曰仙娥娘，名稱亞於緑珠。《幽怪録》

齊陸厥《中山王孺子妾歌》曰：「未央才人，中山孺子。一笑傾城，再顧傾市。」《藝文類聚》

杜秋娘，金陵女子，爲浙西觀察使李錡妾。錡有陰謀，秋娘製詞隱諫，云：「勸君莫惜金縷衣，勸君須惜少年時。有花堪折直須折，莫待無花空折枝。」《客座贅語》

長安客有買妾者，居數年，忽爾不知所之。一夜，提人首而至，告其夫曰：「我爲父冤故至於此，今報矣，請歸。」斷所生二子喉而去。《唐國史補》

東坡有數妾，四五年相繼辭去，獨朝雲者相隨南遷。朝雲姓王氏，錢塘人。《漁隱叢話》

東坡有妾朝雲、榴花。朝雲死，惟榴花獨存。《耆舊續聞》

范元實爲其妾紅鸞所困，病傷寒殂。《鐵圍山叢談》

陳季常妾，小字秀英。東坡與季常書，稱「秀英君」。《容齋隨筆》

王瓊奴者，王中郎之幼女。父死，失身於趙奉常家爲妾。爲主母凌辱，道出淮上，書其事於驛壁。《青瑣集》

殷無美妾有句云：「妾有一夫君二婦，一年夫婿半年親。」《練水遺聞》

張秀，字惠中，湖廣人，獨居於汴，與德州孫勷相唱和，遂歸孫爲妾，時年六十五。《古夫于亭雜録》

張蒼妻妾百數，嘗孕者不復幸。《漢書》

黄巢平，獻俘於朝，僖宗宣問其姬妾曰：「汝等皆勳貴子女，何爲從賊？」居首者曰：「狂賊凶逆，國家以百萬之衆失守宗祧，今陛下以不能拒賊責一女子，置公卿將相於何地乎？」就

刑，神色肅然。《女世説》

李尚書道甫，姬妾數十人。道甫病革，呼諸姬，問：「我死，誰當從我？」諸姬爭言願從死。一姬最少，美而艷，獨無語，衆誚讓之。道甫既死，此姬盛服靚粧，坐柩側，七日不食而死，諸姬竟不能從。《谿山餘話》

顔師古注《漢書》曰：「姬者，周之姓，貴於衆國之女，所以婦人美號皆稱姬焉。」《左傳》：「雖有姬姜，無棄憔悴。」姜亦大國女，後乃謂妾爲姬。信陵君賂如姬，竊兵符，奪晉鄙軍。如姬，魏王幸妾也。《事物紀原》

《左傳》：「平公以同姓四人備嬪御，鄭子産聘晉，言於叔向曰：『今君内實有四姬焉。』」蓋指其不别同姓之醜，非目妾爲姬也。按古婦人皆有字與謚，或國名下繫其姓，先儒謂示不忘本，且别他族。今考字下繫姓，如周女曰伯姬、叔姬，齊女曰孟姜、季姜，宋女曰孟子、仲子，狄女曰叔隗、季隗是也。謚下繫姓，如齊女曰宣姜、莊姜，宋女曰聲子，秦女曰懷嬴，楚女曰文芈，杞女曰定姒是也。國下繫姓，如秦女曰徐嬴、葛嬴，陳女曰息嬀之類是也。漢史有諸姬、薄姬、愛姬。臣瓚曰：「姬，漢内官也，秩比二千石，在婕妤下。」師古謂：「漢内官無姬職。姬者，周姓，貴稱也。」世例以目妾，豈反賤乎？《識遺》

王霞卿才華清贍，節行尤高，一代名姬也。韓嵩聘爲妾。嵩卒，鄭殷彝往謁之，霞卿辭疾不見，令輕綃持詩贈之，鄭慚而去。《侍兒小名録》

東坡嘗寫古木怪石，書其後「贈賈耘老」，云：「可令新荷葉收掌。」新荷葉，賈侍姬也。《東坡紀年録》

范石湖云：「朝士中姝麗有三傑。」謂韓旡咎、晁伯知家姬，及趙彦博家姬小瓊也。《齊東野語》《近體樂府》有《贈趙富文家姬小瓊詞》。

王仲和妹有小姬十輩，執樂甚閑。《江湖長翁集》

葛無懷初爲僧，後返初服，居西湖。有二侍姬，一曰如夢，一曰如幻。《癸辛雜識》

袁榮襄公晝寢，夢一美姬扶床跪請曰：「妾備充李白洲下陳，今願侍相公帷幄。」袁夢覺，異之，召黄夫人語焉。既而李以黨宸濠敗，妻孥没入官。及世廟賜榮襄公女婢六人，李姬與焉，宛然夢中人也。《見聞録》

裴休披毳衲，於歌姬院持鉢乞食。《北夢瑣言》《雲谷雜記》曰：「東坡《謝元長老衲裙》詩：『欲教乞食歌姬院，故與雲山舊衲衣。』《邵氏聞見録》未達坡意，蓋未見《北夢瑣言》耳。」

韓熙載所得俸錢即爲諸姬分去，乃著衲衣負筐，令門生執手板，於諸姬院乞食，以爲笑樂。《南唐近事》

陸展染白髮，欲以媚側室。《南史》

郭元振夜行，有宅宇燈燭，但聞女子哭聲。公問：「人耶？鬼耶？」曰：「妾鄉有烏將軍，能禍福。每歲，鄉人擇美女嫁焉。父利鄉人之金，潛以應選，醉妾此室而去，二更當來。」公大憤曰：「吾當救汝。」未久，將軍至。公取佩刀斫其腕，斷之，將軍失聲而走。視其手，乃猪蹄也。俄聞哭聲漸近，乃父母舁櫬收屍。公令鄉人尋血而行，見大猪無前蹄，已斃。公納其女爲側室。《幽怪録》

崇寧中，有王生者入都，嘗薄暮至延秋坊，過一小宅，有女子甚美，獨立於門，若有所待者。抵夜，復過其宅後，適牆内擲一瓦出，拾視之，有字云：「夜於此相候。」生以牆上剥粉戲書瓦背云：「三更後宜出也。」復擲之。因稍退，伺之。少頃，有男子至，周視地上，無所見，微嘆而去。至三鼓，一女子開門出，一老媪負笥從後。生就之，女愕然曰：「非也。」媪亦曰：「非也。」將復入，生挽而刦之曰：「汝爲女子，而夜與人期至此。執汝詣官，醜聲一出，辱汝門户。我邂逅遇汝，亦有前緣，不若從我去。」女泣而從之。生攜歸，匿小樓中。女自言曹氏，父早死，獨有己一女。母鍾愛之，爲擇所歸。女素悦姑之子某，欲嫁之，使乳媪達意於母，母意以某無官，弗從，遂私約相奔。牆下微嘆而去者，當是也。居數月，生之父知之，促歸，扃之別室。女所賫甚厚，坐食垂盡。使人訪其母，則以亡女故，抑鬱而死久矣。女不得已，與媒謀下汴，訪生所在。至廣陵，資盡不能進，遂隸樂籍，易姓名爲蘇媛。生偶過廣陵，女以娼侍酒。生屢目之，女捧觴，不覺兩淚墮酒中。生問：「何以至此？」女以本末告，生愧嘆流涕。遂密納女爲側室。《清尊録》

劉婆惜，樂人李四之妻也，頗通文墨。先與撫州常推官之子交好，苦其夫間阻。一日偕宵

遁，事覺，劉負愧，將之廣海。經贛州，全普庵納爲側室。《修潔齋閑筆》

陸伯麟側室育子，陸象翁賀啓有「深嗅得油鹽醬醋之香」句。東坡《婢詞》：「揭起裙兒，一陣油鹽醬醋香。」《輟耕録》

齊侯內嬖如夫人者六人。《釵小志》

《嬾真子録》謂陶淵明有如夫人。《甕牖閑評》

妾一名傍妻。《漢・元后傳》：「王禁多娶傍妻。」《天香樓偶得》

枚乘孽子皋之母爲小妻，乘東歸，不肯隨乘。《漢書》

樂成王黨，娶中山傅婢李羽生爲小妻。《後漢書》

張彭祖爲小妻所毒。《東觀漢記》

韃靼有妻名，有妾名，累十累百，皆曰「小妻」。《心史》

章淵《吳歌》云：「阿郎歡自濃，小妻也是妾。」《稿簡贅筆》

劉子輿，成帝下妻子也。《漢書》

小婦，妾也。《漢書》

石崇妓墜樓而死，後人因目妓侍爲「墜子」。《事物紀原》

司馬溫公未有子，清河郡君爲置一妾，俾盛飾送入書房，公略不顧。妾取一帙問曰：「中丞，此是何書？」拱手莊色曰：「此是《尚書》。」妾乃逡巡而退。《翠屏筆談》

溫公無子，張夫人爲置一妾，公未嘗盼睞。一日，張夫人賞花去，是婢靚粧就書院供茶，溫公怫然曰：「今日院君不在，爾出來甚麽！」《畫墁録》

劉文光聘妾京師，約後三年來娶，女矢無他適，酌酒爲別，贈詩曰：「玉手纖纖捧玉杯，仙郎南去幾時回。天涯到處生芳草，須記凌寒雪裏梅。」《稗史彙編》

邊尚書貢繼娶胡氏，通書識字。邊致仕家居，欲求姝麗，爲胡所沮。有族弟偕客攜酒過，邊酒酣，舉令曰「討小老嫂惱」，客不能繼，胡以片紙書「相娘狂郎忙」五字於上，曰：「何不以此對？」《山居解頤》

靳翁逾五十無子，其夫人鬻釵梳買隣女爲妾。翁曰：「此女幼時，我嘗提抱之，不可以辱。」遂還其女。逾年，夫人自妊生子，爲賢宰相。《座右編》

查蓮坡夢雙鳳集屋槾，各銜金篆字，一曰「貞」，一曰「福」。後納二小姬，名適與之同。《樊榭山房集》

楚莊王遊於雲夢，蔡姬、越姬從。王約以生偕樂、死同時，蔡姬諾之，越姬曰：「王以束帛乘馬，取婢子於弊邑，不約死。」後王疾，有赤雲夾日如飛鳥。占者言：「應害王身。」或請移於將相，王曰：「吾股肱也。」不聽。越姬曰：「大哉，君王之德。以是，妾願從王矣。妾死王之義，不死王之好也。」《女世説》

楚莊王左抱鄭女，右抱越女，坐鍾鼓之間。《群書鈎玄》

孫亮有愛姬四人，一名朝姝，二名麗居，三名潔華，四名洛寶。《小名録》

《桃葉歌》者，晉王子敬之所作也。桃葉，子敬妾名。緣於篤愛，所以歌之。《古今樂録》

吳均詩：「娼家小女名桃根」。桃根，乃桃葉之妹，王獻之妾，非娼家也。《樵香小記》

《碧玉歌》者，宋汝南王之所作也。碧玉，汝南王妾名。以寵愛之甚，所以歌之。《樂苑》《在窮記》曰：「碧玉姓劉氏。」

崔㥄寵妾馮氏，長且姣，家人號曰「成母」。《北史》

顔延之有愛姬，非姬食不飽，寢不安。姬憑寵盪延之墜床至損，子峻殺之，延之痛哭。忽見妾排屏風以壓延之，延之懼，墜地，因病卒。《敘小志》

齊公王縉爲妾造寶應寺，宏麗無比。今寺中釋梵天女，悉韓幹爲齊公妓小小等寫真也。《南部新書》

元載寵姬瑤英之母趙姬，本岐王愛妾也，後出爲薛氏妻，生女瑤英。《續補侍兒小名録》

裴休性慕禪林，潛令嬖妾承事禪師。《鑑戒録》

江陵士子遠遊，愛姬爲太守所娶，納於高麗坊邸。及歸，寄詩云：「纖蘿自合依芳樹，覆水寧思返舊杯。惆悵高麗坊邸宅，春光無復下山來。」守遂遣還。《全唐詩話》

蔡元長南遷，有旨取其寵姬慕容、邢、武三人，以金人指名來索也。元長詩云：「爲愛桃花三樹紅，年年歲歲惹東風。如今去逐他人手，誰復尊前念老翁？」《揮麈後録》

吳給事女敏慧，工詩詞。後歸陳子朝，名儒也。晚年惑一妾，緣此，遂染風疾。一日親戚來問，吳同妾在側，指妾曰：「此風之始也。」《詩話雋永》

韓玉汝有愛妾劉氏。玉汝承旨出，臨行，劇飲通夕，且作詞留別。翌日，神宗密知，詔爲般家追送之。《石林詩話》

王丞相有幸妾姓雷，頗預政事納賄，蔡公謂之「雷尚書」。《侍兒小名録》

韓侂胄愛妾張、譚、王、陳四人，皆知郡夫人。《續資治通鑑》華岳上書論侂胄之惡，並詆程松之納妾、倪僎售妹、蘇師旦獻妻。

侂胄所幸妾，同甘苦者爲三夫人，號「滿頭花」。新進者四夫人，至通宫籍，慈明嘗召入賜坐，以示殊寵，四夫人即與慈明偶席，慈明銜之。迨韓爲鄭發所制，慈明特旨令京尹杖四夫人而遣之。《四朝聞見録》《厲氏族譜》：「厲子飛娶韓平原三夫人號滿頭花者爲後妻。」

廬江王瑗寵姬亭亭，本賈人妻，有殊色，瑗殺其夫而納之。瑗敗而姬入宫。復侍文皇。《亭亭敘録》

桓溫尚明帝女南康公主。及溫平蜀，以李勢妹爲妾。嘗著別齋，後主聞，與數十婢拔刀襲之。正值李梳頭，髮垂委地，姿顔端麗，膚色玉曜，不爲動容。徐結髮斂手，向主言曰：「國破家亡，無心至此。今日若能見殺，乃是本懷。」神情閑正，辭氣悽惋。主擲刀前抱之，曰：「阿子我見爾亦憐，何況老奴。」遂善遇之。《妒記》

一顯者常苦嫡庶不睦，鬨聲自内徹外。偶一詞客來謁，值其内鬨，顯者欲借端亂其聽，指所懸《鳩鵲圖》請客賦之。客曰：「鳩一聲兮鵲一聲，鳩呼風雨鵲呼晴。老天却也難張主，落雨不成晴不成。」《雪濤諧史》

徐君蒨侍妾數千，皆佩金翠，曳羅綺，服玩悉以金銀。時魚弘亦稱豪侈，府中謠曰：「北路魚，南路徐。」《玉壺冰》

宋子京雪夜修《唐書》，添纈幕，燃二椽燭，熾炭兩巨爐，諸姬環侍，方磨墨濡毫，以澄心堂紙草一傳。時諸姬中有一人來自宗子家，子京曰：「汝太尉遇此天氣如何？」對曰：「此時但命妾等陳酒殽羅，管絃引滿，酣醉而已，不能爲尚書清事也。」子京點頭曰：「也自不惡。」乃閣筆掩卷起，索酒飲之，幾達晨。《語林》《曲洧舊聞》略同。此與陶穀黨姬事相類，《兩山墨談》已並載之。

張子野晚年多愛姬，東坡詩曰：「詩人老去鶯鶯在，公子歸來燕燕忙。」案唐有張君瑞遇崔氏女於蒲，小名鶯鶯。漢童謠曰：「燕燕尾涎涎，張公子時相見。」又張佑妾名燕燕。《野客叢書》《東坡集》：「張子野年八十五尚買妾。」

孫逢年妓妾曳綺羅者三百餘人，晚年衰憊，而舊好不衰。《雲邁淡墨》

李邦直與韓魏公書云：「玉梳、金篦侍白髮翁，幾欲淡死矣！」玉梳、金篦者，邦直之侍姬也。或問命名之意，邦直笑曰：「此俗云和尚置梳篦耳。」《墨莊漫録》

楊鐵崖晚年姬妾十數人，曰桃葉、曰柳枝、曰璚華、曰翠羽。年既八十，尚有弄瓦弄璋之事。《煙霞小説》

一士老納二寵，托友命名，友以忠奴、孝奴名之。其人曰：「忠孝命婢，不稱。」友曰：「孝當竭力，忠則盡命。」《羅點聞見録》

王黼嘗病危，二妾艷娥、素娥侍疾坐於足。素娥泣曰：「若内翰不諱，我輩豈忍獨生？」艷娥亦泣，徐曰：「生死有命，姊宜自寬。」黼具聞之。既愈，素娥專房，封淑人。艷娥遂辭去。及黼誅，素娥驚悖亦死。《老學庵筆記》

范十郎二女俱爲陸氏妾，長曰鶯鶯，寵甚，早世。次曰燕燕，與群妾等。陸病且貧，群妾皆散，燕燕獨不忍，食貧十餘年。陸死，自鬻以葬。《隨隱漫録》

趙碧瀾老而益貧，二妾方少艾，慮無以安其心，因遣之去，咸弗肯嫁。數獻肴酒，致殷勤焉。既而各與其父母俱至，泣而言曰：「願執事，終身爲尼，以報主恩。」公遂復留之。公死，果如所言。《輟耕録》

韋陟常以侍妾爲書記，掌五采箋，分主報，答辭旨，輕重巧合陟意，而書體遒麗，皆有楷法，陟惟署名。從來受用姬妾，風雅此爲第一。《野航史話》

董小宛歸冒辟疆後，與辟疆日坐畫苑書圃中，撫桐瑟，賞茗香，評品人物山水，鑒別金石鼎彝。間吟得句，與採輯詩史，必捧研席爲書之。相得之樂，兩人自謂天壤間未之有也。《螢芝集》

林方伯五旬無子，娶十四妾，皆以妻妒死。後又購一妾，不三日，撻幾死。女曰：「受撻惟此一次，明日不受矣！」妻大怒，又撻。女歸房，妻亦逐入，女忽閉門，加刃於妻頸曰：「吾爲十四命報冤殺汝。」反棒撻之無算，妻急矢天曰：「再不撻。」女始解。由是兩相歡。《八閩志》

一富宦無子，妻極悍，笞死婢妾數人。一鄰家女白父，願嫁此宦。父因達宦妾之。至第三日，妾方梳洗，妻言起遲，上梯，口喃喃罵。妾覷其將至，用脚一踢，倒撞梯下，隨下樓坐其身上，捶撻罵詈，且言：「我年少女子，豈嫁此老人？只是一大宦家因你絶後，我今撻死你，替你償命，着他另娶。」言畢又撻，婦求饒命，且發誓任其再娶，宦亦懇求放起。後女生一男。《廣莫野語》

柔柔，姓陸氏，歐陽夢桂之妾。夢桂死，柔柔母以女許嫁張酋。母數説女，柔柔掉頭不願。後出往佛寺焚香，酋見柔柔顏色妙麗，欲得之心愈切。即與母謀，將逼娶之，柔柔遂自經於樓上。鄭思肖《柔柔傳》

李姝者，長安女娼也。年未笄，母以售同州節度爲妾，寵嬖專房。以忤旨，載之張侯別第。張固狂淫者，乘其理髮，直前擁致之。姝大呼啜泣，走取佩刀將自刎，婢媵奪救得止。張恥且怒，被酒挺刃，突入偪之。姝曰：「姝幼出賤流，鬻身同州。幸蒙怜愛，許侍巾屨。同州性嚴忌，雖親子弟猶不得見姝之面。偶因微譴，暫托於君侯，不圖君侯見蠱，又以威脅，姝寧以頸血污君侯刀，願速斬姝頭，送同州。」遂拱手就刃，張羞愧流汗，掖之使起。自是不復與戲，姝竟

縊死。《筆奩録》

張士誠兵敗，謂妻劉氏曰：「我敗且死，若曹奚爲？」劉曰：「妾必不負君。」乃積薪齊星樓下，驅群妾、侍女自盡，縱火焚之，遂自縊也。《擬明史樂府》注　亦見張羽所撰《七姬權厝志》。

蘇州汪君病癱，移至園中養病。月夜，見數女子連袂靚粧，披帷而入。汪君叩其何人？答云：「妾等七人皆張王士誠之姬也。昔年齊雲之變，同日殉難。上帝憐之，封爲七聖。園中某處，乃妾輩藏玉之所。君能捨此園爲妾輩香火，疾可勿藥而愈。」汪君欣然願爲立廟，諸姬慰謝而去。不旬日，病果霍然。遂捐金改造，虔奉香火，即其園名「七聖院」。《述異記》

七姬廟在賽金巷，祀元左丞潘元紹妾程氏、瞿氏、徐氏、羅氏、卞氏、彭氏、殷氏。明太祖破蘇州，七姬皆自經死，墓在郡城東北隅。《蘇州府志》　亦見《夷白齋外集》。

汪佛奴，歌兒也，姿色秀麗。濮樂閑以中統鈔一千錠娶爲妾。一日，桂花盛開，濮置酒，佛奴奉觴。濮潛然墮淚，佛奴問故，濮曰：「吾老矣，非久於人世者，汝宜善事後人。」佛奴亦泣下，誓無貳志。既而濮死，佛奴獨居尼寺，操行潔白，以終其身。《輟耕録》

晚翠、寒香，張方洲二姬名也。方洲没後，其長女劉夫人謂：「二姬年少，當有別處。」二姬曰：「蒙先公取憐日久，雖死不足報，況有他意哉！」遂焚香告天，大慟。互相落髮，以表其志。《石田集》　《静志居詩話》曰：「張寧卒，有二婢子曰寒香、晚翠，剪髮自誓，不下樓者四十年。有司以聞，詔旌爲『雙節』。」

齊桓公好色，聽女口，以妾爲妻，遂致適庶數更。《漢書·五行志》

宋挺乃劉陶門人。陶亡後，取陶愛妾爲妻。《晉書》

杜佑以妾爲夫人。《叙小志》

鄭光鎮河中，宣宗封其妾爲夫人，不受。《侯鯖録》

劉從諫妻裴氏，有妾韋願封夫人，詔至，裴怒，毁詔不與。他日，從諫會裴黨，復出詔，裴抵去，曰：「自古不聞側室封者，君承朝廷姑息，宜自黜削，求洗濯。顧以婢爲夫人，族不日滅矣！」從諫赧然而止。《暇老齋雜記》

劉光世請並封其三妾爲孺人。南渡後，諸大將封妾自此始。《宋史》

周宣王之妾曰女鳩，欲通杜伯。杜伯不可，女鳩訴之曰：「杜伯竊與妾交。」宣王殺杜伯。《冤魂志》

王鈇帥番禺狼籍，詔遣司諫韓璜往按之。王妾，故錢塘妓，曰：「無憂。璜舊遊妾家，吾能敗其守。」已，璜至，氣甚高。鈇強邀入别館，妓於簾内歌璜昔所贈詞。邀其滿飲，至再至三，終不出。璜心益急，妾曰：「司諫昔善舞，今能爲妾舞一曲，便出矣。」璜醉，即索舞衫，塗抹粉墨，踉蹌而起。忽仆地，亟命扶掖登舟，昏然酣寢。五更醒，苦衣衫拘絆，索燭攬鏡，羞汗無地，解維去。《女世説》

杜大中自行伍爲將，有愛妾，才色俱美，大中㞞表皆其所爲。一日，大中方寢。妾至，見几間紙筆頗佳，乃製《臨江仙》一闋，有「彩鳳隨鴟」之語。大中覺而視之，云：「鴟且打鳳。」於是掌其面，至項折而斃。《今是堂手録》

沈詢在昭義，有《賓友歌》，詞曰：「莫打南來雁，從他向北飛。打時雙打取，休使兩分離。」及歸，而夫妻皆爲嬖妾歸秦所殺。《續補侍兒小名録》

一貴人畜妾頗多，復於廣陵買楊氏女，名貞慧，年方二八，真佳人也。及至，諸姬愠甚。一姬爲貴人素所最寵者，反與之極歡。未幾，姬音啞而髮落殆盡，寵復歸素所愛倖者。殊不知皆其以物害之也。《見聞録》

京師婦女嫁外方人爲妻妾者，過門信宿，盜其所有逃去。名曰「拏殃兒」。《菽園雜記》

王虔仲嘗荒恣於色，左右諫之，虔仲乃開後閣，驅諸婢妾數十人，任其所之。《世説》

白樂天妓樊素，年二十餘，綽綽有歌舞態，善唱《楊柳枝》。樂天以己年高，將放之。適馬有名駱者，亦同時議鬻。馬出門驤首反顧，素聞馬嘶，慘然泣拜曰：「駱將去，其鳴也哀；素將去，其辭也苦。此人之情也，豈主君獨無情哉！」樂天愍默不能對。《女世説》

琴客，宜城之愛妾也。宜城老，愛妾嫁。顧况《琴客詩序》

韓魏公有女樂二十餘輩，一日盡厚遣之。《韓魏公家傳》

朝華，姓邊氏，少游納爲侍兒。三年，少游欲修真，斷世緣，遂資以金帛而嫁之。《墨莊漫録》

王荊公吳夫人用錢九十萬爲公買一妾。公問之，曰：「妾之夫爲軍大將，部米綱運失舟，家貲没猶不足，又賣妾以償。」公愀然送還其夫。《嗜退庵語存》

沈詹事貶筠州，售一妾。處筠七年，呼妾父母以女歸之，猶處子。《談藪》

開元中，有苗氏女本宦族也，失身爲妾於朝士。臨行，作詩別其母云：「桃花飛盡馬塍春，此日辭家淚滿巾。豈是比隣無嫁處，千山萬水逐行人。」朝士知之，厚給資以嫁焉。《浩然齋雅談》

沈仲説妻鄒氏爲夫置一年少美貌之妾，將以奉枕席。仲説詢其來歷，泣而曰：「妾范復初女也。」仲説惻然，爲擇婿，備奩具嫁之。《輟耕録》

陸放翁宿驛館，見題壁詩云：「玉堦蟀蟋鬧清夜，金井梧桐辭故枝。一枕凄涼眠不得，呼燈起作感秋詩。」詢之，驛卒女也，遂納爲妾。夫人妒，逐之。《隨隱漫録》

王百穀妾名青琴，以婦妒，出之。一日，妾遺素帨，繡句云：「侯門一入深如海，從此蕭郎似路人。」王爲之感悼，賦詩八章，託老嫗寄之。而妾已自縊矣。《本事詩》

小青，廣陵人，名元元。容態妙麗，解聲律，精諸伎。年十六，歸武林生。生婦妒，置之別館，鬱鬱而死，纔十八耳。支如僧《小青傳》《聞見巵言》云：「武林生，馮千秋也。」

荀攸卒，鍾繇嫁其妾阿鶩，使得善所。《天中記》

宋禕曾爲王大將軍妾，後屬謝鎮西。謝問禕：「我視王，何如？」曰：「王視君，田舍貴人

耳！」《枕上語》

謝仁祖妾阿妃有國色，謝死，阿妃誓不嫁。郗曇設權計得之，阿妃終身不與曇言。《何氏語林》

謝秀才有妾縞練，改從於人。秀才引留之不得，感憶而已。《侍兒小名録》

中丞楊公薨，其妓真珠攜粧奩數百萬出其第，遂就不逞之徒，委身於萬通受爲妻。《吟窗敘録》

韓康公有愛妾曰蟾奴。康公身後，家貲鉅萬，妾盡攜他適。《過庭録》

韓退之二妾，一曰絳桃，一曰柳枝。退之使山東，有詩云：「東風欲動別長安，春半邊城特地寒。不見園花與巷柳，馬頭惟有月團團。」蓋寄意二姝也。逮歸，柳枝踰垣遁去。又有詩云：「別來楊柳堦頭樹，擺亂春風只欲飛。惟有小園桃李在，留花不發待郎歸。」自是專寵絳桃矣。《唐語林》

楊素後房婦女，錦衣玉食千人。李百藥夜入其室，則寵妾所召也。素俱執於庭，將斬之，而意惜百藥。曰：「聞汝善爲文，可作詩自敘，當免汝死。」授以紙筆，立就。素欣然以妾並資數十萬與之。《隋唐嘉話》

种世衡夜與慕恩飲，出侍姬佐之。既而世衡入內，潛於壁隙窺之。竊與侍姬戲，世衡出掩之。慕恩慚恐，世衡笑曰：「君欲之耶？」即以遺之。《涑水紀聞》

楊鎮姬粉兒絶色。楊一日宴詹天游，天游屬意於粉兒，口占一詞，有「不曾真個也消魂」之句。楊遂以粉兒贈之，曰：「天游今日真個消魂也。」《詩詞餘話》

和士開使求平鑒愛妾阿劉，即與之，仍謂人曰：「老夫失阿劉，與死無異。」《北史》

韋莊以才名，寓蜀，蜀主王建羈留之。莊有寵人，資質艷麗，兼善詞翰。建聞之，托以教內人爲辭，强莊奪去。莊追念悒怏，作《謁金門荷葉杯》詞，情意悽怨，人相傳播。姬聞，遂不食而卒。《古今詞話》

韋洵美受業都從事辟，挈所寵素娥行。羅紹威聞其殊麗，令女使齎三百疋及生饇而露意焉。洵美無所容足，遂獻之。素娥姓崔氏，大梁良家子，善諧謔筆札。和淚作詩曰：「妾閉閑房君路岐，妾心君恨兩依依。魂神倘遇巫娥伴，猶逐朝雲暮雨歸。」洵美乃不受辟。渡河，宿一寺，長吁而寢曰：「何處人能報不平？」寺有行者，排闥而揖曰：「先輩畜何不平事？」洵美且語之，欻然出門而去。至三更，忽擲一皮囊入門，乃貯素娥而至。洵美即遁跡他所。《侍兒小名録》

嚴續相公歌姬，唐鎬給事通犀帶，皆一代尤物。唐有慕姬之色，嚴有欲帶之心，因呼盧之。會出姬解帶，較勝負於一擲，唐彩大勝。唐乃酌酒，命美人歌一曲，以别相公。拉之而去，相公悵然遣之。《南唐近事》

陳瓘之父尚書與潘良貴父交甚密。一日，潘父自傷無子，陳父慨然以瓘生母借之。未幾，生良貴。後其母遂往來兩家。一母生二名儒，前所未有。《女世説補》

魏任城王曹彰，偶逢駿馬，愛之。曰：「吾有美妾可換，惟君所選。」馬主因指一姬，彰遂換之。《獨異志》

曹彰以美妾換白鶻馬，後人作《愛妾換馬詩》。《誠齋雜記》

鮑生好蓄聲妓，韋生好乘駿馬。一日，兩易所好，乃以女妓善四弦者換紫叱撥。《異聞集》

世傳韋、鮑二生以妾換馬之事。云：韋生、鮑生同憩水閣，鮑有美妾，韋有良馬。鮑以夢蘭、小倩佐歡。飲酣，停杯閲馬。韋曰：「能以人換？任選殊尤。」鮑即密遣四弦，盛裝而至。勸韋酒歌曰：「白露濕庭砌，皓月臨前軒。此時去留恨，含思獨無言。」又歌送鮑生酒云：「風颭荷珠難暫圓，多生信有短姻緣。西橋今夜三更月，還照離人泣斷絃。」韋乃命牽紫叱撥酬之。《唐詩紀事》

齊瑯琊王奐使愛妾治髭，忽有鳥銜黃梅過庭而墜。奐猜妾有密期，擲果爲戲。即遣下堦，笞殺之。《冥祥記》

徐藹得瘕疾，瀕死時，見一白衣少婦，曰：「君前生爲張睢陽，吾即睢陽之妾。君爲忠臣，妾有何罪？殺妾以饗士卒。吾尋君已十三世矣，今甫得雪吾恨。」言訖，婦不見，藹亦隨逝。《池北偶談》

景公嬖妾嬰子死，公守之，膚著於席而不去。《晏子春秋》

華譚妾石瑤華已死見形，與之言語如平生。《抱朴子》

寇萊公有妾蒨桃，隨南遷，再移光州。蒨桃泣曰：「妾將去矣，願葬杭州天竺寺。」公驚，哀諾之。桃曰：「妾前世師事仙人，頗知陰理。公當爲地下閻浮提王也。」《瑯琊代醉編》

黄子思愛妾宜哥客死舟中，遺言葬堤下，冀他日過此得一見，以慰孤魂。子思從之。《能改齋漫録》

敖姬，杭之右姓也。某孝廉攜之至姑蘇，姬卒，遺柩於半塘。吳中士人哀之，爲買半畝地於鐵花庵畔，擇日將葬。適有某別駕攜二妾之任，亦相繼舍，玉櫬留公廨中。士人並敖姬合瘞之，題曰「香塚」。《太平清話》

李雲求納一姬，其母未許，雲曰：「予誓不婚。」乃許之。號姬曰「楚賓」。數年後姬卒，經歲，復聘沈氏。及婚日，雲浴於淨室，見楚賓執藥末徑前，謂雲曰：「無物相奉，贈君香藥一帖，以資沐浴。」瀉藥入盆，以釵攪水而去。雲不能出浴，遂死。肢體如綿，筋骨並散。《聞奇録》

陶楚生，金陵名姬，歸茅止生，不三載而亡。臨没，見羽幢相迎，曰「爲西元洞主」。一時詞人賦詩哀挽，名曰《西元洞志》。歲癸酉，降於曹南王士龍之乩。自述小傳，係瑤池西元洞八主之一，名倩英。《西元青鳥記》

胡緡妾死，十里外民家産一女，生便言：「我胡家二室也，可喚我家人來。」胡往視之，女與言前身舊事，密敘委曲。又言家有某物瘗某地，胡遂取女歸，從而發地，悉得其貨。因呼之爲

「前世娘」。祝允明《語怪》

世祖至殷貴妃墓，謂群臣曰：「卿等哭貴妃，若慟，當加厚賞。」羊祉遂號慟，涕淚交橫。他日，有問羊者，「卿那得此副急淚？」羊曰：「吾爾日自哭亡妾耳。」《説頤》

張禕愛姬死，猶子曙代爲詞，有「黄昏微雨畫簾垂」之句。禕見之，哀慟曰：「此必阿灰作也。」《北夢瑣言》

韋檢美姬卒，檢追思痛悼，悲怨可掬。一日，忽夢姬泣涕曰：「當有後期。」越數日，果符夢兆。《張君房脞説》

劉偉明既喪愛妾而不能忘。有詞云：「斷送一生憔悴，能消幾個黄昏！」《復齋漫録》

珊珊，黄雲孫侍姬也。娟秀能文，未嫁而卒。同人作詩悼之，銜其集曰《珊珊怨》。《静志居詩話》《珊珊怨》曰：「珊珊，姓周氏，一名小珊。」

姗姗，戴溪黄夫人侍兒也。夫人六袠初度，雲孫以族之猶子從而稱觴。姗姗侍夫人出，常粧便服。膚雪鬟雲，娟娟楚楚，殆神仙中人。雲孫驚異，歸謀其婦湘夫人。湘夫人才而賢，出私貲聘之。未及娶，孫北上，被放而歸，姗姗已遘疾死矣。《艾庵存稿》

黄天濤悼其亡姬陸小雲，作《琴怨》詩。《迦陵文集》

張和《悼妾》詩：「夜來書館寒威重，誰送薰香半臂綾。」《拘虛晤言》

宜都内人諫武后曰：「大家能屏去男妾，獨立天下，如是男子益削，女子益專。」《李義山

文集》

秦良玉有左右男妾十餘人。《綏史》

《野紀》謂女帥秦良玉有男妾數十人，李吉士力辨其誣。《静志居詩話》

奩史卷二十

東吳王初桐于陽纂述
泰州侍　朝補堂校刊

妾婢門二

婢

孫權末，羅陽縣神有一婢，名紡績，權遣人迎之。所歷山川，令紡績與神相聞。《小名録》

郭璞至廬江，愛主人婢。取小豆繞屋散之，主人見赤衣人數千萬圍其家，請璞爲卦。璞曰：「急賣此婢，則祟除矣。」主人從之，璞因取焉。《涑水紀聞》

祖光禄性孝，常自爲母炊爨作食。王平北以兩婢餉之，因取爲中郎。有人戲之曰：「奴價倍婢」。《何氏語林》

秦人得本家婢，生一子，惡之，乞與鄰家，大富貴。本家貧，後取歸，遂復富，鄰家仍貧。《雲嶠類要》

杜蘭香有婢子二人，大者萱支，小者松支。《搜神記》

女仙王進賢有婢名六出，姓田氏，漁陽人田諷之孫，體貌修整，有節操。《南岳魏夫人傳》

劉道真求婢不從，乃下地叩頭，婢懼而從之。明日，語人曰：「手椎固是神物，一下而婢伏淫。」《海録碎事》

緑草、采音，宋劉興道家婢也。《北史》

孔熙光有婢曰採藻。《宋書》

齊穆后婢馮小憐色美，后愛衰，以五月五日進之，號曰「續命」。《女世説》

有商人見清湖君，君問所須？商曰：「但乞如願。」君許之。果得一婢，如願即其名也。商有所求，悉能致之。後因正旦如願晚起，商人撻之，走入糞帚中不見。今人正旦以細繩繫綿人投糞帚中，曰「乞如願」。《雲仙雜記》

青洪君以如願送歐陽明。如願者，神婢也。所願輒得，數年大富。《録異傳》

馮緄爲荊州監軍將，侍婢二人，戎服自隨。《青林類記》

樵青，張志和婢也。志和令樵青竹裏煎茶。《茶譜》

獨孤明有婢曰懷春，稚齒俊俏。《酉陽雜俎》

王度至程雄家，雄新受寄一婢，頗端嚴，名曰鸚鵡。度疑其精魅，引鏡逼之，化爲老狸而死。《古鏡記》

東陽公主應閤婢曰王鸚鵡。《侍兒小名録》

女道士魚玄機，字幼微。一女僮曰緑翹，亦明慧有色。忽一日，機爲隣院所邀，迨暮歸院。緑翹迎門曰：「適某客來，知錬師不在，不舍轡而去。」客乃機素暱者，意翹與之私，裸而笞數百，遂絶。機坎後庭，瘞之。客有宴機室者，溲於後庭，見青蠅集瘞上。詳視之，如有血痕。客竊語其僕。僕兄爲府衙卒，嘗求金於機，機不顧。因呼數卒入院，發之，見緑翹面如生，遂執玄機，送京兆府。至秋，竟戮之。《三水小牘》

春鶯，李準婢名。《五國故事》

韓熙載致位通顯，不妨閑婢妾，有北齊徐之才風。侍兒往往私客。客賦詩有云：「最是五更留不住，向人枕畔著衣裳。」熙載亦不介意。《南唐近事》

崔義起妻蕭氏有婢曰素玉。《報應記》

陳無咎宴客，用一婢典斟，必十二而後始滿，以盡誠敬之道。《洛陽要記》

李公擇有婢名雲英，欲出，不果。坡詩云：「細思還有可恨事，不許藍橋見傾國。」《東坡集》

黎太君王氏家婢病疫，王氏親爲煮藥致膳。《東齋記事》

馬全節嘗有侍婢偶不愜意，自擊殺之。後染重病，忽見其婢索命，不旬日而卒。《玉堂閑話》

銀花，高文虎婢，以「元宵時近點燈來」，因名。《癸辛雜識》

官柳，邦衡侍婢名。《胡省齋集》

周延翰有一婢名丹砂。《稽神録》

秦檜有婢名興兒。《三朝北盟會編》

李生者，日賣養脾丸於市。嘗揭巨榜於前，曰：「不使丁香木香合，則天誅地滅。」家蓄二婢，以事炮製。李一旦溺死於河，家計蕭然。其妻遣去二婢，尋亦事人。他日，後夫扣之，妻曰：「向所遣去二婢，先夫專委之修合。一名丁香，一名木香，其實不用二藥也。」《澗泉日記》

婢曰董浣。董，治也；浣，洗也。亦曰都養。都，主也。《事物異名》

葉舒穎《憶小婢垂絲》云：「關心最怕春光去，花發閑堦憶小名。」《學山瑣録》

佳口，佳婢也。周太祖命尉遲綱伐蜀，曰：「事平，當賞汝佳口。」及克蜀，乃賜侍婢一人。《名句文身表異録》

傅婢，傅謂附也，幸也。婢近幸於主，曰傅婢。一云傅婢謂傅相其衣服、衽席之事。《漢書·王吉傳》注

顧行常不宜兒子，其婦將産，求術於郭璞，璞曰：「法當字乳婢曰青蘿。」如其言呼之，兒果無恙。《郭氏洞林》

王安國子婦有身，訪乳婢。女儈曰：「有一人丈夫死未久，自求售身。」安國以二萬得之。又三年，安國守宛陵，挈家之官。舟次泗州，一男子喝於前曰：「乳婢之夫也！」求索其妻。至夜，乳婢忽竄去，遍索不得。詰旦，乃見尸浮於水面。《玉照新志》

官妓，即官婢也。《周禮》「奚三百人」注：「今之官婢。」《輟耕録》

嚴武卒，母曰：「而今而後，吾知免爲官婢矣。」《唐詩紀事》

元載妻王氏曰：「使妾爲春婢，不如死。」《劉賓客嘉話録》

石崇厠常有十餘婢侍列，皆麗服藻飾。置甲煎粉、沉香汁之屬。客入，與新衣著。客多羞，獨王敦脱故著新，神色傲然。群婢相謂曰：「此客必能作賊。」《女世説》

石崇厠婢用漆箱盛乾棗，奉以塞鼻。《白氏六帖》

石崇厠，婢持錦囊，進以爲籌。《語林》

阮仲容先幸姑家鮮卑婢。及居母喪，姑當遠移，將婢去。仲容借客驢自追之，累騎而返。曰：「人種不可失。」即遥集之母也。《世説新語》

阮咸通胡婢，生子乎。咸遺姑書曰：「胡婢遂生胡兒。」姑答書曰：「《魯靈光殿賦》曰：『胡人遥集於上楹。』可字曰遥集也。」故乎字遥集。《阮孚别集》

宋女子陳梅莊工詩，嘗作《蠻婢》詩云：「從今莫學綿蠻語，怕有傍人隔柳聽。」《女世説補》

王琨父懌不辨菽麥，莫肯與婚家。以獠婢恭心侍之，遂生琨。《南齊書》《丹鉛總録》云：「獠，音騷。」《續補侍兒小名録》作「獠婢」。

韓愈詩：「一婢赤脚老無齒。」《昌黎集》

歐陽修詩：「小婢立我前，赤脚雙髻丫。」《歐陽文忠集》

蘇軾詩：「常呼赤脚婢，雨中擷園蔬。」《東坡集》

金人呼婢曰「亞海軫」。《事物紺珠》

婢似貓，暖處便住。《義山雜纂》

婢稱「一頭」。《北户録》

今呼侍婢曰「丫頭」，言頭上方梳雙髻，即漢所謂偏髻也。劉賓客詩：「花面丫頭十三四，春來綽約向人時。」爲白傳小樊而作。花面者，未開臉也。《留青日札》

丫鬟，謂頭梳雙髻未適人之粧也。辛延年《詠胡姬》：「兩鬟何窈窕。」正指十五歲時。《李義山詩注》

王通叟詩：「十三妮子緑窗中。」今山東目婢曰「小妮子」，其語亦古矣。《升庵詩品》《東京夢華録》曰：「凡雇婢妮，即有引至牙人。」

古之媵，猶今之從嫁者也。按《公羊傳》曰：「媵者何？諸侯娶一國，則二國往媵之，以姪娣從之。」《野客叢書》

于令升《左傳注》云：「兄之女來媵曰姪，妹來媵曰娣。若兄之女不媵者，但曰兄之女，而不曰姪；妹不從媵者，但曰妹，而不曰娣。」《升庵經説》

秦伯嫁女於晉公子，爲之飾裝，從文衣之媵七十人至晉。晉人愛其媵，而不愛公女。《韓子》

周武聘突厥女爲后，西域諸國女皆來媵。《唐會要》

孟昶母李氏，本長公主媵。嘗夢大星墜懷，以告主，主曰：「此婢有福相。」乃令知祥幸之，遂生昶。《蜀鑑》

宋有一郎官年六十餘，置媵妾數人，鬚已班白，令其妻互鑷之。妻忌其少，恐爲群妾所悦，乃去其黑者。妾欲其少，乃去其白者。不踰月，頤頷遂空。《碧湖雜記》

朱勔媵妾亦有封號。《玉照新志》

周益公夫人妒，有媵，公盼之，夫人縻之庭。公過之，當暑，媵以渴告，公以熱水酌之。夫人窺於屏，曰：「好個相公，爲婢取水！」公笑曰：「獨不見建義井者乎？」《韋居聽輿》

乾道間，有一媵隨嫁單氏，而生尚書夔。又往耿氏，生侍郎延年。及死，尚書、侍郎爭葬其母。事達朝廷，孝宗曰：「二子無爭，朕爲葬之。」《貴耳録》

劉洪欽因女出閣得一媵，極殊麗，名蘭蓀。詰其家世，云：「隨父官淮，被掠。」劉太息，先其女嫁之。《樂善録》

古所謂媵妾者，今世俗名曰「祇候人」，或云「左右人」。以其親近爲言，已極鄙俚。浙人呼爲「貼身」，或曰「横床」，江南又爲「横門」，尤可笑。《雞肋編》

霍仲儒與平陽侯家侍兒衛少兒私通，生去病。《漢書》

爰盎有從吏盜盎侍兒，盎知之，不泄。人有詰從吏言：「盎知爾與侍兒通。」乃亡。盎追

還，以侍兒賜之。《史記》

陸賈令五男散居，而攜侍兒遊於五子之家。《延壽録》

侍兒韓俊娥最得帝意，每寢，必召令振聳支節，然後成寢，別賜名「來夢兒」。蕭妃嘗密訊俊娥曰：「帝體不舒，汝能安之，豈有他媚？」俊娥進言：「妾從帝，見帝嘗在何妥車。車行高下不等，女態自搖，帝就搖怡悦。妾私效車中之態以安帝耳，非他媚也。」《大業拾遺記》

世言白樂天侍兒惟小蠻、樊素二人。予讀集中「紅綃信手舞，紫綃隨意歌」，紅、紫二綃，亦女奴也。《容齋隨筆》

監察御史清河張佶侍兒仙鶊，能歌舞，解書翰。嘗出使，以仙鶊充使典。《侍兒小名録》

霍小玉與李生薦枕之夕，侍兒桂子、浣紗，與生脱靴解帶。《霍小玉傳》

韓偓有《別錦兒》詩。錦兒，侍兒也。《叙小志》

晏文獻新納侍兒，甚屬意。每張子野來，令侍兒出侑觴。其後王夫人不容，出之。子野作《碧牡丹》詞，令營妓歌之。至末句云：「望極藍橋，但暮雲千里，幾重山，幾重水。」公憮然曰：「人生行樂耳，何自苦如此！」亟命復取前所出侍兒。既來，夫人亦不復誰何也。《道山清話》

東坡一日食罷，捫腹徐行，顧謂侍兒曰：「汝輩且道是中有何物？」一婢曰：「都是文章。」一婢曰：「都是識見。」坡不以爲然。至朝雲，乃曰：「學士一肚皮不合時宜。」坡捧腹笑。《梁溪漫志》

王直方家多侍兒，而小鬟素兒尤妍麗。王嘗以臘梅花送晁无咎，无咎以詩謝之。有云：「芳菲意淺姿容淺，憶得素兒如此梅。」《賓朋宴語》

洪羽之女遇巨盜於江中，欲逼之，女投江死。兩侍兒，大曰宜恩，小曰匀奴，姓吴氏，女兄弟也，俱有色藝，亦相隨赴水死。《梁溪漫志》

紅藕、紅薔，皆周郎中侍兒，曹叟授曲女弟子。《曝書亭集》

黄夫人侍兒姍姍，稟性婉媚，善伺夫人意，先事即得。夫人每曰：「此我如意珠也。」《艾庵存稿》

一中貴夜巡，忽聞塚中人聲，蓋既瘞而甦者。發之，得一女子，云爲某翰林姬人之侍兒，遭鞭箠將斃，復置冰上，凍一夕而死。《太白劍》

帝釋宫中有七房，房有七天后，后有七侍女。《雜阿含經》

紫微王夫人，年可十三四。左右兩侍女年可十七八，整飾非常。《列仙傳》

龍丘子自洛之蜀，載二侍女，戎裝駿馬。至溪山佳處，輒留連數日。見者以爲異人。東坡詞云：「細馬遠馱雙侍女，青巾玉帶紅靴。」《苕溪漁隱叢話》《西清詩話》曰：「觀東坡河東獅子語，則知季常載二侍女以遠遊，蓋有所制而然，亦可憫笑也。」

林文安公方建屋，梁横於户，侍女騎而出，匠罵之，女曰：「閣老、尚書不此中出耶？」公異其語，私召之，生男機，爲大宗伯。《閩小紀》

王莽妻旁侍者原碧，莽幸之。初，莽爲侯，就國時，幸侍者增秩、懷能、開明。增秩生男興，懷能生男匡，開明生男捷。《續補侍兒小名録》

張谷佐劉從諫，納邯鄲才人李嚴女爲侍人，號新聲。諫谷曰：「始天子以從諫爲節度，非有戰野攻城之功，直以其父挈齊十二州還天子，去就間未能奪其嗣耳。自有澤潞，未聞以一縷一蹄爲天子壽，左右皆無賴。章武朝，數鎮顛覆，雄才傑器，尚不能固天子恩，況從諫擢自兒女手中。不以法得，亦宜以不法終。君當脱族西去，大丈夫勿顧一飯恩，以骨肉腥健兒食。」言訖悲涕。谷不決，後果及禍。《新唐書》

徐黄州有鄭、趙、閻、齊四侍人。張夫人攜其一往婿家，爲浴兒之會。適張無盡過之，云：「厥有美妾，良由令妻。」公續之曰：「浴兒於玉潤之家，一夔足矣。侍坐於冰清之側，三英粲兮。」既暮，而張夫人還其一，乃閻姬也。《春渚紀聞》

顔真卿小青衣雙鬟名剪綵。《明皇十七事》亦見《常侍言旨》。

華州柳參軍妻崔氏有青衣曰輕紅。《乾饌子》

李愿多内寵，晚得青衣，乃色中之尤者，因字之曰「真珠」。及愿年老，真珠名轉著，乃曰：「愿老矣，家藏一女，竇不上聞，恐非所宜。欲得一善文者狀其妍艷，表進之。」乃求表於虞卿。虞卿曰：「須一見，俾容態誌在吾目，然後可以操文。」愿從之。虞卿既見此姬，乃話於牛僧孺。僧孺方持國柄，且曰：「愿欲何求，吾能致之，亦何必上聞。」虞卿曰：「愿意已決矣。相公以計取之，方可得也。」乃薦漢公爲行人。漢公乃往見愿，曰：「竊聞司空欲貢一妾，有之乎？」愿曰：「然。」漢公曰：「竊爲司空危之。」愿曰：「何也？」漢公曰：「後宮如西子者數千，司空以真珠投之，何異擲一米於太倉乎？設若真珠承寵，勢傾六宮，必責司空久自寵憐，歷年不進之愆矣！」愿曰：「奈何？」漢公曰：「大凡尤物，必能禍人。真珠進與不進，恐終與司空爲禍。然內外皆知司空欲進此妓，一日罷之，人必謂司空惑溺而不能舍。爲司空計，不若別與一人。」愿曰：「誰？」漢公曰：「牛相訪求一美色久矣，今司空不過求大鎮，不若將與牛相。牛相得妓，司空得鎮，不亦可乎？」愿悦，乃以真珠歸於僧孺。《牛羊日曆》《摭言》曰：「皇甫松，牛奇章之甥。怨公不薦，爲謗詩曰：『夜入真珠室，朝遊玳瑁宮。』真珠，公侍妾也。」

竇參所寵青衣曰上清，參得罪，入掖庭。《異聞録》

紅綫，薛嵩青衣也。嵩爲潞州節度使，田承嗣欲併之，嵩日夜憂悶。紅綫曰：「某能爲主解憂。」乃梳烏蠻髻，貫金雀釵，衣紫繡短袍，繫青絲絇履，胸前佩龍文匕首，額上書太乙神名，倏忽不見。嵩返身閉户，背燭危坐。忽聞曉角吟風，一葉墜落，即紅綫回矣。嵩問之，紅綫曰：「某達魏城，凡歷數門，遂及寢所。承嗣在帳內酣眠，頭枕文犀，枕前露七星劍。劍前仰開一金合，合內書生身甲子與北斗神名。復以名香、美珠散覆其上。某遂持金合以歸。」嵩乃發使入魏，遺承嗣書，以金合授之。承嗣驚怛欲倒，不敢爲患。《紅綫傳》《甘澤謡》同。

李商隱有《錦瑟》詩。錦瑟，令狐楚家青衣名。《紫微詩話》

張不疑以錢六萬置青衣，曰春條。鴉鬟垂耳，音旨清婉。有所指使，無不愜適。不疑素禮門徒，尊師者謂「有邪氣」，不疑令作法。春條撲然作聲，視之，一朽冥器耳。背上題曰「春條」。《補侍兒小名録》

姜堯章葬西馬塍，蘇石挽之云：「幸是小紅方嫁了，不然啼損馬塍花。」小紅，范石湖所贈青衣也。《研北雜志》

周汝航妻朱靜庵能詩。父執某有青衣曰寒梅，妻亡，欲圖再娶。青衣過靜庵，哭訴其情。靜庵題一絶云：「一夜西風滿地霜，粗粗麻布勝無裳。春來若覩桃花面，莫負寒梅舊日香。」《説聽》

李司徒女奴百餘人，皆絶藝殊色。《揚州夢》

觀察使李庚之女奴，名却要。美容止，善辭令。李有四子，所謂大郎、二郎、三郎、五郎也，咸欲烝之而不得。嘗遇清明之夜，大郎遇之於櫻桃花影中，乃持之求偶，却要取茵席授之，曰：「可於廳中東南隅停待。」又遇二郎調之，曰：「可於廳中東北隅相待。」又逢三郎束之，曰：「可於廳中西南隅相待。」又遇五郎，握手不可解，曰：「可於廳中西北隅相待。」四郎皆持所授茵席，各趨一隅。頃却要燃炬豁扉照之，曰：「阿堵貧兒，爭敢這裏覓宿處。」四子各掩面而走。自是不敢失敬。《三水小牘》

劉元溥女將出適，求女奴資行，用錢八十萬得四人。其一名蘭蓀者，風骨姿態不類賤隸。詰

之，果衣冠子。即以家財五十萬先其女嫁之。《陰德傳》

金亡，其將郭斌驅其妻子聚一室，焚之。有女奴自火中抱兒出，泣授人曰：「將軍盡忠，忍使乏嗣？此其兒也，幸哀而收之。」言畢，復赴火。《女世説》

朵那者，偉兀氏之女奴也。寇劫偉兀氏，不得物，乃反接主婦，拔刀礪頸上。諸侍婢皆散走，朵那獨以身覆主婦，請代死。且告曰：「家之貨寶皆吾所藏，主母弗知也。若免主母死，當悉與將軍。」寇允解主婦縛，朵那乃探金銀珠玉幣帛等，散置堂上。寇爭奪之，竟又欲犯。朵那持刀欲自屠，寇驚異，捨而去。朵那泣拜主婦曰：「棄主貨，全主命，權也。妾受命主鑰，失貨而全身，非義也。請從此死。」遂自殺。《輟耕録》

寇掠高郵，韋寅之妻王蕙與其姑相繼赴井。有女奴始笄，尤娉婷，亦從溺。《銀鹿春秋》

丁諷常令兩女奴掖侍見客。後以好色致疾，益求妙年殊質以厭其心，客出不能送，令一婢子送至中門。以故賓客之至者加多。《談薈》

王晉卿有二女奴，名穠李、昭華。魯直詩曰：「穠李四弦風拂席，昭華三弄月侵床。」《侍兒小名録拾遺》

狂客過豪家索酒，適見有饋魚蟹者未出。客曰：「孟嘗門下，焉得無魚；使部盤中，定須有蟹。」一女奴出，將母命答曰：「主人不殺，已付校人畜去。上客先期，都爲學士嘗空。」《玄亭閑話》

司空圖居王官谷，出則以女僕鸞臺自隨。《續世説》

凡女僕同輩謂長者爲姊，後輩謂前輩爲姨。《涑水家儀》

女廝謂之娠。郭璞曰：「女廝，婦人給使者。」《方言注》

杜牧云：「覓常婢市寒，賤可制使者。」《名句文身表異録》

都下買婢，謂未嘗入人家者爲一生人，喜其多純謹也。《老學庵筆記》

張不疑買一婢曰金缸，價一十五萬。《靈怪録》

柳仲郢一婢鬻於蓋巨源家，見其主親市綾羅，酬酢可否，失聲仆地曰：「某雖賤人，曾爲柳家細婢，死則死耳，安能事賣絹牙郎乎？」《嬾真子録》

楊元孫以婢采蘭貼與黄權。權死後，元孫就權妻吳贖婢，吳背約不還。元孫訴於臨海守蔡樽，判還本主。吳能爲巫，出入樽內，以金釧贈樽妾，遂改判與吳。元孫撾登聞鼓訟之。《南史》

石季倫愛婢名翾風，年十五，無有比其容貌，特以姿態見美。崇嘗語之曰：「吾百年之後，當指白日，以汝爲殉。」答曰：「生愛死離，不如無愛。妾得爲殉，身其何朽！」於是彌見寵愛。《拾遺記》

有授書生私通於張説侍婢之最寵者，擒得姦狀。説將窮其獄，書生厲色曰：「覩色不能禁，人之常情。公貴爲相，豈無緩急有用人者？何靳一婢女耶？」説奇其言而釋之，以婢與歸。書生去旬月，忽一日訪説，言：「姚相搆獄，因請得公平生所寶者，用計於九公主。」説以雞林郡夜

明簾與之，書生遂夜詣九公主邸第言之，兼用爲贄。公主明旦奏之，遂罷其事。《摭異記》

武翊皇惑婢薛荔，苦其冢婦盧氏，衆論不容，終至流竄。《南部新書》

周室大夫之妻淫於隣，恐夫覺之，爲毒藥，使媵婢進之。婢念進之則殺主父，告之則殺主母，於是佯仆而覆酒。主父笞之，婢就杖而不言。主父之弟以告主父，放其妻，將納婢。婢辭，欲自殺。乃厚幣嫁之。劉向《列女傳》

翟氏女名素，未嫁遭賊，欲犯之，臨以白刃。素婢名青青，乞代素。賊殺素後，欲犯青青，曰：「素尚死，何以生爲？」賊復殺之。皇甫謐《列女傳》

張孟喆妻李氏遭寇，與夫妹相挈投井中。婢妙聰亦隨入，見二人俱未死。因李有孕，恐水冷有所害，遂負之於背。賊退，出三人於井，而婢則死矣。《明史·列女傳》

盜殺周皇親，取財去。邏卒入，獨見婢荷花兒伏泣，據狀以聞於法司。荷花兒不勝虐刑，誣服，凌遲。行刑時，語劊子手曰：「兒是冤死，幸相憐，先殺而後臠割，不然吾必爲厲鬼殺爾。」不聽，竟臠割盡始死之。越三日，是人忽大呼云：「荷花兒殺我！」七孔流血死。《耳談》

洪臣死，妻朱淑守節。婢曰阿素，淑欲嫁之，素即病。淑許其爲貞，素病即起，皆完節而死。《春雨雜述》

劉炎侍婢數人，皆能爲聲樂，又悉治書。《菰中隨筆》

鄭康成家婢女皆讀書。嘗使一婢，不稱旨，使人曳著泥中。須臾，復有一婢來問曰：「胡爲

乎？」泥中答曰：「薄言往愬，逢彼之怒。」《世説新語》

李元謙樂雙聲語，嘗經郭文遠宅，曰：「是誰第宅？過佳！」婢春風出曰：「郭冠軍家。」元謙曰：「凡婢雙聲。」春風曰：「獰奴慢罵。」元謙服婢之能。《洛陽伽藍記》

桓溫北征還，得一巧作老婢，乃是劉琨妓。一見溫，便潸然泣曰：「公甚似劉司空。」溫大悦，整衣冠，問之，婢曰：「面甚似恨薄，眼甚似恨小，鬚甚似恨赤，形甚似恨短，聲甚似恨雌。」溫不怡者數日。《何氏語林》

趙南仲避暑水亭，作詩云：「水亭四面朱蘭繞，簇簇遊魚戲萍藻。六龍畏熱不敢行，海水煎徹蓬萊島。身眠七尺白蝦鬚，頭枕一枝紅瑪瑙。」六句已成，遂睡去。侍婢梅姐、杏姐戲續聯云：「公子猶嫌扇力微，行人多在紅塵道。」南仲以爲得風人旨。《昨非庵日纂》

王知軍夫婦醉臥，群盗入，執群婢縛之。婢呼曰：「司庫鑰者，藍姐也。」藍姐即應曰：「有無驚，主人盡付匙鑰。」秉大燭指引之，金銀首飾盡數取去。主醒方知，發訴於縣，藍姐曰：「易捕也。群盗皆衣白，妾秉燭時，皆以燭淚污其背矣。」捕者密验之，果獲。《機警》

張敬兒取私通婢以爲妾。《南齊書》

許敬宗嬖其婢，因爲繼室，假姓虞。《六帖》

婢作夫人，舉止羞澀。《梁武帝書評》

楊文貞公在内閣時，夫人已早世，惟一婢侍巾櫛而已。一日，中宫有喜慶，大臣命婦朝賀。

太后聞公無命婦，令左右召其婢，至則諸命婦已退矣。太后見其貌既不揚，衣復儉陋，命妃嬪重爲梳整，易內製首飾、衣服而遣之。且笑曰：「此回楊先生不能認矣。」翼日，命所司如制封之，即導之母也。《玉臺叢語》

宋欽道婢名輕霄，後入宮，得幸後主，爲后。《北齊書》

劉聰以婢爲后。《丹鉛總録》

唐李錡之死也，二婢配掖庭。其一曰鄭則，幸於憲宗，生宣宗，後爲皇后。《甕牖閑評》

王濟左右人嘗於閣中就婢取濟衣服，婢欲姦之。其人不敢，婢云：「若不從，我當大呼。」其人終不從，婢乃呼曰：「某欲姦我。」濟令殺之。《殷芸小說》《還冤記》「桃英」、《見聞録》「雲屏」俱相同。

郭正一得一高麗婢，名玉素，極殊豔，令專知財物庫。正一夜須漿水粥，非玉素煮之不可。玉素毒之，正一覺，覓婢不得。搜而得之，奉敕斬東市。《朝野僉載》

楊慎矜婢春草有罪，將殺之，史敬忠曰：「勿殺，賣之可市十牛，歲耕田十頃。」慎矜從之，婢入貴妃姊家，因得見帝。帝愛其辨慧，留宮中，寢侍左右。帝問所從來，婢奏爲慎矜所賣，具言敬忠夜過慎矜，坐庭中，步星變，夜分乃去。帝怒，有詔賜死。《關化書》

文待詔室人進二婢以嘗公，公亟令去之。《雨航雜録》

定定，顧子家婢也。初雖以色見寵，仍令他適。後乃遇於東城外，顧盼嗚咽，不忘舊情。《本

事詩》

徐幹臣有一侍婢，色藝冠絶，以妻妒不容，逐去。及妻亡，聞婢在蘇州一兵官處，屢遣信欲復來而不得。幹臣感慨，用其書中語製《二郎神》詞。會李孝壽牧蘇州，命兵官送之。《詩話總龜》

陸小蓮者，嘉興百福坊人，應才之婢也。爲其妻妒，逐之，遂赴水死。後有李太無者，夢見一吏及卒二人持公文而來，詞曰：「嘉興路城隍司，爲陸小蓮告至正八年溺水事，冤屈未伸，今發應才解岳祠取問。」是日應才死。《輟耕録》

張詠知益州，置侍婢以侍巾幘。在蜀四年，被召還闕，呼婢父母嫁之，皆處女也。《青瑣高議》

崔郊與姑婢有情。其婢端麗，曉音伎。姑貧，鬻於連帥，郊思慕無已。其婢因寒食出，值郊立於柳陰，馬上連泣，杳若山河。郊贈以詩曰：「公子王孫逐後塵，緑珠垂淚滴羅巾。侯門一入深如海，從此蕭郎是路人。」有嫉生者，寫詩於座。連帥令召生至，幃幄奩匣，爲增飾之，命婢同歸。《雲溪友議》

錢伯全嘗納一女鬟，風姿秀雅。其室勸伯全私之，伯全乃具貲嫁之，果處子也。《輟耕録》

王君廓遺李元道一婢。元道問婢所由，云：「本良家子，爲君廓所掠。」因放遺之。《山堂肆考》

小虎者，顧秀才女也。年十二，被賣於季家作婢，以從嫁董文友。後悉其由來，遂擇於王秀才。董母親爲笄髻，行禮送之，恐人以婢子故輕之也。無何，王秀才死，轉爲村人婦。自悼命薄，時時念主人恩，曰：「不如長作董家婢。」《本事詩》

小説有唐解元詭娶華學士家婢秋香事，乃江陰吉道人，非伯虎也。吉父爲御史，以建言譴戍。道人於洞庭遇異人，得道術。嘗遊虎丘，時有兄之喪，上襲麻衣，而内著紫綾褌。適上海一大家攜室亦游虎丘，其小婢秋香者，見吉衣紫，顧而笑。吉以爲悦己也，詭裝變姓名，投身爲僕。久之，竟得秋香爲室。一日遁去，大家跡之，知爲吉。厚贈奩具，遂爲翁婿。《古夫于亭雜録》

吕文安病喉，絶粒，有樵人治之立解。問：「有婦否？」曰：「無」。出諸婢使擇，謬指一婢，乃吕所悦者，遂具粧奩與之。《百納居士叢談》

玉京道人有婢曰柔柔，莊且慧。道人歸於東中一諸侯，不得意，進柔柔奉之，乞身下髮。柔柔生一子而嫁。嫁家遇禍，莫知所終。《梅村集》

碧玉，一名窈娘，喬知之寵婢也，色藝爲當時第一。武承嗣聞之，迫知之將金玉賭窈娘。知之不肯，便使人就家强載以歸。知之怨憤，作《緑珠篇》傳於窈娘。窈娘得詩悲惋，結於裙帶，投井而死。《侍兒小名録》《聞見録》曰：「後人名其井曰窈娘井。」

蘇子瞻謫黄州，蔣運使餞之。子瞻命婢春娘勸酒，蔣乞以馬易春娘，子瞻諾之。春娘遂下階，觸槐而死。《鴻書》

朱吉士性好藏書，尤愛宋板。訪得吳門舊姓有宋槧袁宏《後漢紀》，係陸放翁、劉須溪、謝疊山三君手評，遂以一美婢易之，蓋非此不能得也。婢臨行時，題詩於壁云：「無端割愛出深閨，猶勝前人換馬時。他日相逢莫惆悵，春風吹盡道傍枝。」《静志居詩話》

方回有二婢，曰周勝雪、劉玉榴。方遊金陵，寄二婢於其母周姬之家，恣開杜陵之門。勝雪者，爲豪客挾去。方歸，悵惋作詩，有「鸚鵡籠開綵索寬，一朝飛去爲誰歡」之句。《癸辛雜識別集》

劉禹錫《失婢》詩云：「把鏡朝猶在，添香夜不歸。」

呂仲子婢死，有女四歲，數來爲沐頭浣濯。桓譚《新論》

閬中參軍黃涉婢曰笑春紅。死，涉念之，淚灑犀簾，至皆損壞。《蜀普録》

晉惠帝時，杜錫家葬，有婢誤不得出。後十年，開冢祔葬，而婢尚生。初，婢之埋年十五六，及開冢更生，猶十五六。《續博物志》《搜神記》作「漢杜嘏」。

陳朗婢死，已葬，有人聞塚中人聲，怪聽之，婢曰：「我今更活，爲我報家。」開土取之，強健如常。《二酉綴遺》

干寶父有寵婢，母妒甚。及父亡，母乃生推婢於墓中。後十餘年，開墓，婢伏棺而甦。《史書佔畢》

屠象美有婢紅葉，因內妒箠死。瘗之郊，忽甦，呼聲聞於外，發視則活。《蚓庵瑣語》

石崇愛婢，翾風最寵。及年三十，爲妙年者所毁，遂退爲房老，使主群少，乃懷怨懟作詩。《拾遺記》

婢妾年老而衰退者，謂之「房長」，亦曰「房老」。《名句文身表異録》

婢之婢謂之「重臺」。《雪丹脞語》

漢武微行造主人家，有婢國色，帝悦之，留宿，與婢卧。有書生連呼咄咄，不覺聲高，帝曰：「此人必婢婿也。」召羽林擒問，服而誅。《殷芸小説》

宋靖康之亂，有中涓挈一宫人南奔，僑寓平江，稱夫婦。潛蓄美男，飾以釵袿，佯爲婢而進之，與宫人産子。四歲，中涓死，宫人嫠居，偕婢撫其子。他年宫人又産女，鄰人聞於官，訊之吐實。以聞上，詔給配，賜姓名官成。官成遂洗粧而衣冠爲丈夫。其後更有二子，皆舉進士。長者爲奎章閣待制，父母榮對焉。《九朝通略》

奩史卷二十一

東吴王初桐于陽纂述
檇李吴文溥澮川校刊

倡妓門一

妓上

管仲治齊，置女閭七百，徵其夜合之貲，以充國用。此即教坊花粉之始。《齊記》

齊桓置女閭七百，皆寡婦也。《因樹屋書影》

葱嶺以東俗喜淫，置女肆，徵其錢。《唐書・西域傳》

奉化丐户婦女皆業枕席。其始，宦家以罪殺其人，藉其牝。官殺之而徵其淫賄，以迄今也。《猥談》

娼品以體格、顔色、情分、要俏、藝能俱全爲上。《風月須知》

戲市娼曰「千人捏」。千人捏似蟹，殼甚堅。俗言「千人捏不死」，因以爲名。或以戲市娼云。《俗呼小録》

今人謂娼婦曰「猱兒」。《留青日札》

猱能搔虎使睡而食其腦，故名妓爲猱兒。《事物紺珠》

西域謂娼女曰「摩鄧迦」，又曰「尋香人」。《戒庵漫筆》

劉劭《趙都賦》：「中山名倡，襄國妓女。」《明辨類函》

鳩摩羅什，姚王以妓女逼令受之，乃自講説：「譬如臭泥中生蓮花，但取蓮花，勿取臭泥。」《傳燈録》

李季蘭初五六歲時，其父抱於庭，作詩詠薔薇云：「經時未架却，心緒亂縱橫。」父恚曰：「此女將來富有文章，然必爲失行婦。」竟如其言。《全唐詩話》

薛濤，字洪度，本良家子，八九歲知聲律，其父指庭梧示之曰：「庭除一樹桐，聳幹八雲中。」令濤續之，應聲曰：「枝迎南北鳥，葉送往來風。」父愀然久之。父卒，母孀居，濤竟入樂籍。《稿簡贅筆》

鍾陵妓雲英，羅隱舊見之。一日，譏隱猶未第，隱嘲之曰：「鍾陵醉別十餘春，重見雲英掌上身。我未成名君未嫁，可能俱是不如人。」《全唐詩話》

范文正公守番陽郡，妓籍中有小鬟尚幼，公頗屬意。既去，以詩寄魏介，介因鬻以惠公。《泊宅編》

晁大夫增飾披雲，欲壓黃樓，而張、馬二子，皆當年尊下世所謂英英、盼盼者。盼卒，英

嫁。盼之子營頗有家風，而晁妓未有顯者，黄樓不可勝也。《後山詞》

營妓婁婉，字東玉，秦少游與之密。贈之詞云：「小樓連苑横空」，又云：「玉佩丁東别後」是也。又贈陶心兒詞云：「天外一鈎殘月帶三星」，謂心字也。《高齋詩話》《泊宅編》曰：「少游嘗眷蔡州一妓陶心者，作《浣溪紗》詞。中二句『缺月向人舒窈窕，三星當户照綢繆』。缺月、三星，蓋心字。」

張子野於吴興見小妓兜娘，賞其佳色。後十年再見於京口，絶非頃時之容態矣。《侯鯖録》

張仲舉詞：「楚芳玉潤吴蘭媚。」自注：「楚芳、吴蘭，二妓名。」《蛻巖樂府》

有妓名楊柳，絶色也。道人來往其家，然總不與交接。楊一夕乘醉迫之，道人倏忽不見。《春雨堂雜抄》

暨氏女十歲能詩，賦《野花》云：「多情樵牧須簪髻，無主蜂鶯任宿房。」識者知其不潔，後果然。《推篷寤語》

蘇杭妓名見於樂天詩中者，如曰「玲瓏箜篌謝好箏，陳寵觱栗沈平笙」，「李娟張態一春夢」，「容坐唱歌滿起舞」，「真娘墓頭春草碧，心奴頭上青霜白，就中惟有楊瓊在」，「心奴已死胡容老」。又有《九日代羅、英二妓招舒著作》詩、《遺英、倩二妓與舒員外同遊》詩。則所謂玲瓏、謝好、沈平、陳寵、李娟、張態、真娘、心奴、楊瓊、容、滿、英、倩、羅等，皆當時妓姓名也。《野客叢書》

太平興國寺牡丹十月盛開，有老妓題詩云：「曾趁東風看幾巡，冒霜開喚滿城人。殘脂剩粉憐猶在，欲向彌陀借小春。」妓遂復車馬盈門。《楓窗小牘》

清了、玉通，皆高僧也。太守柳宣教惡玉通，使紅蓮破其戒，玉通誓必敗其門風。遂托生柳宣教家，名翠宣。教没，翠流落爲妓二十餘年，與清了遇於大佛寺。清了又號月明，爲之戴面具，爲宰官身，爲比丘身，爲婦人身，現身説法，示彼前因。翠即時大悟，所謂「月明和尚度柳翠」也。今俗傳《月明和尚馱柳翠》，燈月之夜，跳舞宣淫，大爲不雅。《湖壖雜記》

郢中倡女常擇一人名以「莫愁」，示存古意。《因話録》

北方倡妓皆用子爲名，若香子、花子之類。《雞肋編》

妓曰「綺娘」，又曰「商女」。達旦謂妓曰「草娘」。《事物紺珠》

一點紅，妓也。劉郛云：「坐中若有一點紅，斗筲之量成千鍾。」《韻學事類》

吳人呼妓爲「生」。《本事詩》

婊子，賤娼濫婦之稱。《輟耕録》

俗謂娼曰「表子」。表，對裏之稱。表子猶言外婦。《七修類稿》

里語謂婦女倚門爲「賣花」。《灤陽銷夏録》

樂天贈長安妓阿軟詩云：「緑水紅蓮一朵開，千花萬草無顔色。」《合璧事類》

曹元寵母王氏能詩，嘗有《雪中觀妓詩》云：「梁王宴罷下瑤臺，窄窄紅靴步雪來。恰似陽

春三月暮，楊花飛處牡丹開。」《桐江詩話》

吳兆《榕城小妓奇奇歌》：「奇奇十二髮垂肩，腕伸膝上誰不憐？鴉頭髻樣望如墮，杏子衫新紅欲燃。」《本事詩》

私妓曰「私科子」。雛雉所乳曰窠，即科也。蓋言官妓出科，私妓不出科，如雛雉之戀窠也。一作「私貨子」，又名「半瓶醋」。《留青日札》

吳下風俗尚侈，細民有女，必教之樂藝，以待設宴者之呼，名爲私妓。陳郁《話腴》

杭妓胡楚、龍靚皆有詩名。張子野多爲官妓作詩，與胡而不及靚。靚獻詩云：「牡丹芍藥人題遍，自分身如鼓子花。」子野於是爲作詞也。《後山詩話》

呂士隆知宣州，好笞官妓，妓皆欲逃去。會杭州有一妓到宣，士隆喜之。一日，郡妓復犯小過，士隆又欲笞之，妓泣訴曰：「某不敢辭罪，但恐杭妓不能安也。」士隆捨之。聖俞因作《莫打鴨》一篇，曰：「莫打鴨，打鴨驚鴛鴦。」《隱居詩話》

李師中贈官妓賈愛卿云：「願得貔貅十萬兵，大戎巢穴一時平。歸來不用封侯印，只問君王乞愛卿。」《後山詩話》

官妓小蘇善歌舞，關彥卿贈詩云：「昔日聞蘇小，今朝見小蘇。未知蘇小貌，得似小蘇無。」《泗上録》

福建官妓名小玉帶，龍麟州詩云：「老夫記得坡仙語，病體難禁玉帶圍。」《詩話類編》

楊維禎詩：「三十六橋明月夜，姑蘇城裏有瓊花。」注云：「官妓名瓊花宴者，新自維揚來蘇州。」《鐵崖集》

營妓，古以待軍士之無妻者。《雜志》

元微之過襄陽，夜召名妓劇飲。作詩云：「花枝臨水復臨堤，也照清江也照泥。寄語東風好擡舉，夜來曾有鳳凰棲。」謝師厚作襄倅，聞營妓與二胥相好，此妓乞書扇子，遂改下句云「夜來曾有老鴉棲」。《玉局遺文》

油蔚《贈別營妓卿卿》云：「日照緑窗人去住，鴉啼紅粉淚縱横。」《投知小録》

司馬温公爲武定從事，同幕私幸營妓，公諱之。嘗會於僧廬，荆公往迫之，使妓踰垣而去。荆公集句戲之，云：「年去年來來去忙，暫閑偷臥老僧床。驚回一覺遊仙夢，又逐流鶯過短牆。」《後山談叢》

蘇子瞻通判錢唐，營妓陳狀以年老乞出籍從良，公許之。有周生者，色藝爲一郡之最，聞之，亦陳狀乞嫁。公惜其去，判云：「慕周南之化，此意誠可嘉。空冀北之群，所請宜不允。」《澠水燕談録》

周美成在姑蘇，與營妓岳楚雲相戀。後從京師過吳，則已從人久矣。因飲於太守坐上，見其妹，因作《點絳唇》詞寄之。「遼鶴歸來，故鄉多少傷心地。短書不寄，魚浪空千里。憑仗桃根，説與相思意。愁無際，舊時衣袂，猶有東風淚。」楚雲讀之，感泣者累日。《夷堅支志》

唐州二營妓，其一小字憐憐，其一名梅，時廖明略皆與之往來。《墨莊漫録》

蜀人皆呼營妓爲「女校書」，故胡曾《贈薛濤》曰：「萬里橋邊女校書，枇杷花下閉門居。掃眉才子知多少，管領春風總不如。」《鑑戒録》

范校書雙玉，秦淮女子。文舍人有「相逢恨少珠千斛，問字云從玉一雙」之句。《本事詩》

宗羅中揮千金買一校書，姓陳名一軸畫。《感迷續録》

方芷，秦淮女校書，與李貞麗女阿香最洽。阿香屈意侯公子，得所托矣。方芷曰：「侯郎名士耳，予欲得一忠義士，與共千古。」及歸楊文驄，每謂「奩具中帶得異寶，他日相贈」。無何，國難作，馬、阮駢首，侯生攜李香竄去。方芷出一鏤金箱，從容而進曰：「曩日許君異寶，今可試矣。」楊發之，草繩及小匕首也。楊愕然，遲回意未決。方芷厲聲曰：「男兒留芳貽臭，所爭止此一刻。」楊遂慷慨自縊。方芷視其氣絶，鼓掌笑曰：「平生志願酬矣！」引匕首自刺喉死。《諧鐸》

永嘉籍妓中有山姓者，頗慧麗。康執權時，命之侑尊。一日，妓之父以事繫縣，妓涕泣求救，康憫之，爲賦詩云：「河陽滿縣皆春風，忍使梨花偏帶雨？」妓詣縣投狀，連此詩於狀前，邑宰笑而釋之。《庚溪詩話》

内人許和子，本樂家女。開元末入宮，籍於宜春院。漁陽之亂後，竟殁於風塵。及卒，謂其母曰：「阿母錢樹子倒矣！」《樂府雜録》 許和子，《明皇雜録》作「許子和」。

崔紫雲，李尚書樂妓，詞華清峭，眉目端麗。杜紫微過，李公留宴，家妓盛列。杜顧主人曰：「嘗聞有能篇詠紫雲者，今日方知名不虛傳。儻垂一惠，無以加焉。」諸妓皆回頭掩笑，杜作詩曰：「華堂今日綺筵開，誰喚分司御史來？忽發狂言驚滿坐，三重粉面一時回。」詩罷，升車而去。李公以紫雲贈之。《侍兒小名録》

晉王樂妓劉良女，姿容婉麗。武宗西幸宣府，悦之，遂載以歸。飲食起居，必與之偕，南征亦隨行在。武宗每縱獵，輒以劉女諫而止。《明武宗實録》

韓晉公鎮浙西，戎昱爲部内刺史。郡有酒妓，善歌，色亦嫺妙，昱情屬甚厚。浙西樂將聞其能，白晉公召置籍中。昱不敢留，爲歌詞贈之。既至，開筵，妓首唱戎詞，韓問曰：「戎使君於汝寄情耶？」悚然起立曰：「然。」言與淚俱。韓召樂將責曰：「戎使君名士，留情郡妓，何故不知而召置之，成余之過？」乃命妓百縑，即時歸之。《本事詩》

馬彧使於燕，韓定辭館之。時燕之酒妓轉轉者，一代名姝，韓之所眷也。馬頻目焉，韓曰：「願垂一詠，即當奉之。」彧作《轉轉之賦》，遂載以歸。《補侍兒小名録》

張郎中嘗爲廣陵從事，與酒妓致情。後二十年，與李相紳宴飲，前妓在席，目張悒然，如將涕下。李起更衣，張以指染酒，題詞盤上，妓深曉之。李既至，張持杯不樂。李覺之，即命妓歌以送酒，遂唱是詞。曰：「雲雨分飛二十年，當時求夢不成眠。今來頭白重相見，還上襄王玳瑁筵。」張辭歸，李令妓夕就之。《本事詩》

天水仙哥，字絳真，善談謔，常爲席糾，寬猛得所。又有鄭舉舉者，嘗與絳真互爲席糾。又有俞洛真，淫治任酒，殊無雅裁，亦時爲席糾，頗善章程。《北里志》

王小大圓滑便捷，善周旋，又工於酒糾，能爲酒客解紛釋怨，時人爲之「和氣湯」。《板橋雜記》

玉煙善典觴，能使意之所屬，曲爲照顧，令不苦飲。張宏軒曰：「如玉煙者，可謂傾城悦名士矣。」《今世説》

妓曰「録事」。《元氏長慶集》

蘇叔黨至東都，見妓稱「録事」，太息曰：「今世一切變古，唐以來舊語皆廢，此猶存唐舊，可喜！」前輩稱妓曰「酒糾」，蓋謂「録事」也。相藍之東有録事巷，傳以爲朱梁時名妓崔小紅所居。《老學庵筆記》

汪憐憐，湖州角妓也。湼古伯娶以爲妾。經三載死，汪髡髮尼寺，卒老於尼。《輟耕録》

角妓王寶奴，號眉山。武宗駐蹕金陵，選教坊司樂妓十人備供奉。寶奴爲首，姿容濃麗，數侍巾櫛。武宗回鑾，寶奴還舊籍，咸以貴人呼之。自供奉歸後，寶奴閉閤不出，嘆曰：「婢子獲執巾天子，安得復爲人役！」遂長齋繡佛，爲道人裝以老。《本事詩》

趙執信有《贈津門角妓真珠》詞。《飴山集》

王小奕，舊院後門妓也。與蘇桂亭、葛鳳竹、羅桂林齊名，號「四君」。遊人望其塵，冉冉

如金支翠蓋。《曲中志》

舊院妓朱斗者，色不甚都，頗閑筆硯。《詠柳》有云：「早知留得行人住，多向江頭種幾行。」《卧遊樓史》

姜舜玉，南京舊院妓，自號竹雪居士。《明詩綜》

南京院妓有名一串金者。《書蕉》

六院麗人，有沙飄飄者爲冠，評者比之「蕃禧觀瓊花，未有兩樹」云。《静志居詩話》

金陵舊院有頓、脱諸姓，皆元人没入教坊者。順治末，有脱十娘者，年八十餘尚在，萬曆中，北里之尤也。又鄭姬無美，順治中尚無恙，即鄭妥娘也。《池北偶談》

鄭敬詩：「楚潤相看别有情。」楚娘、潤娘，妓之尤者。《摭言》

史鳳，宣城妓也。待客以等差，甚異者，有迷香洞、神雞枕、鎖蓮燈；次則交紅被、傳香枕、八分羊；下列不相見，以閉門羹待之，使人致語曰：「請公夢中求。」馮垂客於鳳，罄囊有銅錢三十萬，盡納之，得至迷香洞。題《九迷詩》於照春屏而歸。《常新録》

政和間，李師師、崔念月二妓名著一時，李生門第尤峻。靖康中，李生與同輩趙元奴，及築毬袁綯、武震輩，例籍其家。李生流落來浙中，士大夫猶邀之，以聽其歌，然憔悴無復向來之態矣。《汴都平康記》

中瓦前唱户，惟李博士最著。《白獺髓》

李師師極爲徽宗愛幸，後金兵南犯，淪落湖湘間，爲商人所得。作詩自悼曰：「輦轂繁華事可傷，師師垂老過湖湘。羅衫檀板無顔色，一曲當年動帝王。」《宣和遺事》《孤臣泣血録》：「徽宗在五國城中作《李師師傳》。」《讀書敏求記》：「《李師師小傳》一卷，臨安刊於榷場中。」

淳祐間，吴妓徐蘭擅名一時。堂館曲折華麗，亭榭園池，無不具至。銷金帳幔，侍婢執樂者十餘輩。金銀寶玉器玩，名人書畫，飲食受用之類，莫不精妙。遂爲三吴之冠。其後，富沙之唐娟、魏華、蘇翠，京口邢蕊、韓香，越之楊花、繆翠，皆以色藝稱。《癸辛雜識》

陳瓊姬，小字芳春。其先姑氏名淑女者，擅絶一時，以故其家餘韻尚存。乃今得瓊姬，容止婉麗，矩度幽閑，種種可意，自是旖旎，騷人棲遲羈客矣。《曲中志》

王玉娟鬒髪而明眸，玉骨而雪膚，標格閑逸，如野鶴之在汀渚也。《曲中志》

金獸頭，湖廣名妓也。貫只哥平章納之。貫没，流落湘湖間。酸齋有「老鸛啄」之誚。《青樓集》

張玉梅，劉子安之母也。劉妻曰蠻婆兒，皆擅美當時。其女關關謂之「十婆兒」，七八歲已得名。《青樓集》

劉婆惜通文墨，滑稽善舞，時貴多重之。一日，謁全子仁，時賓朋滿座，全頭戴青梅一枝，口占《清江引》曲云：「青青子兒枝上結。」令座客續之，衆未及對，劉斂衽進曰：「容妾措詞乎？」全曰：「可。」應聲曰：「青青子兒枝上結，引惹人攀折。其中全子仁，就裏滋味别。只

爲你心酸，留意兒難棄捨。」全大稱賞，納爲側室。《青樓集》

馬如玉，字楚嶼。修潔蕭疎，無兒女子態。凡行樂伎倆，無不精工。熟精文選、唐音，善小楷、八分書及繪事，傾動一時士大夫。而閨秀女媖與之婉孌，至有截髮燒臂抵死不相舍者。曲中咸以爲異。《曲中志》

馬湘蘭名噪一時。有舉人請見，湘蘭拒之，後授留都禮部主事。適有訟湘蘭者，湘蘭來見，主事怒曰：「人言馬湘蘭，徒虛名耳！」湘蘭曰：「惟其有昔日之虛名，所以有今日之實禍。」主事笑而釋之。《聞雁齋筆談》

趙今燕，號連城，張幼于賦《七夕》詩贈之。云：「翠帳紅妝送客亭，佳人眉黛遠山青。試從天上看河漢，今夜應無織女星。」由是今燕名重北里。《本事詩》

京中伎女以王雪簫爲最，而薛素素才技過之。《亘史》

一妓從士人秋夜會飲，臨風舉酒，曰：「如此雲物高爽，可稱詩天。」即日其妓聲名頓起。《筠廊偶筆》

湖州楊娼韻者，以色藝顯名一時。仲彌性惑之，誓與偕老。韻以誕日，嘗作醮供，彌性爲代作醮詞云：「身若萍浮，尚乞憐於塵世；命如葉薄，敢祈祐於玄穹。適届生初，用輸誠曲。妾緣業如許，流落至今。桃李半殘，何滋於苑圃；燕鶯已懶，空鎖於樊籠。隻影自憐，寸心誰諒？香爐經卷，早修清淨之緣；歌扇舞衫，尚掛平康之籍。伏願來吉祥於天上，脱禁錮於人間。既往修

因，來收結果。辟纑織履，早偕夫夫婦婦之儀；墮珥遺簪，免脱暮暮朝朝之苦。人之所願，天不可誣。」《玉照新志》

齊亞秀者，京師名娼，嘗侍長陵宴。有女曰江斗奴，以色藝宣聲宣德間。《應庵任意録》名娼爲花君子。《牡丹榮辱志》

添蘇，長安名妓也。孫僅尹京兆日，魏野寄詩云：「見説添蘇亞蘇小，隨軒應是佩珊珊。」孫以示，添蘇喜如獲寶。求善筆札者，大署其詩於壁。野以事抵長安，有好事者與密過添蘇家。見其風貌魯質，固不前席。野忽見壁所題，乃索筆，於側别紀一絶。云：「誰人把我狂詩句，寫向添蘇繡户中。閑暇若將紅袖拂，還應勝得碧紗籠。」添蘇始知是野，大加禮。《湘山野録》

妓女滿瑩娘，人稱爲「有有娘」，謂有情有色也。《清異録》

官妓連枝秀，姓孫氏。年四十餘，因投禮逸士風高老爲師，而主教者褒以空湛静慧散人之號。狹二女童，放浪江海間。《輟耕録》

錢玉蓮，宋名妓，從孫汝權。某寺殿成，梁上題「信士孫汝權同妻錢玉蓮喜捨」。《南窗閑筆》

孫汝權乃名進士，玉蓮則王十朋女也。十朋劾史浩，汝權嗾之，史氏子姓遂作《荆釵記》，以玉蓮爲十朋妻，而汝權有奪配事。其實不根之謗也。《聽雨增記》

錢玉蓮，本娼家女，初王與之狎，錢許嫁王。後王狀元及第，竟不復顧，錢憤而投江死。《甌

江逸志》

趙彩姬，字今燕，南院妓，名冠北里。時曲中有劉、董、羅、葛、段、趙、何、蔣、王、楊、馬、諸先後齊名，所謂「十二釵」也。晚居琵琶巷口，號「閉門趙四」。《静志居詩話》　昌伯麐曰：「予從十二名姬中見趙今燕詩，頃遊秦淮，知其尚在。訪而見之，容與溫文，清言楚楚，風流可想。」

金陵有十二名姬，而當時所傳文彩風流，以女俠自命者，湘蘭最著。《本事詩》

名妓朱泰玉、鄭無美，與馬湘蘭、趙今燕爲「秦淮四美人」。《瀟湘聽雨録》

薛濤初笄，以詩聞，又能掃眉塗粉。韋皋鎮蜀，召令侍酒賦詩。濤出入幕府，自皋至李德裕，歷事十一鎮，皆以詩受知。其間與濤唱和者，元稹、白居易、牛僧孺、令狐楚、裴度、嚴綬、張籍、杜牧、劉禹錫、吴武陵、張祜等凡二十餘人，皆一時名士。後段文昌再鎮成都，濤卒，年七十三，文昌爲撰墓誌。《牋紙譜》

韋蟾廉問鄂州，罷，賓僚祖餞。蟾書《文選》句云：「悲莫悲兮生別離，登山臨水送將歸」，請賓從續之。有妓口占二句云：「武昌無限新栽柳，不見楊花撲面飛。」《雅言雜載》

劉季招，吴妓也。席上贈張子行詩，傳誦著名。《吟窗雜録》

官妓蘇瓊能詞，蔡元長命即席爲之。韻以「九」字，詞云：「韓愈文章蓋世，謝安情性風流。良辰美景在西樓，敢勸一巵芳酒。記得南宮高第，弟兄爭占鰲頭。金爐玉殿瑞煙浮，高占甲科第九。」蓋元長奏名第九也。《復齋漫録》

詩妓齊景雲善琴，對人雅談，終日不倦。與傅春定情，不見一客。春坐事戍邊，景雲欲隨，不得，遂蓬首垢面，閉户閲佛書。未幾，病歿。《樊川叢語》

鶴鈿，敘州詩妓也，有《自敘》詩。《玩畫齋雜著編》

江浙間妓女有慧黠，知文墨，能於席上指物題詠，應命輒成者，謂之「合生」。其滑稽含譏諷者，謂之「喬合生」。蓋京都遺風也。《青泥蓮花記》

馬守真，字湘蘭，一字元兒，又字月嬌，金陵妓。貌本中人，而放誕風流，善伺人意，性復豪俠，恒揮金以贈少年。感吳人王伯穀解墨郎之阨，欲委身焉，伯穀不可。萬曆甲辰，伯穀年七十，湘蘭買樓船，載小鬟十五，造飛絮園，置酒爲壽。辰夕歌舞，流連者累月，亦勝引也。伯穀序其詩云：「秣陵佳麗之地，青樓狹邪之間，桃葉題情，柳絲牽恨。胡天胡帝，爲雨爲雲。有美一人，風流絶代。問姓則千金燕市之駿，託名則九畹湘江之英。輕錢刀若土壤，翠袖朱家；重然諾如丘山，紅妝季布。爾其搦琉璃之管，字字風雲；擘玉葉之牋，言言月露。翻庭花之舊曲，按子夜之新聲。奚特錦江薛濤，標書記之目；金昌杜韋，惱刺史之腸而已哉。」《靜志居詩話》

蔣蘭玉含英毓華，蜕塵祛汶，談謔竟歲月，不涉一煙火語。《曲中志》

張楚嶼厭薄紈綺，與同志者品題花月，指點江山，意豁如也。後受戒棲霞法師，易名妙慧。《青泥蓮花記》

趙彩燕雖籍在青樓，乃靚妝冶容，夷然不屑。惟是香爐茗碗，把卷稱詩。所交盡名士，遇寒

儉，每私爲供具，至脱簪珥不辭。他挾貲勢者，非其好也。《林下集》

趙嘏嘗惑一美姬，名青娥，後爲浙帥所得。嘏及第，以一詩索之，浙帥使送歸嘏。逢嘏於横水驛，姬抱嘏慟哭而絶。《全唐詩話》

薛宜僚與青州妓段東美屬情，臨别，皆嗚咽流涕。薛在途染疾而卒，櫬歸，東美至驛，素服執奠，撫柩哀號，一慟而卒。《清溪暇筆》

南曲張住住，少而敏慧，能辨音律。鄰有龐佛奴，與之同歲，亦聰警，甚相悦慕。年六七歲，隨師於學中，歸則轉教住住，私有結髮之契。及住住將笄，其家拘管甚切，佛奴稀得見之，又力窘不能致聘。俄而有陳小鳳者，欲聘住住。佛奴因寒食争毬，故逼住住之窗伺之。住住謂佛奴云：「上巳日，我家踏青去，我當以疾辭，彼即自爲計也。」佛奴喜甚。至期，舉家踏青去，住住獨留，遂與佛奴一遂平生。既而小鳳欲納嘉禮，住住指堦井曰：「若逼，我將骨董一聲矣！」時小鳳爲平康富家，車服甚盛。佛奴傭於徐邸，不能給食。邸將憐之，而致職名，竟補邸將，終以禮聘住住，且建大第。而小鳳家事日蹙，反不侔矣。《北里志》

韓香，南徐妓也，色藝貫一時。與葉氏子交，閉門謝客，將終身焉。葉父怒，以妻一老卒，香自刎。《隨隱漫録》

王玉貞，武林名妓。陸仲舉過武林，玉貞一見投契，日脱簪珥買懽於湖上。後貞囊篋空乏，仲舉掜然他適。貞留之不得，遂赴湖死。《林下詞談》

南京名妓張小三，稚齒雅容，不肯就門户，曰：「能妻我者，當與之諧。」松人楊玉山聞而求之，捐數十金。成婚踰月，欲隨之還家。楊妻妒，不敢許，約以半載爲期。及去，妓守志不渝，數寄聲楊所。楊感其誠，歲四五至，至必留旬月。所贈遺以千萬計，往來如家焉。久之，貲日削，既二十年，田産爲空。男女未婚嫁，薪水且不給，而日受妻子怨言，怏怏悔嘆，兩目失明。妓怪其久不來，使使詗焉，盲矣。乃扁舟下江，直造楊氏之廬。登堂拜主母，捧楊首大慟，曰：「主君貧困，職我之由。當爲君婚嫁，君幸勿苦。」悉出向所贈物，以嫁其二女，又爲二子納室。留侍湯藥者一年。楊死，妓人脱簪珥殯之，守其柩不去。妻亦哀憫其志，語曰：「姊院中衣食自豐，何爲困此，與我同辛苦？」妓謝曰：「奴非碌碌市門女也。少有不污之誓，與主君交往廿年，名雖風塵，身不異楊氏之少房也。願從主母執庖湢之勞，殁且不悔。」《青泥蓮花記》

河南王舜卿父致政歸，生留都下，支領給賜。與妓玉堂春姓蘇者狎，不一年，所賞罄盡。妓待如故，但爲鴇日憎。生不得已，出院流落，寓某廟中廊下。有賣菓者見之，曰：「公子乃在此耶！玉堂春爲公子，誓不接客。命我訪公子所在，今幸毋他往。」乃報蘇。蘇誑其母往廟酬香，見生，抱泣曰：「君名家公子，一旦至此，妾罪何言。然何不歸？」生曰：「路遥費多，欲歸不得。」妓與之金曰：「以此置衣飾，再至我家，當徐區畫。」生盛飾，僕從復往。鴇大喜，相待有加，設宴。夜闌，生席捲所有而歸。鴇知之，撻妓幾死，因剪髮跣足，斥爲庖婢。未幾，山西商聞名求見，知前事，愈賢之，以百金爲贖身。踰年髮長，顔色如舊，攜歸爲妾。初，商婦皮氏以夫出，與監生通。及夫娶妓，皮妒之，置毒酒中。妓未飲，夫代飲之，遂死。監生欲娶皮，乃唆皮告官成獄。生歸，矢志讀書，登甲科，擢御史。潛訪得監生事，逮訊伏法。王令鄉人僞爲妓兄，領回籍，陰置別邸，爲側室。好事者撰爲《金釧記》。《東山草堂邇言》

李東與妓女王四兒甚密。及遷御史，令王詐爲閽者自隨。事露，爲詮曹所黜。王從之，不忍舍。久之，東鬱鬱得疾終。王日守其棺不去，及葬，自縊死。《蔬齋厞語》

楊娼者，長安殊色也。嶺南帥悦之，妻甚悍，帥乃陰出重賂，削去娼之籍，而館之他舍。間歲，帥得病，思一見娼，而憚其妻，乃命娼托爲煎調婢以見帥。事洩，妻乃擁健婢數十，熾膏鐵於庭，須其至，當没之沸鬲。帥聞，大恐，促命止娼之至，而帥遂物故。娼曰：「將軍由妾而死，妾安用生？」爲撤奠而死。李群玉《楊娼傳》

毛惜惜，高郵軍妓也。榮全據高郵城叛，召惜惜佐酒。惜惜罵曰：「汝本健兒，官家何負於汝而反？吾有死耳，不能爲反賊行酒。」全以刃裂其口，立命臠之，罵至死不絶。後封英烈夫人。《中興集》《三朝野史》曰：「方秋崖爲毛惜惜作《義娼傳》。」

唐仲友守台州，眷妓嚴蕊。朱熹以使節行部至台，欲以私蕊罪仲友。逮繫蕊，備受箠楚，一語不及。守獄吏誘使言，蕊曰：「身爲賤伎，縱與太守私，罪不至死。然妄言以污士大夫，雖粉身不爲也。」聲價遂騰，至徹阜陵之聽。《隨隱漫録》《雪舟脞語》曰：「唐悦齋眷官妓嚴蕊奴，朱晦庵捕送囹圄。提刑岳商卿行部决，蕊奴自便。使問去好安歸，蕊奴賦《卜算子》。末云：『住也如何住，去也終須去。若得山花插滿頭，莫問奴歸處。』」

元兵攻金某城，矢石之際，忽見一女呼城下，曰：「我倡女張鳳奴也，許州破，被俘至此。彼軍不日竄矣，諸君并力堅守，無爲所詒也。」言訖，投濠死。《愧林漫録》

京師娼女高三，自幼美姿容。昌平侯楊俊見之屬意，因與之狎，猶處子也。侯往備北邊數載，高閉門謝客。天順初，侯爲石亨所忌，奏斬於市。高素服往哭，親吮其血，仍綴其首，買棺殮之，遂縊而死。《七修類稿》

大賈石某犯罪發遣，以白金萬兩寄所昵妓。後數年赦回，妓以所寄還之，封識如故。《迂億》

徐于與妓徐三善。三許嫁于，于盡其貲力爲庀衣粧鏡奩。歸有日矣，于臥病，三忽遣蒼頭持書至。于喜，發視之，則片紙訣絶，已盡竊其貲，夜奔武弁矣。《本事詩》

高陽王雍妓女五百，隋珠照日，羅衣從風。河間王琛欲敵之，妓女三百，盡皆國色。《洛陽伽藍記》

齊張瓌妓妾盈房，或譏其衰暮畜妓。瓌曰：「平生嗜欲，無一復存，唯未能遺此耳。」《敘小志》

蕭景先遇疾，作啓謝世祖曰：「自丁荼毒以來，妓妾已多分張，所餘醜猥數人，皆不似事。可以明月、佛女、桂支、佛兒、玉女、美玉、上臺、美滿、艷華奉東宮。」《南齊書》

章昭達每飲會，必盛設女伎。音律姿態，盡一時之妙。《陳書》

鄭還古將調西都，柳將軍餞之，出家妓薦酒，容艷嬌絶。鄭竊窺，眷眷。柳謂鄭曰：「此沈真真，本良家子，頗好交詞，請賦詩以定情。俟君拜命，即送賀。」鄭賦詩，柳覽之大喜，俾真真拜謝。還古抵京，旋拜伊闕，柳即送真真赴京，請鄭相見。真真飾容致拜，還古起前，遽執真真之手，長吁而卒。《紺珠集》

劉禹錫有妓善歌，李逢吉請一見，盛粧而往。既入，不復出。劉惶嘆，爲詩以獻。明日，妓見李，但含笑曰：「詩大好。」遂絶。《本事詩》

陶穀買得党家太尉故妓，取雪水烹團茶，謂妓曰：「党家應不識此！」妓曰：「彼粗人，安得有此景！但能銷金帳下，淺斟低唱，飲羊羔酒耳！」《漁隱叢話》

姑臧太守張憲，使娼妓戴佛壺巾，錦仙裳，密粉淡粧，使侍閣下。奏書者號「傳芳妓」，酌酒者號「龍津女」，傳食者號「仙盤使」，代書札者號「墨娥」，按香者號「麝媼」，掌詩稿者號「雙清子」，總謂之「鳳窠群女」，又曰「團雲隊曳雲仙」。《姑藏前後記》《荻樓雜抄》「娼妓」作「諸姬」。

劉承勲畜妓樂數十百人。每置妓，價數十萬，教以藝，又費數十萬，而服飾、珠犀、金翠稱之。陸游《南唐書》

東坡有歌舞妓數人，每留賓客飲酒，必曰：「有數個搽粉虞侯，欲出來祗應也。」《軒渠録》

王韶宴客，出家妓。座客張績醉，挽妓不前，將擁之，妓泣訴於韶，韶曰：「出爾曹以娱

賓，乃令客失歡？」命取大杯罰妓。《東軒筆録》

放翁客自蜀挾一妓歸，畜之別室，率數日一往。偶病少疎，妓頗疑之，客作詞自解，妓即韻答之。云：「説盟説誓，説情説意，動便春愁滿紙。多應念得脱空經，是那個先生教的。不茶不飯，不言不語，一味供他憔悴。相思已是不曾閑，又那得工夫咒你。」《齊東野語》

顧阿英有二妓，曰小瓊花、南枝秀，每宴會必預。《蘇談》

廬江箏笛浦有一大船，覆在水。漁人宿其旁，聞箏笛之聲及香氣氤氳。漁人夢人驅遣云：「勿近宮妓！」此人驚，即移去。相傳曹公載妓船覆於此。《續搜神記》

東昏侯置射雉塲，每出，則妓妾爭逐於後。《齊春秋》

李商隱有《宮妓》詩，注云：「宮妓，内妓也。」《李義山詩注》

申王冬月使宮妓密圍於坐側，以禦寒氣，呼爲「奴圍」。《開元天寶遺事》

小東，長沙妓。以能詩得幸於馬氏。後國入爲郡，或詢其長沙宮中事，則必南望泣涕而後言。《侍兒小名録》

國樂夫人有永新婦、御史娘、柳青娘，皆一時之妙也。有與御史娘詩曰：「天下能歌御史娘，花前月底奉君王。九重深處無人見，獨把新聲侍順郎。」《桂苑叢談》

唐文宗朝，女弟子鄭中丞善胡琴。内庫有兩面琵琶，號大忽雷、小忽雷。鄭常彈小忽雷，因損，送崇文坊趙家修理。時梁厚本有別墅臨渭河，垂釣之際，一物浮過，長五六尺許，上以錦綺纏之。令家僮接得就岸，乃秘器也。發開視之，一女郎裝飾儼然，以羅巾繫其頸。解其領巾，伺之，口鼻間尚有餘息。即移入室中將養，經旬方能言。云是内弟子鄭中丞也，以忤旨，命内官縊殺，投於河中，因涕泣感謝。厚本無妻，納爲室。自言善琵琶，其琵琶在趙家修理，厚本購得之。值良辰，飲於花下。酒酣，不覺朗彈幾曲。有黄門於牆外聽之，曰：「此鄭中丞琵琶聲也。」竊窺，識之。翊日，達上聽。文宗方追悔，至是驚喜，即命宣召。問其故，乃赦厚本罪，任從匹配，仍加賜賚焉。《樂府雜録》

妓女入宜春院，謂之「内人」，亦曰「前頭人」，常在上前頭也。其家猶在教坊，謂之「内人家」，給賜同十家。《教坊記》

趙德鄰謂：内人得幸者爲「十家」。《天禄識餘》

諸家散樂，以長在至尊左右爲「長入」。《教坊記》

樓下戲出隊，宜春院人少，即以雲韶添之。「雲韶」，謂之宫人，蓋賤隸也。《平康志》

宋女弟子隊曰「彩雲仙隊」。《文獻通考》

奩史卷二十二

東吳王初桐于陽纂述
金陵龔孫枝梧生校刊

娼妓門二

妓下

俗謂狎妓爲「調猱」。《升庵外集》

謝安棲遲東山，每遊賞，必以妓從。《六朝事蹟》

白居易治吳，與容滿、蟬態輩十妓遊宿湖島。《吳風録》

牛奇章公帥維揚，杜牧在幕中，夜必逸遊。後以拾遺召公，示一篋，皆街子輩報帖，云杜書記平善。《芝田録》

元微之廉問浙東，有劉采春者，容色莫比，元與款狎，留七年。有詩云：「因循歸未得，不是憶鱸魚。」盧侍郎戲曰：「丞相不爲鱸魚，爲好鏡湖春色耳。」謂采春也。《雲溪友議》

盧常侍牧章江，令曹生爲從事。曹悦營妓丹霞，盧不許。會餞朝客，盧令丹霞罰曹，丹霞乃

號之爲「怨胡」，以曹狀類胡也。盧因目丹霞爲「怨胡婦」。《唐詩紀事》

袁皓初登第，過岳陽，悦妓蘂珠，以詩寄嚴使君。嚴使君以妓贈之。《全唐詩話》

許左之寓飲妓坊，欲狎之，妓密有所懽在矣。許賦詞云：「誰知花有主，誤入花深處。」《深雪偶談》

賈似道與賤娼潘稱心褻狎。《三朝野史》

俗傳洞賓戲白牡丹，乃宋方士顔洞賓，非純陽吕祖也。《紫桃軒雜綴》

長安妓茶嬌以色慧稱，劉貢父惑之。被召造朝，茶嬌遠送，貢父作詩別之。至闕，永叔迓，貢父適病酒未起，永叔曰：「非獨酒能病人，茶亦能病人矣！」《過庭録》

豐上章眷一妓，情愛甚篤，誓不復與他妓近。妓亦矢志自守，往侍湯藥。上章死，妓即自縊。《稗史彙編》

王宗信攻岐還，止普安禪院。擁妓女十餘人，各據僧床寢息。忽見一妓飛入大爐中，宛轉於熾炭之上，宗信忙救之。又見一妓飛入如前，又救之。頃之，諸妓或出或入，宗信一一提臂而出，衣裾纖毫不損。《廣辟寒》

月精花，普州妓名，司録魏齊萬惑之。《高麗史》

錢稚農遊白門，與青樓暱，欲挾之歸，妓曰：「覩君談論，恨讀書尚少，願以異日。」稚農恥之。《静志居詩話》

月仙者，武林名妓也。閩縣徐惟和北上，過而眷之。越三年，復過其地，則月仙感念而死矣。《閩小紀》

江陰有妓號紅娘子者，已在杜秋之年矣。湯西崖悦其妍媚，客裝所蓄，盡散鑪頭而去。《觚賸續編》

孫艾嘗遊金陵，遍訪教坊季女，共得七人，人持千金納采。卜居七所，每所器皿畢具。選日結婚，極宴爾之趣，冗費可二萬金。興盡而返，绝不留盼。《柳南隨筆》

洛中多妙妓，柴守禮日點十名，輪環無已，謂之「鼎社」。《清異録》

學舍燕集點妓，專有一等野貓兒充報。《貴耳録》

陳海樵與教坊歌妓趙燕如善。時綴小詞唱諸曲中，世目爲「青樓渠帥」。《本事詩》

順治丙申秋，雲間沈某來吴定花案，名姝五十餘人，品定高下。以朱雲爲狀元，錢端爲榜眼，余華爲探花，某某等爲二十八宿。綵旗錦幰，畫舫蘭橈，自胥門迎至虎丘，作花塲於梅花樓。《北墅緒言》

沈雨若費千金定花案，江南艷稱之。《板橋雜記》

吴姬舊有《甲乙譜》，無錫錢星客復修之。珠簾畫舫，粉香載道，一時諸名士各賦詩題贈。《香奩社集》

萬曆丁酉，冰華梅史以燕都妓女配葉子，以代觥籌。東院十九人：郝筠、魏寄、李夜珠、楊娟娟、魏道蘊、郝長、王文蘭、李月仙、郭子夜、崔瓊、崔新鶯、張燕燕、崔粧、李昭、崔長卿、陳雪箏、崔子羽、焦燕如、李十一；西院四人：李燕容、屈慧若、屈文若、柳五；本司五人：陳桂、王壽、段素如、王燕如、郭狄；前門十二人：田瑶生、劉越西、左翠、馮丑、馮巧、孫真真、田文舒、劉宛宛、董雙成、吳文玉、王良、張六。梅史者，浙沈水部託名也。《亘史》

曹編修大章立蓮臺新會，以南曲妓王賽玉等一十四人比諸進士榜。《静志居詩話》

理宗癸丑元夕，上呼妓入禁中。有唐安安者，歌色绝倫，帝愛幸之。《宋史》

朝雲，錢塘名妓，蘇子瞻納爲侍姬。及貶惠州，家妓散去，獨雲相依。子瞻作詩云：「不學楊枝別樂天，且隨通德伴伶元。」紹聖三年，朝雲抱病，誦金剛揭四句而終。《煙霞小説》

道士洪丹谷與一妓通，因娶爲室。病且革，顧謂洪曰：「還肯作一轉語乎？」洪遂曰：「已十年前我共伊，只因彼此太癡迷。忽然四大相離後，你是何人我是誰？」聽畢，一笑而卒。《輟耕録》

尹文者，色豐而姣。張維則暱寵之，欲置爲側室，文未之許，屬友人强之，文笑曰：「是不難。嫁彼三年，斷送之矣。」《板橋雜記》

李翠娥，維揚名倡也。石九山萬户納置別業。石没，李誓不適他姓，終日閉閤誦經而已。《無甚高論》

馬婉容有妹曰嫩。又有小馬嫩者，輕盈飄逸，自命風流。真州鹽賈用千金購得，奉溧陽陳公子。《板橋雜記》

徐州張尚書建封有愛妓盼盼，善歌舞，雅多風態。尚書既歿，張氏舊第中有小樓，名燕子。盼盼居是樓十餘年，有《燕子樓》詩三首。云：「樓上殘燈伴曉霜，獨眠人起合歡床。相思一夜情多少，地角天涯不是長。」「北邙松柏鎖愁煙，燕子樓中思悄然。自埋劍履歌塵散，紅袖香消已十年。」「適看鴻雁岳陽迴，又覩元禽逼社來。瑶瑟玉簫無意緒，任從蛛網任從灰。」予嘗和之，云：「滿窗明月滿簾霜，被冷燈殘拂臥床。燕子樓中寒月夜，秋來祗爲一人長。」「鈿帶羅衫色似煙，幾回欲起即潸然。自從不舞霓裳袖，疊在空箱二十年。」「今春有客洛陽回，曾到尚書墓上來。見説白楊堪作柱，忍教紅粉不成灰。」後盼盼得余詩，反覆讀之，泣曰：「自公薨背，妾非不能死，恐千載之後，人以我公重色，有從死之妾，是玷我公清範也，所以偷生耳。」自是遂不食而卒。《白氏長慶集》

盼盼居燕子樓，問者輒答以詩，得三百篇，名《燕子樓集》。《麗情集》

何恢妓張耀華，美而有寵。權貴阮佃夫見耀華，悦之，頻求於恢，恢曰：「恢可得，此人不可得也！」佃夫怒，拂衣出户，曰：「惜指失掌？」遂以公事彈恢，坐免。《補侍兒小名録》

萊州倡桂英絶艷，王魁與之狎，桂取羅巾請詩，且曰：「君但爲學，四時所須，我爲辦之。」踰年，有詔求賢，桂爲辦西遊之用。將行，至州北望海神廟盟曰：「吾與桂英誓不相負。

若生離異，神當殛之。」魁至京師，唱第爲天下第一。思念功名若此，以一倡玷辱，不復與書。及授徐州僉判，桂喜曰：「徐此去不遠，當使人迎我去矣。」遣僕持書，魁方坐聽決事，大怒，叱書不受。桂曰：「魁負我如此，當以死報。」揮刀自刎。魁在南都試院，有人自燭出，乃桂也。魁曰：「汝固無恙乎？」桂曰：「君輕恩薄義，負誓渝盟，使我至此。」魁曰：「我之罪也。爲汝飯僧誦佛書，多焚紙錢，捨我可乎？」桂曰：「得君之命即止。」後數日魁死。《侍兒小名録拾遺》

姚文公玉堂燕集，聲妓真真操南音，公問之，泣對曰：「妾西山之苗裔也。父用縣官錢，賣妾以償，遂流落倡家。」公即爲落籍，且謂屬官王杕曰：「汝無妻，此姬配汝，吾即其父也。」贄裝皆出於公。《篔谷筆談》《缶鳴集》「王杕」作「黄逮」。

豐有俊偶登青樓，見小娼，疑故人女，累目之，女亦悟。酒罷留宿，女羞澀良久，詰之，果故人女。豐明日白尹，以錢三百千擇良士嫁之。《行營雜録》

李太尉爲亡妓謝秋娘撰《謝秋娘曲》。《樂府雜録》 溉搗妓妾，姿藝皆窮上品。愛妓陳玉珠，明帝遣求，不與，逼奪之。《宋書》「溉爲」，《齊書》作「劉揚」，《南史》作「到搗」。

竇鞏有《悼妓東東篇》，「芳菲美艷不禁風，未到春殘已墜紅。惟有側輪車上鐸，耳邊常似叫東東。」《抒情集》

有杜紅兒，常爲副戎屬意。羅虬請紅兒歌而贈綵，紅兒不受，虬怒，手刃紅兒。既而思之，作絶句百篇以追冤，號《比紅兒》。《唐詩紀事》

雕陰官妓杜紅兒，美貌年少，機智慧悟。《比紅兒詩序》

羅虬《比紅兒》，不過市井閒煙花語耳。《唐詩紀事》謂：「虬刃此伎，而作詩追悼之。」恐誤。《宛委餘編》

宿州妓張玉姐，字溫卿，色藝冠一時。沈子山最所鍾愛，爲《剔銀燈》一闋。張子野、黄子思尤賞之。僅二年而亡，才十九歲。子思作詩吊之。《能改齋漫録》

馬湘蘭居秦淮勝處，萬曆中，然燈禮佛，沐浴更衣，端坐而逝。湘蘭死後，哀挽成帙。或謂張賓王曰：「聞君作湘蘭祭文甚佳。」張曰：「我乃仿《赤壁賦》作者。」因舉一語云：「固一世之雌也，而今安在哉？」《瓶花齋雜録》

灼灼，蜀之麗人也。近聞殂落於成都酒市中，因以詩吊之，云：「流落錦江無處問，斷魂飛作碧天霞。」《浣花集》

楊虞卿《過小妓英英墓》詩云：「别我已爲泉下土，思君猶似掌中珠。」《全唐詩話》

張二，本唱家女，歸李伯華。年十八死，伯華有詩云：「觸物傷情雙淚落，餘香猶染舊鮫綃。」《本事詩》